AF172873

RaumFragen: Stadt – Region – Landschaft

Reihe herausgegeben von

Olaf Kühne, Forschungsbereich Geographie, Eberhard Karls Universität Tübingen, Tübingen, Deutschland

Sebastian Kinder, Forschungsbereich Geographie, Eberhard Karls Universität Tübingen, Tübingen, Deutschland

Olaf Schnur, Bereich Forschung, vhw – Bundesverband für Wohnen und Stadtentwicklung e. V., Berlin, Deutschland

RaumFragen: Stadt – Region – Landschaft | SpaceAffairs: City – Region – Landscape

Im Zuge des „spatial turns" der Sozial- und Geisteswissenschaften hat sich die Zahl der wissenschaftlichen Forschungen in diesem Bereich deutlich erhöht. Mit der Reihe „RaumFragen: Stadt – Region – Landschaft" wird Wissenschaftlerinnen und Wissenschaftlern ein Forum angeboten, innovative Ansätze der Anthropogeographie und sozialwissenschaftlichen Raumforschung zu präsentieren. Die Reihe orientiert sich an grundsätzlichen Fragen des gesellschaftlichen Raumverständnisses. Dabei ist es das Ziel, unterschiedliche Theorieansätze der anthropogeographischen und sozialwissenschaftlichen Stadt- und Regionalforschung zu integrieren. Räumliche Bezüge sollen dabei insbesondere auf mikro- und mesoskaliger Ebene liegen. Die Reihe umfasst theoretische sowie theoriegeleitete empirische Arbeiten. Dazu gehören Monographien und Sammelbände, aber auch Einführungen in Teilaspekte der stadt- und regionalbezogenen geographischen und sozialwissenschaftlichen Forschung. Ergänzend werden auch Tagungsbände und Qualifikationsarbeiten (Dissertationen, Habilitationsschriften) publiziert.

Herausgegeben von
Prof. Dr. Dr. Olaf Kühne, Universität Tübingen
Prof. Dr. Sebastian Kinder, Universität Tübingen
PD Dr. Olaf Schnur, Berlin

In the course of the "spatial turn" of the social sciences and humanities, the number of scientific researches in this field has increased significantly. With the series "RaumFragen: Stadt – Region – Landschaft" scientists are offered a forum to present innovative approaches in anthropogeography and social space research. The series focuses on fundamental questions of the social understanding of space. The aim is to integrate different theoretical approaches of anthropogeographical and social-scientific urban and regional research. Spatial references should be on a micro- and mesoscale level in particular. The series comprises theoretical and theory-based empirical work. These include monographs and anthologies, but also introductions to some aspects of urban and regional geographical and social science research. In addition, conference proceedings and qualification papers (dissertations, postdoctoral theses) are also published.

Edited by
Prof. Dr. Dr. Olaf Kühne, Universität Tübingen
Prof. Dr. Sebastian Kinder, Universität Tübingen
PD Dr. Olaf Schnur, Berlin

Olaf Kühne · Karsten Berr · Corinna Jenal

Die Geschlossene Gesellschaft und ihre Ligaturen – eine Kritik am Beispiel ‚Landschaft'

 Springer VS

Olaf Kühne
Universität Tübingen
Tübingen, Deutschland

Karsten Berr
Universität Tübingen
Tübingen, Deutschland

Corinna Jenal
Universität Tübingen
Tübingen, Deutschland

ISSN 2625-6991   ISSN 2625-7009   (electronic)
RaumFragen: Stadt – Region – Landschaft
ISBN 978-3-658-38582-8   ISBN 978-3-658-38583-5   (eBook)
https://doi.org/10.1007/978-3-658-38583-5

Die Deutsche Nationalbibliothek verzeichnet diese Publikation in der Deutschen Nationalbibliografie; detaillierte bibliografische Daten sind im Internet über http://dnb.d-nb.de abrufbar.

© Der/die Herausgeber bzw. der/die Autor(en), exklusiv lizenziert an Springer Fachmedien Wiesbaden GmbH, ein Teil von Springer Nature 2022

Das Werk einschließlich aller seiner Teile ist urheberrechtlich geschützt. Jede Verwertung, die nicht ausdrücklich vom Urheberrechtsgesetz zugelassen ist, bedarf der vorherigen Zustimmung des Verlags. Das gilt insbesondere für Vervielfältigungen, Bearbeitungen, Übersetzungen, Mikroverfilmungen und die Einspeicherung und Verarbeitung in elektronischen Systemen.

Die Wiedergabe von allgemein beschreibenden Bezeichnungen, Marken, Unternehmensnamen etc. in diesem Werk bedeutet nicht, dass diese frei durch jedermann benutzt werden dürfen. Die Berechtigung zur Benutzung unterliegt, auch ohne gesonderten Hinweis hierzu, den Regeln des Markenrechts. Die Rechte des jeweiligen Zeicheninhabers sind zu beachten.

Der Verlag, die Autoren und die Herausgeber gehen davon aus, dass die Angaben und Informationen in diesem Werk zum Zeitpunkt der Veröffentlichung vollständig und korrekt sind. Weder der Verlag, noch die Autoren oder die Herausgeber übernehmen, ausdrücklich oder implizit, Gewähr für den Inhalt des Werkes, etwaige Fehler oder Äußerungen. Der Verlag bleibt im Hinblick auf geografische Zuordnungen und Gebietsbezeichnungen in veröffentlichten Karten und Institutionsadressen neutral.

Planung/Lektorat: Cori Antonia Mackrodt

Springer VS ist ein Imprint der eingetragenen Gesellschaft Springer Fachmedien Wiesbaden GmbH und ist ein Teil von Springer Nature.
Die Anschrift der Gesellschaft ist: Abraham-Lincoln-Str. 46, 65189 Wiesbaden, Germany

Inhaltsverzeichnis

Einführung

Mit der Definition des ‚Anthropozäns' (Crutzen 2006), die zugleich auf die zeitliche Begrenztheit menschlicher Aktivitäten in der Erdgeschichte verweist (Reuter 2020), wird ein kaum mehr rückgängig machbarer Einfluss des Menschen auf die Entwicklung der Erde in Verbindung gebracht. Dies betrifft die Überprägung der Erdoberfläche für Siedlungen und Infrastrukturen, den Anbau von landwirtschaftlichen Produkten, den Abbau von Rohstoffen ebenso wie den Rückgang von Tier- und Pflanzenarten, aber auch die Anreicherung der Erdatmosphäre mit Stoffen, die das Klima modifizieren. Diesen Entwicklungen stehen zwar auch Erfolge der Umweltpolitik in Bezug auf den Rückgang von Gasen, die eine Schädigung der stratosphärischen Ozonschicht bewirken, oder auch – zumindest in Teilen der Welt – der Rückgang der atmosphärischen Belastung mit ‚klassischen' Luftschadstoffen, wie Schwefeldioxid oder Kohlenmonoxid, gegenüber, aber angesichts diese Entwicklungen im Verein mit einer vielfach als ‚ungerecht' verstandenen Verteilung von ökonomischem (aber auch sozialem und kulturellem) Kapital (im Sinne von Bourdieu 2005 [1983]), ist das infolge der Überwindung der Systemgegensätze erhoffte ‚Ende der Geschichte' (Fukuyama 2000) einer Wiederbelebung utopistischen Denkens gewichen. Dieses Denken ist dadurch geprägt, einer als ‚schlecht' bewerteten Gegenwart (seltener unter Einschluss der Vergangenheit), die – wird der Bewertung auch eine Begründung hinzugefügt – durch zahlreiche unerwünschte Nebenfolgen (für die Umwelt, andere Menschen etc.) geprägt ist, eine idealisierte Zukunft gegenüberzustellen, in denen die Konflikte der Gegenwart (teilweise aus der Vergangenheit) vollständig überwunden sind (in diesem Sinne schon früh: Dahrendorf 1968). Utopien wohnt in diesem Sinne einer umfassenden und Vollendung anzielenden Überwindung gegenwärtiger Probleme – wie Karl Popper (Popper 1992a, b) herausgearbeitet hat – der Hang zum Totalitarismus inne (wobei dieser Weg eher bei den universalistischen Utopien vorgezeichnet ist als bei partikularistischen ‚Kleinutopien'

© Der/die Autor(en), exklusiv lizenziert an Springer Fachmedien Wiesbaden GmbH, ein   1
Teil von Springer Nature 2022
O. Kühne et al., *Die Geschlossene Gesellschaft und ihre Ligaturen – eine Kritik am Beispiel ‚Landschaft'*, RaumFragen: Stadt – Region – Landschaft, https://doi.org/10.1007/978-3-658-38583-5_1

(siehe zu unterschiedlichen Utopieverständnissen: Saage 2004). Ein solches Denken kann, wenn es in der Praxis umgesetzt wird – und historische Beispiele zeigen dies auf drastische Weise –, in die von Popper so genannten ‚Geschlossenen Gesellschaften' münden, in denen die Offenheit des Denkens, Handelns und Erprobens neuer Ideen eingeschränkt, angegriffen und letztlich zerstört wird.

Karl Popper (1963, 1992b) versteht im Kontext dieser kritischen Überlegungen zu utopistischem Denken, wie schon Max Weber (2010 [1904/1905]) und später Peter Berger (2017 [1963]), als die wesentliche Aufgabe der Sozialwissenschaften im Allgemeinen und der Soziologie im Besonderen, unintendierte Folgen menschlichen Handelns zu untersuchen. Oder, wie der Popper-Schüler Ralf Dahrendorf ausgedrückt hat, Sozialwissenschaft in einer „kritischen Distanz von den Selbstverständlichkeiten der eigenen Gesellschaft" (Dahrendorf 1968, S. 63) zu betreiben. Dass diese Selbstverständlichkeiten in einer differenzierten und pluralisierten Gesellschaft sich auch in teilgesellschaftliche Selbstverständlichkeiten unterteilt, macht auch eine differenzierte Untersuchung eben dieser ‚diskursiven' Einheiten nötig.

Hinter der Aufforderung, unintendierte Nebenfolgen zum Gegenstand einer kritischen Auseinandersetzung mit zur Geschlossenheit tendierenden Weltanschauungen zu machen, steht auch die alltagsweltlich bekannte Einsicht, das Gegenteil von ‚gut' sei nicht ‚böse', sondern ‚gut gemeint'. Das heißt, eine aus guter Absicht folgende Handlung kann unintendiert auch schlechte (oder ‚böse') Folgen und Nebenfolgen zeitigen. Diesem Grundgedanken und Poppers Ansatz folgend untersuchen wir, wie Landschaften nicht allein Folgen und häufiger unintendierte Nebenfolgen menschlichen Handelns und damit Ausdruck gesellschaftlicher Bedingungen sind. Zudem werden wir zeigen, dass – im Anschluss an Popper (Alt 1995; Brunnhuber 2019; Popper 1992a, b) – eine Offene Gesellschaft die tauglichste Voraussetzung dafür ist, Landschaften zu produzieren, die nicht allein individuelle Lebenschancen maximiert (Dahrendorf 1979), sondern auch deren Ausdruck ist. Lebenschancen entstehen aus einem ambivalenten Verhältnis von Optionen und Ligaturen. Ligaturen verstehen wir in der soziologischen Tradition von Ralf Dahrendorf (Dahrendorf 1980a, 1994) als soziale Bindungen, die einerseits Optionen Sinn verleihen, andererseits Optionen einschränken können. Im Zuge der folgenden Ausführungen werden Formen und der Sinn von Ligaturen und Optionen weiter ausdifferenziert, um den Unterschied zwischen Offenen und Geschlossenen Gesellschaften differenziert entfalten zu können. In einer Ausdifferenzierung des Konzeptes der Ligaturen von Ralf Dahrendorf werden wir moralische und ethische Ligaturen, innen- und außengerichtete sowie implizite und explizite moralische Ligaturen unterscheiden. Moralische Ligaturen beziehen sich auf konkretes Handeln, ethische Ligaturen metastufig als Reflexionsformen auf diese moralischen Ligaturen. Moralische Ligaturen können innengerichtet sein, das heißt, sich leitend auf die eigene individuelle Lebensführung beziehen, oder außengerichtet sich auf die überindividuelle Sphäre von Gruppen, Gemeinschaften oder ganzen Gesellschaften beziehen. Moralische Ligaturen können zudem explizit sein, indem sie als ausdrücklich gesetzte und vorgegebene moralische Orientierungsinstanzen (etwa religiöse Gebote, staatliche

Regelwerke) von außen auf die individuelle Orientierung wirken, oder implizit, indem die expliziten Ligaturen meistens unbewusst affirmativ verinnerlicht und letztlich habitualisiert werden. Wir grenzen uns mit diesen Unterscheidungen von einem philosophischen Verständnis ab, das Ligaturen als „Konstellationen, die manchmal absichtlich und laut aufgerufen werden, aber häufig einfach unbemerkt bleiben" (Hogrebe 2022, S. 11), beschreibt. Die Landschaften der Offenen Gesellschaft konturieren wir angesichts dieser Unterscheidungen an Landschaften nicht-offener Gesellschaften. Dies geschieht entweder durch Untersuchung der (gescheiterten) Versuche, utopistische Gesellschaften (und ihre Landschaften) zu errichten, wie beim Realsozialismus oder Nationalsozialismus, oder durch Untersuchung landschaftsrelevanter Aspekte von Utopien, deren Umsetzungsversuchen bislang noch keine ganzen Gesellschaften unterworfen wurden, wie etwa beim Ökonomismus, Ökologismus oder militanten Veganismus.

Hinsichtlich der landschaftlichen Folgen von Moralisierungen befassen wir uns mit der Frage, ob die jeweiligen Utopien einerseits landschaftliche Vorstellungen enthalten, andererseits welche landschaftlichen Folgen und insbesondere Nebenfolgen die behandelten Utopien aufweisen (siehe etwa Kirchhoff 2019; Kühne 2011c, 2015d; Kühne et al. 2021; Trepl 2012; Vicenzotti 2011; Voigt 2009). Dieses Vorgehen hat für politische Weltanschauungen bereits eine gewisse Tradition, wird an dieser Stelle aber ausgedehnt auf Utopien, die auch das Politische im engeren Sinne überschreiten, denen aber gemein ist, dass ihnen zumindest die Gefahr innewohnt, die Offene Gesellschaft, wie wir sie im Anschluss an Popper (Popper 1996, 2011 [1947]) mit ihren Aktualisierungen (etwa bei Ackermann 2007; Brunnhuber 2019; Dahrendorf 1997, 2003, 2008; Kühne et al. 2021) verstehen, und ihre landschaftlichen Folgen und Nebenfolgen zumindest potenziell einschränken oder in Gänze gefährden.

Angesichts der verbreiteten Praxis, durch eine vieldeutige, bisweilen in sich widersprüchliche und moralisch aufgeladene Verwendung von Begriffen entweder Scheinkonsense oder eine gesellschaftlich unproduktive Wortklauberei um die korrekte Verwendung von Begriffen zu erzeugen, legen wir unsere Verständnisse wesentlicher Begriffe offen, wodurch wiederum ein Teil des Buches auf die Begriffsarbeit verwendet wird. Zu dieser wissenschaftlichen Offenheit und Transparenz gehört auch der Hinweis auf eine Grundentscheidung dieses Buches. Auch wenn nämlich in den vergangenen zwei Jahrzehnten der Mainstream in Sozial- und Politikwissenschaften eine deutliche Entwicklung in Richtung Kapitalismus- und Neoliberalismuskritik, häufig mit (teil)affirmativer Bezugnahme zum Marxismus, vollzogen hat, und nicht zuletzt entsprechende Publikationen große Erfolge in Verbreitung und Zitationskennzahlen erhielten (Niemietz 2021), fanden (wenngleich deutlich weniger präsente) Bemühungen zur Herausstellung der Verteidigung von und Aktualisierung des Konzeptes der Offenen Gesellschaft statt (einige Beispiele: Ackermann 2007; Brunnhuber 2019; Kersting 2009; Kühne et al. 2021; Sofsky 2007b). Diesen Bemühungen wollen wir uns mit diesem Buch anschließen und weitere Aspekte dieses Ansatzes – und zwar im Hinblick auf ‚Landschaft' – hinzufügen.

Mit dieser Grundentscheidung für eine Verteidigung der Offenen Gesellschaft ist eine weitere, und zwar wissenschaftstheoretische Grundentscheidung verbunden. Gegenwärtig lassen sich in den Geistes-, Kultur,- Sozial- und Naturwissenschaften drei grundlegende Perspektiven beobachten, die unterschiedliche theoretische, weltanschauliche und methodische Zugänge jeweils selektiv vereinen (vgl. Kühne und Berr 2021): eine kritische, eine sozialökologisch-transformative und eine Perspektive in der Tradition der Aufklärung. *Kritische* Perspektiven stehen häufig und mehr oder weniger stark in einer Traditionslinie (neo)marxistischen Denkens, insbesondere in sozial- und kulturwissenschaftlichen Kontexten. Charakteristisch für kritische Perspektiven in diesem Sinne ist der Wunsch nach Veränderung der Gesellschaft durch Politik, was tendenziell zur Entdifferenzierung von Wissenschaft und Politik führt. Neomarxistische Kritik erschöpft sich häufig in einer negativen Kritik an bestehenden Verhältnissen, ohne selbst konkrete Alternativen aufzeigen zu können oder zu wollen. *Sozialökologisch-transformative* Perspektiven sind normativ darauf ausgerichtet, Gesellschaften nachhaltiger zu gestalten. Diese Perspektive führt tendenziell zur Entdifferenzierung von Wissenschaft und gesamter Gesellschaft, indem Wissenschaft gegenüber der Gesellschaft keine distanzierte Beobachtungsperspektive mehr aufbauen kann und Gesellschaft somit ausschließlich nach wissenschaftlichen Erkenntnissen ausgerichtet werden soll. Charakteristisch ist zudem eine teleologische Grundhaltung, nämlich ex ante zu wissen, wie die Mitglieder künftiger Gesellschaften leben (wollen) und auf diese Weise Möglichkeiten alternativer Entwicklungen a priori ausgeschlossen werden. Die Perspektive in der *Tradition der Aufklärung* bleibt demgegenüber bei der Trennung von Wissenschaft und Politik im Besonderen und der übrigen (nicht-wissenschaftlichen) Gesellschaft im Allgemeinen. Sie ist liberalem Denken verpflichtet, nämlich aus einer Vielfalt konkurrierender Theorien und Verfahren möge sich das bis auf Weiteres Geeignetste finden. Dieser letztgenannten Perspektive fühlen wir uns grundsätzlich verbunden. Damit ist auch ein Kritikbegriff verbunden, der sich nicht im negativen Kritisieren erschöpft, sondern in der Tradition Kants als Unterscheidungs- und Grenzziehungsvermögen zu verstehen ist (s. Abschn. 2.2).

Im Folgenden werden wir zuerst darauf eingehen, dass und inwiefern Offene Gesellschaften als Garanten für Lebenschancen verstanden werden können (Kap. 2). Daran schließen sich Ausführungen über den Zusammenhang zwischen Moral, Moralisierungen und Landschaften an, der zudem mit ästhetischen und ästhetisierenden Tendenzen in Vergangenheit wie Gegenwart verbunden ist (Kap. 3). Danach werden die entscheidenden Unterschiede zwischen Offenen und Geschlossenen Gesellschaften herausgearbeitet (Kap. 4), um auf dieser Grundlage zu zeigen, wie Landschaften als Folgen und Nebenfolgen der Feindschaft zur Offenen Gesellschaft entstehen oder zerstört werden können (Kap. 5). Es folgen abschließend einige konzeptionelle Überlegungen, warum eine Offene Gesellschaft mit ihren Landschaften den Geschlossenen Gesellschaften überlegen ist (Kap. 6) sowie ein Fazit (Kap. 7).

Offene Gesellschaften als Garanten für Lebenschancen

Eine wesentliche Grundlage redlicher (nicht allein) wissenschaftlicher Arbeit liegt in der Offenlegung der eigenen wissenschaftlichen bzw. wissenschaftstheoretischen Grundposition(en). Die Grundlagen dieses Buches liegen in den Arbeiten Karl Poppers (zur allgemeinen Einführung: Alt 1995; Boyer 2017 [1994]; Corvi 2005 [1997]; Franco 2019; Zimmer und Morgenstern 2015) und dessen Schülers Ralf Dahrendorf (einführend in seine Werke: Kühne 2017; Kühne und Leonardi 2020; Leonardi 2014). Bei Popper greifen wir zunächst seine Grundkonzeption der Offenen Gesellschaft und deren Non-Utopismus (Abschn. 2.1) sowie seine Drei-Welten-Theorie auf, die für unsere Abhandlung zur Theorie der drei Landschaften konkretisiert wird (Kühne 2018e, 2020a; Kühne und Jenal 2020b) und uns in die Lage versetzt, Landschaft nicht allein als soziales oder individuelles Konstrukt zu begreifen, sondern auch ihre Materialität sowie die Rückwirkungen zwischen der individuellen und der sozialen einerseits, und der materiellen Dimensionen andererseits zu betrachten (Abschn. 2.2). Daran schließen Ausführungen zur Unhintergehbarkeit des Zeitlichen an, die insbesondere auf einige Fehlschlüsse hinweisen, die im Kontext utopistischen und moralisierenden Denkens und Argumentierens häufig begangen werden (Abschn. 2.3). Mit der Betrachtung von Konflikten und ihrer potenziellen Produktivität wird der Übergang der Betrachtung von Popper zu Dahrendorf vollzogen, der letztlich eine konflikttheoretische Operationalisierung der Idee Poppers zur Offenen Gesellschaft formuliert (Abschn. 2.4). Die zentrale Bedeutung des Individuums wird bei Karl Poppers Vorstellungen von einer Offenen Gesellschaft deutlich, in der Individuen bemüht sind, ihre Lebenschancen zu maximieren bzw. umzusetzen und nicht frei von Konflikten ist (Abschn. 2.5). Die Ausführungen dieses Kapitels werden von einem Zwischenfazit abgeschlossen (Abschn. 2.6).

© Der/die Autor(en), exklusiv lizenziert an Springer Fachmedien Wiesbaden GmbH, ein Teil von Springer Nature 2022
O. Kühne et al., *Die Geschlossene Gesellschaft und ihre Ligaturen – eine Kritik am Beispiel ‚Landschaft'*, RaumFragen: Stadt – Region – Landschaft, https://doi.org/10.1007/978-3-658-38583-5_2

2.1   Die Offene Gesellschaft und ihr Non-Utopismus

Unter dem Eindruck des Agierens der totalitären Regime des Nationalsozialismus und des Stalinismus verfasste Karl Popper sein Werk ‚Die Offene Gesellschaft und ihre Feinde' (Popper 2011 [1947]; siehe auch Brunnhuber 2019). Hierin verfolgte er die Linie totalitären Denkens des Nationalsozialismus und des Stalinismus über Hegel zu Platon zurück, beim Sozialismus über Marx. In Platon erkannte er, wie er im Vorwort zur siebten deutschsprachigen Auflage seiner ‚Offenen Gesellschaft' schrieb, „den ersten politischen Ideologen, der in Klassen und Rassen dachte und Konzentrationslager vorschlug" (Popper 1992a, S. IX). Von diesem Denken grenzt er die ‚Offene Gesellschaft' ab, als deren zentrale Merkmale er die Bereitschaft zu Veränderungen und die Fähigkeit zu deren Gestaltung voraussetzt, wodurch die Parallelen zu seiner Drei-Welten-Theorie deutlich werden: Keine kollektiven Teleologien bestimmen die Entwicklung der Gesellschaft, sondern Individuen, die bereit und gesellschaftlich in die Lage versetzt sind, Entscheidungen zu treffen, um Neues zu erproben. Dies setzt Freiheit der Meinung sowie die Fähigkeit und Möglichkeit voraus, diese eigene Meinung vorzutragen und in den Wettbewerb einzubringen, um tauglichste Lösungen für konkrete Herausforderungen zu finden. Dieser Kerngedanke einer ‚Offenen Gesellschaft' deckt sich mit dem seiner Wissenschaftsphilosophie, denn „[s]icheres Wissen ist uns versagt. *Unser Wissen ist ein kritisches Raten; ein Netz aus Hypothesen; ein Gewebe von Vermutungen"* (Popper 1989, S. XXV; Hervorhebung im Original). Besonders deutlich wird die Offenheit der Zukunft in Bezug auf die Wege der Wissenschaften: „Je mehr unsere Zivilisation auf Wissen basiert ist, desto unvorhersehbarer wird sie. Mit anderen Worten: Je mehr das Wissen die Zukunft prägt, desto weniger kann man von der Zukunft wissen" (Bolz 2020, S. 132).

Wie in der Wissenschaft, lehnt Popper auch in der (übrigen) Gesellschaft Dogmen ab, da diese das Denken in Alternativen und deren Abwägung behindern bis blockieren. Die Herausbildung von Regeln in der Gesellschaft entsteht für ihn normativ in einem demokratischen Diskurs. Geschlossene Gesellschaften sind hingegen durch starre Regeln geprägt, die eine individuelle Meinungsbildung und -äußerung verhindern und unterbinden. Somit lehnt er teleologische Vorstellungen einer gesetzmäßig ablaufenden gesellschaftlichen Entwicklung ab, wie er sich insbesondere im moralisch motivierten Historizismus Karl Marx' zeigt. Die Zukunft ist grundsätzlich offen, geprägt wird sie nicht durch eine gesetzmäßige Entwicklung auf ein Ziel hin, beispielsweise bei Marx die klassenlose Gesellschaft, sie entwickelt sich vielmehr durch einen ständigen Such- und Aushandlungsprozess nach geeigneten Lösungen für konkrete Herausforderungen (Popper 1984; Popper et al. 1994). Die begriffliche Differenzierung von Sozialismus und Kommunismus entwickelte sich Anfang des 20. Jahrhunderts unter Einfluss Lenins, der den von Marx und Engels formulierten Weg zur klassenlosen Gesellschaft, in dem sowohl „die Produktionsmittel wie auch die Konsumgüter in das Gemeineigentum (Güterverteilung)" (Bärsch 1981, S. 172; vgl. auch Fainstein 2010) überführt sind, über eine Übergangsphase als Kommunismus und Sozialismus bezeichnete, der den Weg der

Diktatur des Proletariats mittels Kollektivierung von Produktionsmitteln benennt (Bärsch 1981; Niemietz 2021).

Im Historismus erkennt Popper das zentrale Problem in dem Versuch der Aufhebung des Unterschieds zwischen Tatsachen und Entscheidungen (Popper 1965, 2011 [1947]). Tatsachen hätten zunächst keinen Sinn, dieser ergäbe sich durch Entscheidungen zum Umgang mit Tatsachen. Entscheidungen wiederum implizierten Freiheit und Verantwortung. Entscheidung erfordert die Wahl einer Möglichkeit unter mehreren Alternativen, aber auch, die Verantwortung für die Folgen und unintendierten Nebenfolgen dieser Entscheidung zu (er)tragen. Der Historismus hingegen delegiere die Verantwortung für das eigene Handeln an einen vorbestimmten Lauf der Geschichte, an deren Ende eine ‚bessere Welt' stehe. Diese Vorstellung bleibe in der Regel jedoch nicht abstrakt, sondern nimmt konkrete Formen an, wodurch individuelle Handlungsanweisungen entstehen, die Abwägung von Alternativen entfällt, Abweichungen von dem vorherbestimmten Pfad der Geschichte werden sanktioniert. Im Anschluss an diese Gedanken Karl Poppers verdeutlicht Ralf Dahrendorf (Kreuzer 1983, S. 61) das Problem eines Zukunftsentwurfs für Gesellschaften oder sogar die ganze Menschheit: „Wann immer wir die Zukunft entwerfen – und die Zukunft zu entwerfen ist vielleicht eine der großen menschlichen Aufgaben –, machen wir einen Versuch, der auch ein Irrtum sein kann". Zentral hierbei ist, „dass der Irrtum sich nicht festsetzen, dass er nicht zum Dogma werden kann" (Dahrendorf 1984, S. 117). Dies hat nicht allein Auswirkungen der Interpretation von Zukunft, sondern auch für das Verständnis der Vergangenheit, denn Utopie „überschreitet nicht nur die Unvollkommenheiten der Gegenwart, sondern auch ihre gesellschaftlichen Gesetze und die aller Vergangenheit" (Dahrendorf 1968, S. 95). Mit der Formulierung einer als verbindlich betrachteten Utopie erhält nicht allein der Weg (im Singular) dorthin Verbindlichkeit, der selbst alternative Wege zur Utopie als deviant stigmatisiert, sondern macht „Utopia […] immer illiberal, denn es lässt keinen Raum für Irrtümer und Korrektur" (Dahrendorf 1980c, S. 88). Selbst wenn neuere Erkenntnisse oder Entwicklungen auftreten, die eine Reaktion nahelegten, wird von dem gewählten Weg nicht abgewichen, schließlich wird dieser als vorherbestimmt betrachtet. Die Durchsetzung dieses gewählten Weges ist – selbst wenn die Utopie in einer konfliktfreien Gesellschaft besteht – geprägt von Konflikten mit Personen, die die Utopie nicht teilen, aber auch mit jenen, die einen anderen Weg zur Umsetzung der Utopie anstreben und jenen, die die Utopie zwar für erstrebenswert halten, aber bereit sind, graduelle Schritte in Richtung von deren Umsetzung zu gehen (diese Konflikte sind – wie in Abschn. 2.4 zu zeigen sein wird, insbesondere in sozialistischen Weltanschauungen verbreitet). Diese Art des Konfliktes, die sich aus dem Weg der Umsetzung von Utopien ergibt, reiht sich in andere soziale Konflikte ein, mit denen wir uns in diesem Buch immer wieder befassen werden.

2.2   Kritik und Verschwörungstheorien

Der kritische Rationalismus Karl Poppers, sich der Unabgeschlossenheit von Wissen bewusst zu sein und stets aus einer Vielzahl an möglichen Ideen die tauglichsten herauszusuchen, liefert die Blaupause für das Verständnis Poppers für die Offene Gesellschaft: „Dass wir das wenige, das wir wissen, in seinen Auswirkungen meist nicht verstehen und kontrollieren können und zuallerletzt der Bewertungsvorgang selbst meist unvollständig oder gar falsch ist" (Brunnhuber 2019, S. 13). Zum Prüfstein für Wissenschaftlichkeit wird für Popper das Kriterium der Formulierung von Aussagen, sodass sie widerlegbar (falsifizierbar) sind (Popper 1989). Kritik versteht er im Sinne der Aufklärung, Dinge durch intensives und nach Möglichkeit vorurteilsfreies Nachdenken zu erschließen, nicht als ein Denken, das zum Ziel hat, die Zugehörigkeit zu einer Gruppe zu signalisieren (Jacobs 2017). Diese zweite Form der Kritik basiert letztlich auf „der Anerkennung der Überlegenheit anderer als der Maßsetzenden, Maßgebenden und auf dem Streben, von diesen Maßgebenden anerkannt zu werden, Zeichen der Bewährung zu erhalten" (Popitz 1992, S. 29). Kritisches Denken in dem von uns verstandenen Sinne bedeutet keine „Reproduktion von Identitäten und Konsens, die Wiederholung und das Repetitive und das Bekannte, die Übereinstimmung und das Althergebrachte, sondern die Differenzen und die Herstellung und das Aufdecken von Wechselwirkungen machen das kritische Denken" (Brunnhuber 2019, S. 45) aus. Kritik in diesem Sinne bedeutet die Fähigkeit der Differenzierung und das Aufdecken von Zusammenhängen, nicht die Ablehnung dessen, was dem eigenen Gruppenkonsens (mit seinem identitären Kern) widerspricht. So wird Kritik zum Taktgeber, „um Alternativen ins System zu bringen, um Variationen zu ermöglichen und nicht zuletzt, um Individuen wie Individuen aussehen zu lassen, die ein kritisches Verhältnis zu sich selbst aufbauen" (Nassehi 2019, S. 43). Dies bedeutet auch, dass Wissenschaft in diesem Sinne „eine Distanzkategorie [ist]. Sie nimmt von den Phänomenen Abstand, macht sie also zu Gegen-Ständen und transformiert dieserart Vertrautes in Unvertrautes, Selbstverständliches in Befragungswürdiges und Erklärungsbedürftiges" (Strohschneider 2020, S. 147).

Einführend wurde darauf hingewiesen, dass wir einen Kritikbegriff in Anspruch nehmen, der sich nicht im negativen Kritisieren erschöpft, sondern in der Tradition Kants als Unterscheidungs- und Grenzziehungsvermögen zu verstehen ist (s. Kap. 1) und sich zudem sowohl von Kritik im Sinne neomarxistischer wie auch ‚Kritischer Theorie' unterscheidet. ‚Kritische Theorien', die als Fortführung neomarxistischer Kritik betrachtet werden können, können innerhalb der Geographie in Gestalt der ‚Kritischen Geographie', insbesondere in der Variante der so genannten (keineswegs noch tatsächlich) ‚Neuen Kulturgeographie' exemplifiziert werden. Die *traditionelle* ‚Kritische Theorie', die Anfang der 1920er Jahre von den Protagonisten der sogenannten ‚Frankfurter Schule' gegründet wurde, untersuchte sämtliche Bereiche des gesellschaftlichen Lebens hinsichtlich von Macht- und Herrschaftsverhältnissen und verband zudem – in ihren Anfängen stärker als in ihren gegenwärtigen Ansätzen – gesellschaftskritische

Forschung mit einem normativen Anspruch. Normatives Ziel war und ist nicht nur die Analyse und Beschreibung, sondern auch grundlegende Veränderungen der in diesem Sinne kritisierten Gesellschaft. Kritische Theorie ist – etwa für Max Horkheimer – nicht nur „irgendeine Forschungshypothese, die im herrschenden Betrieb ihren Nutzen erweist, sondern ein unablösbares Moment der historischen Anstrengung, eine Welt zu schaffen, die den Bedürfnissen und Kräften der Menschen genügt. […] [So] zielt sie nirgends bloß auf Vermehrung des Wissens als solchen ab, sondern auf die Emanzipation des Menschen aus versklavenden Verhältnissen" (Horkheimer 1977 [1937], S. 263). Die frühe Kritische Theorie hatte demnach die Absicht, die konkrete soziale Wirklichkeit sowohl zu erklären als auch zu verändern. Dieses Vorhaben wurde zwar angesichts der Erfahrungen von Totalitarismus (Faschismus und Kommunismus) und dem Zweiten Weltkrieg von der ersten Generation (insbesondere Max Horkheimer und Theodor W. Adorno) zugunsten einer Geschichtsphilosophie aufgegeben, die eine Kritik der Aufklärung und der (instrumentellen) Vernunft vornehmen sollte (Adorno 1970; Horkheimer 1992; Horkheimer und Adorno 1969). Dennoch blieb und bleibt der kritische Anspruch bis heute mit der Hoffnung verbunden, mittels Theorie zu weiterer Aufklärung und zur Verbesserung gesellschaftlicher Verhältnisse beitragen zu können.

Kritische Theorie kann etwa mit einem Hinweis auf den fehlenden Ausweis des Maßstabs der Kritik (dies ist die Hauptkritik von Habermas an der ‚alten' Kritischen Theorie: Habermas 1981) ihrerseits kritisiert werden. Kritik der Kritischen Theorie kann auch im „Denkstil des interimistischen Skeptizismus" auftreten, der die „Begrenztheit der menschlichen Wahrnehmungsfähigkeit" (Korf 2019, S. 201) berücksichtigt und als „permanentes Provisorium" (Heidgen et al. 2015; zitiert nach Korf 2019, S. 201) im ‚hermeneutischen Geist' beschrieben werden kann. Allerdings gehen wir nicht davon aus, die Kritische Theorie sei ‚tot', wie Sloterdijk dies einmal behauptet hat (Sloterdijk 1999). Sie stellt nach wie vor eine wichtige wissenschaftliche Grundposition dar, allerdings ist sie, wie alle anderen wissenschaftlichen Grundpositionen auch, selbst kritikbedürftig (Kühne und Berr 2021; Popper 1959, 1963; Popper et al. 1994).

Solche Kritik, erfolgt sie nicht im Modus reflektierter wissenschaftlicher und intellektueller Unvoreingenommenheit, Achtsamkeit und Redlichkeit, steht immer in der Gefahr, dogmatisch „im Gestus der Rechthaberei" (Korf 2019, S. 201) aufzutreten. Hintergrund dieses Gestus ist der wissenschaftliche Glaube, im Besitz einer unverrückbaren Wahrheit oder eines entsprechenden Wissens zu sein, das seinerseits jeder weiteren Kritik enthoben zu sein scheint. Dieses vermeintlich unverrückbare Wissen dient als unkritisierbarer Maßstab der Kritik anderer Positionen und kann mit Rechthaberei, spöttischem bis höhnischem Gelächter über kritisierte Positionen und Wissenschaftler*innen[1] oder einem ‚tierischen Ernst' (Weichhart 2006) und entsprechender Verbissenheit verbunden sein. Vermeintlich kritikenthobene Kritik kann sich im Extrem

---

[1] Um die Vielfalt der Geschlechteridentitäten und -hybriditäten widerzuspiegeln, kommen im Text plural verwendete Genderformen zur Anwendung.

bis hin zu einer „absolute[n] Zeitkritik" oder „antimodernistische[n] Utopie" (Marquard 2007a, S. 117) sowie zu einer fundamentalistischen und instrumentalistischen „Sozialkritik" (Dahrendorf 1980b, S. 60) steigern (Berr 2019a; Berr und Kühne 2019b). Ein probates Gegenmittel gegen einen solchen dogmatischen Denkstil kann beispielsweise der eines „interimistischen Skeptizismus" sein oder eine wissenschaftstheoretische Position, die von der grundsätzlichen Unabgeschlossenheit und Ungewissheit und damit Offenheit wissenschaftlichen Wissens ausgeht, die zudem der grundsätzlichen Fallibilität allen Wissens (Popper 1973, 2002) und damit auch der Funktion einer ergebnisoffenen (und damit kritikbedürftigen) Wissenschaft (auch der ‚kritischen') in einer ‚Offenen Gesellschaft' (Popper 2011 [1947] Rechnung trägt. Alles menschliche Erkennen und Handeln ist stets und unhintergehbar einer ‚prinzipiellen Ungewissheit' darüber ausgesetzt, nie genau zu wissen, ob die gewonnenen Erkenntnisse ‚wahr' und die vollzogenen Handlungen ‚richtig' oder ‚gerecht' sind.

Die Inversion der Vorstellung der Bewährungsbedürftigkeit und der steten Falsifizierbarkeit von Theorien bilden Verschwörungstheorien. Diese behaupten, so das Verständnis von Michael Butter (2018, S. 21), „dass eine im Geheimen operierende Gruppe, nämlich die Verschwörer, aus niedrigen Beweggründen versucht, eine Institution, ein Land oder gar die ganze Welt zu kontrollieren oder zu zerstören". Das zentrale Merkmal von Verschwörungstheorien liegt, Popper (2011 [1947]) folgend, in ihrer Immunisierung gegen Falsifizierbarkeit, denn jede Widerlegung auf Sachebene lässt sich mit Verweis auf eine noch grundlegendere Verschwörung aushebeln. Zentrale Merkmale von Verschwörungstheorien lassen sich in folgenden Punkten zusammenfassen (nach: Barkun 2013; Butter 2018; Popper 1963):

1. Intentionalismus: Alles ist in einem Plan begründet, nichts geschieht aus Zufall.
2. *Form disguises function:* Die Dinge, wie sie sich präsentieren, sind nur Schein.
3. Moralisierung: Die Funktion (2) muss deswegen verborgen werden, weil der Plan (1) moralisch verwerflich ist und sich gegen eine als moralisch integrere Personenschaft richtet.
4. Heimlichkeit: Da der Plan (1) moralisch verwerflich ist (3) muss er verheimlicht werden, daher wird er hinter dem Schein (2) verborgen.
5. Exzeptionalismus der eigenen Person/Gruppe: Die Fähigkeit, die hinter der Heimlichkeit (4) liegenden ‚wahren' Sachverhalte (1 und 2) zu erfassen, hebt die eigene Person/Gruppe aus der Masse heraus. Daraus ergibt sich eine besondere eigene moralische Überlegenheit (3).

Hieraus wird der Essentialismus von Verschwörungstheoretiker~innen (wobei hier sich männlich definierende Menschen in der deutlichen Mehrzahl anzutreffen sind; Butter 2018) deutlich: Sie schreiben sich die Fähigkeit zu, das hinter den Erscheinungen liegende ‚wahre Wesen' der Dinge zu erfassen. Das ‚Erkennen des wahren Wesens' wiederum ist gegenüber allen Falsifizierungsversuchen immun, schließlich handelt es sich nicht um eine vorläufige Theorie, sondern um den unmittelbaren Zugang zum

‚letzten Grund'. Insofern wird eine weitere Befassung mit alternativen Deutungen der
betreffenden Dinge als überflüssig und die ‚wahre Erkenntnis' gefährdend abgelehnt;
aufgrund dieser Selbsteinschätzung sind „„Verschwörungstheoretiker' immer die
anderen; kaum jemand bezeichnet sich selbst so" (Butter 2018, S. 45). Mit anderen
Worten: die eigene Weltdeutung gerinnt zum Dogma.

2.3   Von der Theorie der drei Welten zum Verständnis der drei Landschaften

Die Theorie der drei Landschaften stellt eine Ableitung der Drei-Welten-Theorie von
Karl Popper dar (Popper 1973, 2018 [1984], 2019 [1987]; Popper und Eccles 1977). Sie
fand zwar verschiedentlich in der geographischen Diskussion (Fernández et al. 2014;
Hard 2002; Schafranek et al. 2006; Weichhart 1999; Werlen 1986, 1997; Zierhofer 1999,
2002) eine gewisse Resonanz, blieb allerdings angesichts des vorherrschenden poststrukturalistischen bzw. neomarxistischem Mainstream ein Randphänomen (hierzu ausführlicher: Korf 2019, 2021). Eine zentrale Bedeutung hat sie in den letzten Jahren im
Kontext sozialwissenschaftlicher Landschaftsforschung erhalten, entsprechend wurde sie
anderer Stelle wurde sie ausführlich dargelegt und begründet (Gryl 2022; Kühne 2018e,
2019a, 2020a; Kühne und Berr 2021; Kühne und Jenal 2020a, b; Kühne et al. 2020;
Sedelmeier et al. 2022), sodass sie hier lediglich in Grundzügen vorgestellt wird.

In seiner Theorie der drei Welten gliedert Popper die Welt der materiellen Objekte
(Welt 1), die Welt des individuellen Bewusstseins (Welt 2), wie „vielleicht auch der
unterbewussten Erfahrungen" (Popper 2018 [1984], S. 82) und die Welt der kulturellen
Gehalte (Welt 3) mit „allen geplanten oder gewollten Produkten der menschlichen
Geistestätigkeit" (Popper 2019 [1987], S. 17). Im Zentrum steht dabei die Welt 2, sie ist
jeweils mit der Welt 1 und der Welt 3 rückgekoppelt. Die drei Welten stehen nicht allein
im Austausch miteinander, sie sind auch nicht strikt voneinander getrennt. Vielmehr entstehen Hybride, denn vom Menschen produzierte materielle Dinge sind sowohl Teil der
Welt 1, aber auch Teil der Welt 3, schließlich ist in ihnen gesellschaftlich gebundenes
Wissen enthalten. Produziert wurden sie auf Grundlage der individuellen Aktualisierung
des gesellschaftlichen Wissensvorrates in der Welt 2. Dies wird bei Popper (schon vor
der expliziten Einführung der Drei-Welten-Theorie) in seiner ‚Offenen Gesellschaft'
deutlich, wenn er ausführt (Popper 1992a, S. 91): „So hängen also die Gesellschaft und
das Individuum voneinander ab. Sie verdanken einander ihre Existenz. Die Gesellschaft
verdankt ihre Existenz der menschlichen Natur, die nicht sich selbst genug ist, sondern
anderer bedarf. Und das Individuum verdankt seine Existenz der Gesellschaft, da es
nicht selbstgenügsam ist". Dies bedeutet eine Relationierung der klassisch-liberalen
Fokussierung von individueller Leistung und persönlichem Verdienst in ein Geflecht
sozialer Bedingungen, Abhängigkeiten und Ermöglichungen (ausführlich dieser Gedanke
ausgeführt bei: Möllers 2020).

Der Mensch lässt sich als Teil aller drei Welten verstehen: Er verfügt über Körper (Welt 1), über ein Bewusstsein (Welt 2) und hat Anteil an der Welt der kulturellen Gehalte (Welt 3). Die zentrale Funktion des individuellen Bewusstseins bei Popper leitet zu der – an späterer Stelle vertieft dargestellten (Abschn. 2.5 und Kap. 4) – Konzeption einer Offenen Gesellschaft über: Allein wenn sich das individuelle Bewusstsein möglichst frei entfalten kann, wird es in die Lage versetzt, neue Ideen im Umgang mit den Welten 1 und 3 zu entwickeln und zu erproben (Dahrendorf 1979, 2002; Popper 2011 [1947]).

Diesen Ansatz aufgreifend, lassen sich Landschaften 1 bis 3 ableiten. Als Landschaft 1 werden jene materiellen Objekte verstanden werden, die in Landschaft 2 durch das individuelle Bewusstsein einer Synthese unterzogen werden. Diese Landschaft 2 basiert wiederum auf gesellschaftlichen Konventionen, die Deutungs-, Bewertungs-, Kategorisierungsmuster umfassen (Landschaft 3). Somit lassen sich die Landschaften 1, 2 und 3 als Teilmengen der Welten 1, 2 und 3 verstehen. Die soziale und individuelle Konstruktion von Landschaft (3 und 2) vollzieht sich in unterschiedlichen Modi. Diese werden mit Suffix-Buchstaben a, b und c gekennzeichnet (Kühne 2020a). Mit dem Suffixbuchstaben a wird die ‚heimatliche Normallandschaft‘ bezeichnet, die individuell durch die Bezugnahme der Welt 2 in der Kinderzeit zu der umgebenden Welt 1 entsteht. Die solchermaßen entstehende Landschaft 1a zeigt sich einerseits stark emotional besetzt, sie wird andererseits auch mit einer großen Stabilitätserwartung versehen. Landschaft 1a bildet eine ‚unhinterfragte materielle Normalität‘ (Jenal 2020a; Kühne 2011b; Nissen 1998; Stotten 2013, 2019a). Mit dem Suffixbuchstaben b werden *common-sense*-Verständnisse von Landschaft gekennzeichnet. Die Landschaft 3b enthält gesellschaftlich allgemein akzeptierte Deutungs-, Bewertungs- und Kategorisierungskonventionen, die im Zuge des Sozialisationsprozesses in Welt 2 vermittelt werden, wodurch Landschaft 2b entsteht. Die Konstruktion von Landschaft im b-Modus enthält Erwartungen, die sich als ‚Entsprechung zu gesellschaftlichen landschaftlichen Stereotypen‘ verstehen lassen. Dabei handelt es sich um Stereotypen, insbesondere ästhetischer, darüber hinaus auch ökologischer Art (Aschenbrand 2017; Fontaine 2020; Hokema 2015; Jenal 2019; Kühne 2008c; Stotten 2015), wobei letztere angesichts ihrer Komplexität häufig durch Moralisierungen komplexitätsreduziert und mit ästhetischen Urteilen amalgamisiert werden (Berr und Kühne 2019a; Kirchhoff und Trepl 2009; Kühne 2018g, 2019c; siehe in diesem Buch ausführlich Kap. 3). Mit dem Suffixbuchstaben c werden ‚expertenhafte Sonderwissensbestände‘ von und zu Landschaft gekennzeichnet. Der Erwerb der Fähigkeit, Landschaft im c-Modus zu konstruieren, wird (in der Regel) in einem landschaftsbezogenen Studium erworben (etwa Landschaftsarchitektur oder -planung, Geographie, Freiraumplanung, Agrarwissenschaften, Biologie etc.). Es erfolgt eine Resozialisation, im Sinne einer nachträglichen und affektgeladene Form der Tertiärsozialisation, „also die Demontage vorangegangener Sozialisationsinhalte mittels einer, durch neue signifikante Andere, vermittelten Plausibilitätsstruktur" (Tuma und Wilke 2016, S. 11), in der die Modi a (als Ergebnis der Primärsozialisation) und b (als Ergebnis der Sekundärsozialisation) infrage gestellt und überlagert werden (ausführlich dazu:

Kühne 2006a). Die Landschaften des c-Modus weisen nicht allein gegenüber den Modi a und b Hegemonialitätsansprüche auf, sondern konkurrieren – stark fachlich unterschiedlich geprägt – auch untereinander (Burckhardt 2004; Kühne 2008a, 2018c; Wojtkiewicz 2015). Gemeinsam ist den unterschiedlichen Modus c-Landschaften neben der eigenen Überordnung gegenüber dem a- und b-Modus auch eine starke Defizitorientierung auf Grundlage fachlicher normativer Vorstellungen. Daraus wird ein Handlungsauftrag zur Modifikation sowohl von Landschaft 1 (Planung), aber auch in Bezug auf den b-Modus (Bildung) abgeleitet (Gailing 2014; Stemmer et al. 2019). Dies bedeutet auch, dass nicht allein die drei Landschaften Interferenzen unterliegen, vielmehr auch die Modi der Landschaftskonstruktion einander beeinflussen. Aus dem oben Angerissenen wird dabei deutlich, dass der Einfluss des c-Modus gegenüber dem b-Modus größer ist als umgekehrt. Auch der a-Modus beeinflusst die Formierung des c-Modus (jedoch meist implizit), wenn etwa mittels c-modaler Deutungs-, Bewertungs- und Kategorisierungsmuster der Erhalt der eigenen ‚heimatlichen Normallandschaft' (Landschaft 1a) begründet werden soll (Aschenbrand 2016; Fontaine 2019; Kühne 2006b, 2008a; Leibenath 2014; zum Verhältnis von expertenhaftem Sonderwissen zu *common sense*-Wissen, siehe unter vielen: Bourdieu 1998; Nowotny 2005).

2.4   Die Unhintergehbarkeit des Zeitlichen

Die von Popper kritisierten Begriffe des Historizismus, des teleologischen Denkens und der Utopie setzen jeweils sowohl den Begriff der Zeit oder des Zeitlichen als auch den der Geschichte voraus. Werden die Konnotationen und Folgerungen, die sich aus diesem begrifflichen Zusammenhang ergeben, nicht beachtet, kann es zu einer Vielzahl von historischen und geschichtsphilosophischen Deutungen kommen, die der zeitlich verfassten Welt in ihrer Komplexität, Kompliziertheit, Kontingenz und Unhintergehbarkeit weder begrifflich noch faktisch gerecht werden. Hierzu einige Klärungen unserer Verständnisse: ‚Komplexität' bezieht sich auf die Beziehungen zwischen verschiedenen Elementen eines Systems, die sich durch ihre Variabilität auszeichnen, ‚Kompliziertheit' auf die bloße Anzahl, die Quantität der verschiedenen Elemente eines Systems. Im Sinne der Systemtheorie bezieht sich Kompliziertheit also primär auf die Struktur eines Systems, Komplexität auf seine Funktionen. Kontingenz wiederum bezeichnet das Mögliche, aber nicht Notwendige. Wer die Komplexität eines Systems versteht, kann sich mit relativer Gewissheit nach den (komplizierten) Regeln des Systems verhalten. Komplexität erlaubt eine solche Sicherheit nicht, da sich die Funktionen und sogar der Zustand des Systems jederzeit ändern können und Vorhersagen immer unsicher und kontingent sind (Edler und Kühne 2022; Luhmann 1987; Müller 2013; Papadimitriou 2022; Ropohl 2012; Simon 1978). Unhintergehbar ist die zeitliche Verfasstheit der Welt, weil niemand sich den individuellen und sozialen Prägungen durch geschichtliche Erbschaften, gegenwärtige Erfordernisse und zukünftige Herausforderungen entwinden kann, also in einem gleichsam ahistorischen Kontext agieren, denken und sich orientieren könnte. In diesem

Sinne des Umgangs mit Kontingenz, Komplexität und Kompliziertheit ist in einem ersten
Schritt daran zu erinnern, dass Menschen in der Zeit leben und geschichtliche Wesen
sind. Die *Zeit* umfasst Vergangenheit, Gegenwart und Zukunft, die in einem näher zu
bestimmenden Verweisungszusammenhang stehen. *Geschichte* als Bezeichnung für zeitlich ‚Geschehenes‘ in der Vergangenheit und Geschehendes in Gegenwart und Zukunft
setzt ontologisch die Zeit voraus: „Ohne Zeit keine Geschichte. Geschichte ist die Zeit,
in der etwas geschieht“ (Thies 2021, S. 7).

Historizismus, teleologisches Denken und viele Utopien setzen gewollt oder
ungewollt die vermeintliche Notwendigkeit geschichtlicher Entwicklungen und tatsäch-
licher oder antizipierter geschichtlicher Verläufe voraus. Der Begriff der ‚Notwendigkeit‘ ist eine modallogische Kategorie, die im begrifflichen Zusammenhang mit zwei
weiteren modallogischen Kategorien steht, nämlich mit ‚Wirklichkeit‘ und ‚Möglichkeit‘
(s. auch Thies 2021). Die entscheidende Frage ist, ob und inwiefern historischen Entwicklungen oder Verläufen ‚Notwendigkeit‘ zugeschrieben werden kann. ‚Notwendig‘
ist im logischen Sinne das, was nicht anders sein kann; historisch oder geschichtsphilosophisch ist damit das angesprochen, was nicht mehr geändert oder rückgängig gemacht
werden kann. Wird zuerst einmal die Gegenwart betrachtet, dann ist sie diejenige zeitliche Dimension, in der Menschen, phänomenologisch betrachtet, überhaupt nur tatsächlich leben können, und daher mit der Kategorie der *Wirklichkeit* verbunden werden kann.
Die Gegenwart ist die Jetztzeit, in der Menschen leben, und für die es, um sie geschicht-
lich verstehen und einordnen zu können, einer selbstreflexiven Zeitdiagnose bedarf, und
zwar sowohl in einer erfahrungswissenschaftlichen Beobachtendenperspektive als auch
in einer phänomenologisch-lebensweltlichen Teilnehmendenperspektive (Hartmann
2020; Thies 2021). Obwohl die Gegenwart in diesem Sinne der Bezugspunkt menschlichen Orientierens in der ‚Welt‘ bleibt, ist sie phänomenologisch mit Vergangenheit
und Zukunft verschränkt und erlaubt Ausgriffe auf Vergangenheit und Zukunft. Die
klassischen zeitphänomenologischen Analysen insbesondere von Edmund Husserl und
Yvonne Picard haben zeigen können, dass und wie das Bewusstsein der Gegenwart stets
verschränkt ist mit Vergangenheitsbewusstsein (‚Retentionen‘) und Zukunftsintention
(‚Protentionen‘) (Husserl 1980 [1928]; Picard 1946). Die Gegenwart in diesem Sinne ist
kontingent, das heißt, wie oben angesprochen, weder notwendig noch unmöglich (Kühne
und Berr 2021, S. 28; Pfister 2019, S. 185); sie ist, so wie sie ist, nicht das Produkt
einer notwendigen Entwicklung. Solche Entwicklungen lassen sich zudem nur ex post
rekonstruieren, also aus der Perspektive der Gegenwart auf die Vergangenheit.

Die Wirklichkeit der *Vergangenheit* allerdings ist *nicht mehr,* und die Wirklichkeit
der Zukunft, zu der von der Vergangenheit über die Gegenwart in großen geschichtsphilosophischen Erzählungen (Lyotard 1986) gerne eine vermeintlich notwendige Ent-
wicklungslinie gezogen wird, ist überhaupt *noch nicht.* ‚Notwendigkeit‘ in einem
geschichtsphilosophischen Sinn tritt allein in Gestalt der Vergangenheit auf, und zwar
als das bereits unwiderruflich Geschehene, das als dasjenige, was war und unwiderruflich geschehen ist, weder in der Gegenwart noch in der Zukunft geändert oder gar rückgängig gemacht werden kann. In *diesem* Sinne eines Rückblicks auf die Vergangenheit

und aus der Perspektive der Gegenwart ist die Vergangenheit, und nur sie allein, notwendig und damit nicht kontingent – auch wenn sie in einem Gedankenexperiment aus der Perspektive einer vergangenen Vergangenheit zu einer vergangenen Gegenwart möglicherweise anders hätte verlaufen können (beispielsweise: ‚Was wäre geschehen, wenn Deutschland den Zweiten Weltkrieg nicht verloren hätte' oder ‚Was wäre geschehen, wenn Gorbatschow nicht die Perestroika verkündet hätte' etc.). Kontingent im Hinblick auf Vergangenheit ist lediglich ein historisch-interpretativer *Umgang* mit der Vergangenheit, denn hier „existieren Deutungsspielräume" (Thies 2021, S. 38). Die Vergangenheit wird in dieser Perspektive historisch als *Herkunft* des Gegenwärtigen betrachtet, das heißt im Sinne von Genesen oder Entstehungs- und Entwicklungsgeschichten. Geschichtsphilosophisch betrachtet, das heißt im Sinne einer reflexiven historischen Selbstvergewisserung, mit denen Menschen sich mit der Geschichte beschäftigen können, um sich „selbst und die anderen besser zu verstehen" (Thies 2021, S. 18), bedarf es zu diesem Zweck eines ‚*historischen Sinns*' (Nietzsche 1993b, Band 2).

Was schließlich den Ausgriff auf die *Zukunft* anbelangt, so kann von dieser im Gegensatz zur Vergangenheit, die bestenfalls empirisch gewusst, aber nicht verändert werden kann, weder ein gesichertes Wissen gewonnen werden (Janich 2015, S. 223; vgl. Popper 1965) noch können Menschen in ihr direkt handeln, da sie noch keine Handlungs-Wirklichkeit ist. Menschen können lediglich Zukunftspläne schmieden und auf der Basis unsicheren Wissens (Gethmann 2009; Popper 1965, 1989) Weichenstellungen für anvisierte mögliche Veränderungen in der Zukunft vornehmen. Der Zukunft kann daher die Kategorie der *Möglichkeit* zugeordnet werden, sie „ist nicht gegeben, sondern aufgegeben" (Thies 2021, S. 35). Im Gegensatz zur Vergangenheit, deren Rekonstruktion auf Herkünfte abzielt, kann die Zukunft im Hinblick auf Hinkünfte betrachtet werden. Menschen gestalten ihre Welt nicht nur im Jetzt und Hier, sondern sie müssen auch ungeachtet der genannten Schwierigkeiten Ziele, Visionen oder Zukunftsstrategien entwickeln – zu denken ist hierbei beispielsweise an die Energiewende, an die Gestaltung des Rentensystems oder an die Klimapolitik. Sollen solche Zukunftsstrategien überhaupt antizipiert, geschweige denn erreicht werden können, ist so etwas wie ein *teleologischer Sinn* (Kant 1959 [1790]) als Gegenpart zum historischen Sinn erforderlich. Dazu gehören beispielsweise statistische Extrapolationen (etwa in der Demographieforschung oder bei Klimamodellen), die klassischen Utopien (Hölscher 1990; Schölderle 2017), aber auch Gedanken-Experimente (Bertram 2012), die verschiedene mögliche Zukünfte gedanklich durchspielen können.

Diese Überlegungen zusammengenommen, ergibt sich ein differenziertes Bild. Geschichtliche Entwicklungen oder Verläufe sind kontingent und keinesfalls notwendig. Als notwendig erscheint lediglich das Vergangene als dasjenige, was war und weder in Gegenwart noch Zukunft faktisch geändert werden kann. Diese Sichtweise ist der *Unhintergehbarkeit der Gegenwart* geschuldet, die lebenspraktisch der Bezugspunkt menschlicher Orientierungen ist und bleibt, obwohl Rückgriffe auf die Vergangenheit und Ausgriffe auf die Zukunft möglich und ebenfalls aus wiederum lebenspraktischen Gründen sogar sinnvoll sind. Aus der Perspektive einer für uns vergangenen Gegenwart, für die die für uns gegebene Vergangenheit eine mögliche Zukunft darstellte, wäre diese für uns gegebene Vergangenheit eine mögliche Zukunft, die keinesfalls notwendig ist. Für den Blick ex post ist aber alles Vergangene notwendig im Sinne von unumkehr-bar und unrevidierbar, für den Blick einer selbstreflexiven Gegenwartsdiagnose ist die Gegenwart eine kontingente Wirklichkeit, insofern sie weder notwendig noch unmöglich ist, für den Blick ex ante ist die Zukunft eine bloße Möglichkeit, die nicht determiniert oder bereits in einer spezifischen historischen Entwicklung mitgegeben, sondern ausschließlich aufgegeben ist.

Der von uns verwendete Begriff einer ‚Unhintergehbarkeit der Gegenwart‘ findet eine Entsprechung in Diskussionen, die eine Gegenwarts-*Aus*dehnung in der Alltags-welt wie auch in der Wissenschaft thematisieren, die zu einer Gegenwart-*Über*dehnung führen kann, die mit einer Subjektivierung und moralischen Überhöhung beispielsweise radikaler Individualität in Form spezifischer Lebensstile oder unterschiedlicher Ethnien oder Gruppenzugehörigkeiten in Gestalt spezifischer Identitätspolitik von politisch rechts wie von politisch links einhergehen kann (Bauer 2018; Stegemann 2018, 2021). Dieser Zusammenhang wurde bereits von Autoren wie Axel Honneth und dessen Begriff der ‚Unhintergehbarkeit des Fortschritts‘ (Honneth 2007), Francois Hartog und dessen Konzept des ‚Präsentismus‘ (Hartog 2017) sowie Hans Ulrich Gumbrecht und dessen Diagnose einer ‚breiten Gegenwart‘ (Gumbrecht 2010) thematisiert und kommentiert. In einer philosophischen *‚Ontologie der Zeit‘* wird ‚Präsentismus‘ als die These verstanden, dass nur präsente Dinge und Ereignisse tatsächlich existieren (vgl. im Überblick: Ingram und Tallant 2022). Wird ein ‚Präsentismus‘ in einen Zusammenhang vergangener, gegenwärtiger und zukünftiger gesellschaftlicher Entwicklungen und deren moralischer Bewertung gestellt, kann dies zur Absolutsetzung persönlicher Eigenart oder spezifischer Identität samt jeweiliger Befindlichkeiten oder spezifischer individueller oder kollektiver Moralvorstellungen samt paternalistischer Bevormundungsphantasien führen. Diese Ent-wicklungen sind innerhalb der Gesellschaft ebenso problematisch, wie sie es in einer unreflektierten wissenschaftlichen Spiegelung lebensweltlicher Entwicklungen sein können, etwa in der Geographie (Kühne et al. 2021).

Ein lebenspraktisch sinnvoller Rückgriff auf die Vergangenheit und ein lebens-praktisch sinnvoller Ausgriff auf die Zukunft lassen sich nur in ihrer Sinnhaftigkeit und Plausibilität rechtfertigen, wenn sie von Fehldeutungen historischer und geschichtsphilo-sophischer Deutungs- und Erklärungsmöglichkeiten unterschieden und ferngehalten werden. So ist beispielsweise fraglich, ob und wie überhaupt etwas ‚aus der Geschichte gelernt‘ werden kann. Und wenn etwas vermeintlich ‚gelernt‘ wird, werden daraus gerne ‚belehrende‘ Folgerungen in Gestalt unterschiedlicher Formen eines geschichtlichen Paternalismus gezogen, die sich beispielsweise als utopistisches Heilsdenken oder apo-kalyptische Beschwörungen nahenden Unheils manifestieren. Eine solche moralische ‚Hypertrophierung‘ des ‚historischen Sinns‘ (Nietzsche 1993b, Band 1, S. 246) zu moralischer Selbstüberhöhung und zu paternalistischen Einstellungen gegenüber Ver-gangenheit und Zukunft erwächst Nietzsche zufolge insbesondere aus dem ‚Geist des Ressentiment‘, der die lebensweltlich verankerte evaluative Unterscheidung zwischen

‚gut' und ‚schlecht' in die moralisierende Unterscheidung von ‚gut' und ‚böse' umdeutet (Nietzsche 1993a). Auf dieser Grundlage können schließlich auch Varianten eines gesinnungsethischen Moralismus in Umlauf kommen.

Friedrich Schiller hatte einst die Frage aufgeworfen, ob etwas aus der Geschichte für die Gegenwart zu lernen sei und die Antwort gegeben, dies sei möglich, und zwar mit dem Ziel, um es in der Gegenwart besser zu machen (Schiller 2004c), etwa um begangene Fehler der Vergangenheit in der Gegenwart und Zukunft nicht erneut zu begehen. G.W.F. Hegel hingegen war in dieser Frage skeptisch und betrachtete solche Erwartungen an das ‚Studium der Geschichte' als überzogen: „Was die Erfahrungen aber und die Geschichte lehren, ist dieses, daß Völker und Regierungen niemals etwas aus der Geschichte gelernt und nach Lehren, die aus derselben zu ziehen gewesen wären, gehandelt haben" (Hegel 1986, S. 17). Die Geschichte lehre demnach bestenfalls, dass aus ihr *nichts* zu lernen ist. Der Grund hierfür liege darin, dass jede Epoche, Zeit, Gegenwart „so eigentümliche Umstände" habe und „ein so individueller Zustand [sei], daß in ihm aus ihm selbst entschieden werden muß und allein entschieden werden kann. Im Gedränge der Weltbegebenheiten hilft nicht ein allgemeiner Grundsatz, nicht das Erinnern an ähnliche Verhältnisse, denn so etwas wie eine fahle Erinnerung hat keine Kraft gegen die Lebendigkeit und Freiheit der Gegenwart" (Hegel 1986, S. 17). Der klassische Topos von der *historia magistra vitae* kann mit zwei bekannten Geschichtsauffassungen in Verbindung gebracht werden: erstens mit einem ‚Monumentalismus' (Nietzsche 1988, S. 258–262), der positive oder negative *Vorbilder* (ob als Personen oder als Ereignisse) in der Geschichte identifiziert, um aus ihnen etwas aus der Geschichte lernen zu können; zweitens das Kant'sche Konzept des ‚Geschichtszeichens', das ein „Fortrücken" der Menschheit „zum Besseren" hin anzeigt und eine Tendenz zum „Fortschreiten zum Besseren, als unausbleibliche Folge […] beweisen könnte" (Kant 1983 [1793a], S. 356–357). Diesen Vorstellungen steht entgegen, dass dann, wenn sich die historischen Bedingungen fortlaufend und grundlegend ändern, es kaum noch möglich ist, „sich am Vorbild früherer Generationen zu orientieren" (Thies 2021, S. 23). Obwohl auf diese Weise die „alte Historia als magistra vitae entthront" (Koselleck 2020, S. 155) zu sein scheint, bedeutet das nicht zwangsläufig, „daß sich deshalb auch die Zukunft jeder Anwendung historischer Lehren entzöge. Die Lehren bewegen sich nur auf einer theoretisch anders gefaßten Zeitebene" (Koselleck 2020, S. 156). Koselleck unterscheidet zwischen Ereignissen, die nur erzählt, und Strukturen, die nur beschrieben werden können (Koselleck 2020, S. 144). Da die „Einmaligkeit der Ereignisse […] keine Wiederholbarkeit" kenne, lasse diese auch „keine unvermittelte Nutzanweisung zu" (Koselleck 2020, S. 155). Bei der ‚formalen Zeitstruktur' (Koselleck 2020, S. 130–143) „mittelfristiger Abläufe" hingegen „belehrt die Historie über Bedingungen möglicher Zukunft" (Koselleck 2020, S. 155), indem sie „ihre Lehren nicht nur aus Geschichten ableitet, sondern ebenso aus den ‚Bewegungsstrukturen' unserer Geschichte" (Koselleck 2020, S. 157).

Wie gezeigt, folgt die Idee der Offenen Gesellschaft einem pluralistischen Prinzip, aufgrund dessen Vertreter~innen einer Offenen Gesellschaft „gegenüber staatlichem

Tab. 2.1   Varianten paternalistischer Fehlschlüsse

	Futuristischer Fehlschluss	Historischer Fehlschluss	Präsentischer Fehlschluss	Utopistischer Fehlschluss
Normative Maßstäbe	der Zukunft	der Vergangenheit	der Gegenwart	der Gegenwart
werden abgeleitet	⬇	⬇	⬇	⬇
als verbindliche Maßstäbe für	Gegenwart + Vergangenheit	Gegenwart + Zukunft	Vergangenheit	Zukunft

Quelle: Eigene Darstellung

(oder sonstigem) Paternalismus eine skeptische Position" (Peranic 2020, S. 57) ein-nehmen. Eine solche Person „kann einem paternalistischen Standpunkt niemals grund-sätzlich zustimmen, sondern immer nur unter der Voraussetzung einer Begründung über den allseitigen Vorteil" (Peranic 2020, S. 57). Im Rahmen ‚normativer Geschichts-philosophie', in der „es nicht um das Erkennen und Darstellen der historischen Ereig-nisse, sondern deren Bewertung und die dafür erforderlichen Begründungen" (Thies 2021, S. 48) geht, lassen sich vier typische paternalistische Fehlschlüsse identifizieren, die jeweils zu einer spezifischen Variante eines Paternalismus mit unterschiedlicher historischer Stoßrichtung führen (siehe Tab. 2.1). Erstens leitet der ‚futuristische Fehl-schluss' (Thies 2021, S. 49) aus der Perspektive einer wie auch immer antizipierten *Zukunft* Prognosen sowie Werturteile für die *Gegenwart* ab. Ein aktuelles Paradebeispiel für diesen Fehlschluss ist die wissenschaftlich gemessene Klimaerwärmung und die daraus prognostizierten probabilistischen Folgenszenarien, aus denen in einem weiteren Schritt Werturteile für das Verhalten und Handeln von Menschen in der Gegenwart (und sogar Vergangenheit) abgeleitet werden (s. Müller-Salo 2020b). Auf diese Weise entsteht ein Paternalismus gegenüber Menschen in der Gegenwart.

Zweitens ist der futuristische Fehlschluss um einen ‚historischen Fehlschluss' zu ergänzen, der aus geschichtlichen Ereignissen oder Verläufen der *Vergangen-heit* normative Forderungen oder Maßstäbe für *Gegenwart und Zukunft* ableitet und als eine Variante des ‚Sein-Sollen-Fehlschlusses' betrachtet werden kann (Thies 2021, S. 49). Zudem ist angesichts des Tempos und der Grundsätzlichkeit geschichtlicher Veränderungen fraglich, mindestens „schwer, sich am Vorbild früherer Generationen zu orientieren. Auch aus den schrecklichen Erfahrungen der Vergangenheit folgt nicht unmittelbar, wie man es in Zukunft besser machen könnte. Der eine lernt aus den Fehlern der Geschichte dies, der andere jenes" (Thies 2021, S. 23). Beispielsweise wurde aus den Erfahrungen des Zweiten Weltkriegs und des anschließenden Kalten Krieges von den einen ein Pazifismus abgeleitet, von anderen hingegen eine ‚wehrhafte Demokratie' gefordert. Angesichts aktueller geopolitischer Ereignisse wurden inzwischen einige vermeintlich sichere ‚Lehren aus der Vergangenheit‘ revidiert und eine ‚Zeitenwende‘ ausgerufen. Diese lassen sich wiederum als ‚Überdehnung‘ der Idee der ‚wehrhaften Demokratie‘ in Richtung einer ‚Sicherheit durch Abschreckung‘.

Drittens leitet ein *präsentischer Absolutismus* (Metz 2009; Thies 2021) aus normativen Maßstäben der *Gegenwart* verbindliche Maßstäbe für die *Vergangenheit* ab – wir wollen diesen fortan als präsentischen Fehlschluss bezeichnen. Es wird ‚Geschichtspolitik‘ als ‚ethisch-praktische Historie‘ (Metz 2009, S. 55–56) betrieben, die zu einem Paternalismus nicht nur in der Gegenwart, sondern auch gegenüber Menschen und Geschehnissen der Vergangenheit führt, die am Leitfaden verbindlicher moralischer Normen und Werte politisch oder moralisch bewertet werden. Typische Beispiele für diesen Paternalismus gegenüber der Vergangenheit sind die Durchforstung von Kunstwerken, Literatur, aber auch Straßennamen nach Ausdrucksformen, Äußerungen oder Symbolen, die den heutigen Maßstäben politischer Korrektheit, Identitätspolitik oder Lebensgefühlen widersprechen. Dies führt etwa zur Tilgung entsprechender Wörter oder Bilder aus Kinderbüchern – beispielsweise von Astrid Lindgren oder Otfried Preußler – oder zur Forderung nach der Umbenennung von Straßennamen – beispielsweise Richard Wagner, Martin Luther, Henry Ford oder Charles Lindbergh (Flaßpöhler 2021; Knabe 2022). In George Orwells bekannter Dystopie ‚1984‘ ist dieses Vorgehen bereits im Entstehungsjahr des Romans 1949 vorausgeahnt. Die Hauptfigur Winston Smith arbeitet im ‚Ministerium für Wahrheit‘ und fälscht alte Zeitungsberichte, um sie der Doktrin der regierenden Partei und einer verordneten Sprachregelung (‚Neusprech‘) anzupassen. Mit Blick auf die Literatur heißt das: „Die gesamte Literatur der Vergangenheit wird vernichtet worden sein. Chaucer, Shakespeare, Milton, Byron werden nur noch in Neusprechfassungen existieren, und zwar nicht bloß in verwandelter Gestalt, sondern als Gegenteil dessen, was sie einmal waren" (Orwell 2021 [1949], S. 67). Letztlich führt dieses Vorgehen in einen Totalitarismus, der alle Kultur- und Lebensbereiche umfasst und die Vergangenheit in einer ‚endlosen Gegenwart‘ auflöst und vernichtet: „Jedes Buch hat man umgeschrieben, jedes Gemälde neu gemalt, jedes Denkmal, jede Straße und jedes Gebäude umbenannt […]. Die Historie hat aufgehört zu existieren. Es gibt nur eine endlose Gegenwart, in der die Partei immer recht hat" (Orwell 2021 [1949], S. 189). Übersehen wird dabei erstens, dass vergangene Zeiten und Kulturen sich nicht unmittelbar nach den Kriterien der Gegenwart beurteilen lassen: „Es gilt Vicos Kontextprinzip: Wir müssen die Bedingungen einbeziehen, unter denen die Menschen lebten; nur dann können wir vergangene Handlungen und Institutionen moralisch fair bewerten" (Thies 2021, S. 49). Zweitens führt somit „die anmaßende Vorstellung, besser zu sein als die eigenen Vorfahren, […] fast immer ins Verderben" (Knabe 2022, o. S.).

Viertens ist der ‚präsentische Absolutismus‘ um einen paternalistischen Zugriff auf die Zukunft zu ergänzen, den wir als ‚utopistischen Fehlschluss‘ bezeichnen. Er kann auch als ‚futuristischer Absolutismus der Utopie‘ umschrieben werden, der die Geschichte „stillzustellen" beabsichtigt (Metz 2009, 53). Das heißt, in diesem Fall werden die Menschen der *Zukunft* mit moralischen Maßstäben der *Gegenwart* bevormundet, so als ob es keine Weiterentwicklung menschlicher Orientierungen und

Motivationen im geschichtlichen Fortlauf gebe, die Geschichte der Moral gleichsam an ihr ‚Ende' gekommen sei. Wiederum kann die Klimapolitik als Beispiel herangezogen werden. Denn durch klimapolitische Maßnahmen der Gegenwart werden auch indirekt zukünftige Generationen bevormundet, über deren Ziele, Absichten, Wünsche und Hoffnungen nur Vermutungen angestellt, aber kein sicheres Wissen erreicht werden kann.

2.5   Soziale Konflikte und ihre Chancen

Die den Vorangegangenen dargestellten Fehlschlüssen zugrunde liegenden Ideensysteme weisen häufig einen Exklusivitätsanspruch auf, aus dem wiederum Deutungshoheitskonkurrenzen erwachsen (Lyotard 1979, 2009). Aus diesen Deutungshoheitskonkurrenzen erwachsen normative Konkurrenzen in Bezug auf Welt 1, 2 und 3 und damit individuelle und insbesondere soziale Konflikte.

Soziale Konflikte bilden für Dahrendorf ein zentrales Element der Entwicklung von Gesellschaft, so möge der Gedanke „unangenehm und störend sein, dass es Konflikt gibt, wo immer wir soziales Leben finden: er ist nichtsdestoweniger unumgänglich für unser Verständnis sozialer Probleme" (Dahrendorf 1968, S. 261). Die Konflikttheorie Dahrendorfs bezieht sich auf solche sozialen Konflikte (also keine individuellen), und zwar auf solche, die auf gesellschaftliche Rangunterschiede zurückzuführen sind. In seiner Konflikttheorie grenzt sich Ralf Dahrendorf einerseits vom Strukturfunktionalismus Talcott Parsons ab, andererseits lehnt er auch wesentliche Teile der Interpretation von Konflikten durch Karl Marx ab. Der Strukturfunktionalismus nimmt „ein relativ stabiles System von Teilen [an], deren Funktion in Bezug auf das System bestimmt ist" (Dahrendorf 1968, S. 239; siehe auch Staubmann und Wenzel 2000), d. h. Gesellschaft wird quasi unter Ausblendung der zeitlichen Dimension (s. Abschn. 2.3) konzipiert. Dahrendorf (1968) erkennt in dieser Betrachtung eine starke Tendenz der Beharrung, schließlich gelten Konflikte für den Strukturfunktionalismus als dysfunktionale Ereignisse. Mit Karl Marx hingegen verbindet ihn die Auffassung, Konflikte als Grundvoraussetzung des Zusammenlebens von Menschen und als Triebfeder gesellschaftlichen Wandels zu begreifen: „Im Konflikt liegt daher der schöpferische Kern aller Gesellschaft und die Chance der Freiheit" (Dahrendorf 1961, S. 235); ähnlich auch Dahrendorf 1952, 1968, 1969c, 1972). Ähnlich wie Karl Marx erkennt Dahrendorf die wesentliche Ursache für Konflikte im Antagonismus zwischen den Kräften der Persistenz und jenen der Progression (Bonacker 2009; Dahrendorf 1957; Kühne 2017). Hiermit ist die Schnittmenge gemeinsamer Deutungen zwischen Marx und Dahrendorf jedoch erschöpft: Neben der teleologischen Auffassung Marxens, der Weg zum Kommunismus vollziehe sich als ein „Werk von Naturgewalten oder von göttlicher Vorsehung" (Dahrendorf, 1952: 13), lehnt er auch die Form der diesen Weg begleitenden Konflikte, nämlich die (blutiger) Revolutionen, ab. Auch hält er den Kommunismus als eine konfliktfreie Gesellschaft für nicht wünschenswert, weil ihm eben Konflikte fehlten, die Voraussetzung gesellschaftlicher Entwicklung seien. Im Vergleich zu utopistischen Gesellschaften zeichnen sich empirisch erfassbare Gesellschaften durch vier gemeinsame Merkmale aus:

1. Jede Gesellschaft unterliegt einem andauernden und allgegenwärtigen Wandel (Ubiquität des Wandels).
2. In jeder Gesellschaft finden sich soziale Konflikte (Ubiquität des Konflikts).
3. Jedes Mitglied einer Gesellschaft leistet einen Beitrag zu deren Veränderung (Ubiquität der Produktivität).
4. Jede Gesellschaft ist geprägt von Machtverhältnissen, in denen Teile der Gesellschaft über andere Macht ausüben (Ubiquität der Herrschaft; z. B. Bonacker 1996; Dahrendorf 1972, 1994).

Nicht allein diese Merkmale verdeutlichen eine Regelhaftigkeit menschlicher Vergesellschaftung, auch der Verlauf sozialer Konflikte folgt, wie Dahrendorf (1972) feststellt, einem Muster: Die ‚strukturelle Ausgangslage' ist durch die Entstehung von ‚Quasi-Gruppen' gekennzeichnet, die – in bestimmten Zusammenhängen – gleich gelagerte Interessen aufweisen. Mit der Phase der ‚Bewusstwerdung latenter Interessen' ist die Entstehung der Konfliktparteien verbunden. Hierbei werden sich die ‚Quasi-Gruppen' ihrer Interessen bewusst. Die ‚Phase ausgebildeter Interessen' ist mit einem steigenden Organisationsgrad der Konfliktparteien „mit sichtbarer eigener Identität" (Dahrendorf 1972, S. 36) verbunden. Die Konfliktparteien stehen sich dichotom getrennt gegenüber, Differenzierungen werden zu Binnenkonflikten innerhalb der einzelnen Konfliktparteien transformiert (Dahrendorf 1972).

Dahrendorf (1972) benennt drei prinzipielle Möglichkeiten des Umgangs mit Konflikten: die Unterdrückung, die Lösung und die Regelung. Die *Unterdrückung von Konflikten* verwirft er, weder der Konfliktgegenstand noch die Konfliktursache werde beseitigt, vielmehr führe ein solcher Umgang zu einer Steigerung des Drucks, was sich in eruptiven (und gewaltsamen) Ausbrüchen des Konfliktes äußern könne. Auch die *Lösung von Konflikten* verwirft er. Diese sei mit der Beseitigung der dem Konflikt zugrundeliegenden sozialen Gegensätze verbunden, was in keiner empirisch vorzufindenden Gesellschaft zu finden sei. Zudem beraube eine Lösung von Konflikten der Gesellschaft ihre Entwicklungschancen. Die von Dahrendorf favorisierte dritte Form des Umgangs mit Konflikten, ihre *Regelung,* kennzeichnet er durch fünf Aspekte:

1. Der konkrete Konflikt muss (wie gesellschaftliche Konflikte allgemein) als normal anerkannt werden (nicht als ein normwidriger Zustand).
2. Die Regelung bezieht sich auf einen konkreten Gegenstand, Formen und Ausprägungen des Konfliktes, nicht jedoch auf dessen gesellschaftliche Ursachen.
3. Eine Regelung des Konfliktes kann insbesondere dann erfolgreich sein, wenn ein Grad an Organisiertheit der Konfliktparteien vorliegt.

4. Der Erfolg der Konfliktregelung ist zudem durch die Einhaltung von Regeln durch die Konfliktparteien abhängig. Auch die wechselseitige Anerkenntnis der Gleichwertigkeit der Konfliktparteien und die prinzipielle Berechtigung der Weltsicht der jeweils anderen Konfliktpartei sind wesentliche Voraussetzungen.

5. Die Regelungsfähigkeit des Konfliktes ist vom Vorhandensein eines institutionellen Rahmens abhängig, der von einer dritten Instanz gebildet wird, die einerseits gemeinverbindliche Vorgaben über den Umgang mit Konflikten macht, andererseits über Möglichkeiten verfügt, den Konflikt notfalls extern zu beenden, was Dahrendorf (Dahrendorf, S. 385) als „Freiheit unter dem Schutz des Gesetzes" kennzeichnet. Eine weitere Voraussetzung liegt in der Zurechenbarkeit von Verantwortung für Entscheidungen, etwa einer turnusmäßigen Überprüfung der Zufriedenheit der Leitungsbilanz der Politik durch die Wahlbevölkerung, wie in einer liberalen Demokratie üblich (Dahrendorf 1969a).

Mit und in Anschluss an die Konflikttheorie von Ralf Dahrendorf lassen sich Ausprägungen von Konflikten differenzieren (Berr et al. 2019; Dahrendorf 1965, 1969b, 1972, 1994, 2007a; Kühne 2018a, c, g; Kühne et al. 2019; Kühne 2020a; Walter et al. 2013; Weber 2018):

- Die Intensität bezeichnet dabei die soziale Relevanz des Konfliktes, „sie ist hoch, wenn für die Beteiligten viel davon abhängt, wenn also die Kosten der Niederlage hoch sind" (Dahrendorf 1972, S. 38).
- Die Gewaltsamkeit reicht von für Dritte kaum wahrnehmbaren non-verbalen Äußerungen bis hin zu Massenmord und Weltkrieg.
- Die Komplexität steigt mit der Zahl der beteiligten Akteure (Institutionen, Administrationen, Vereine, Bürgerorganisationen, Unternehmen). Zudem besteht, Dahrendorf (2007a, S. 93) zufolge, auch die latente Gefahr einer „Individualisierung des Konflikts", etwa durch die Überführung eines sozialen in einen persönlichen Konflikt, der dann individuell die ‚Funktion eines Selbstzwecks' (Kühne 2018a, S. 177) erfüllt, wenn Konfliktbeteiligung zum Medium der Generierung von Lebenssinn und sozialer Anerkennung bei der jeweiligen ‚Bezugsgruppe' (Dahrendorf 1971 [1958]) wird.
- Die räumliche Reichweite des Konfliktes reicht von lokal, über regional, national, international bis hin zu global. Komplexe Konflikte neigen dazu, sich nicht eindeutig auf einer Maßstabsebene fixieren zu lassen, sie sind multiskalisch, teilweise hinsichtlich Intensität, Brutalität und Komplexität auf den unterschiedlichen Maßstabsebenen differenziert. Zudem neigen solche multiskalischen Konflikte dazu, hinsichtlich der Phasenhaftigkeit der Konflikte asynchron abzulaufen; während beispielsweise in Region a der Konflikt um die physischen Manifeste der Energiewende bereits geregelt ist, erfolgt in Region b erst die Formierung der ‚Quasi-Gruppen' (Kühne 2020a).

Die Regelbarkeit von Konflikten differenziert sich darüber hinaus nach der Ebene der Konflikte: Ist diese bei Sachkonflikten (etwa der Entscheidung, ob Standort a oder b für die Errichtung einer Windkraftanlage geeigneter ist) hoch, da hier einerseits der Konfliktgegenstand auf einer Objektebene angesiedelt ist, und andererseits nach weithin akzeptierten Kriterien in einem anerkannten Verfahren entschieden werden kann. Bei Verfahrenskonflikten besteht kein Konsens über die Regeln des Verfahrens, sie müssen ausgehandelt werden. Diese Aushandlung wird häufig mit unterschiedlichen Identitäten und Werten verknüpft, eine Regelung wird deutlich herausfordernder. Treten Identitätskonflikte auf, also Konflikte, die soziale Selbstbeschreibungen betreffen, sind Regelungen nurmehr schwerlich möglich, basieren Identitäten doch zumeist auf einer Aufwertung der In- und Abwertung der Outgroup, was die Akzeptanz der Gleichwertigkeit der anderen Konfliktpartei und deren Weltsicht deutlich einschränkt. Noch herausfordernder wird die Konfliktregelung bei Wertkonflikten, hier findet kein Konflikt über ein externes Objekt statt (Sachkonflikt), auch ist nicht das Verfahren auf der Meta-Ebene (Verfahrenskonflikt) oder die differierenden Selbstbeschreibungen der Konfliktparteien Gegenstand (Identitätskonflikt), sondern die hinter den Identitätskonstrukten stehenden Wertkonstrukte unterschiedlicher (zumeist inkommensurabel gedachter) Weltanschauungen (auf Grundlage von: Becker und Naumann 2018; Berr et al. 2019; Bolz 2021; Bude 2014). Konflikte neigen häufig zur Expansion auf andere Ebenen, aus einem Sachkonflikt entwickelt sich etwa ein Identitätskonflikt, der sich zu einem Konflikt über grundlegende Werte ausweitet und davon ausgehend das Verfahren der Konfliktregelung grundsätzlich infrage gestellt wird (Berr et al. 2019; Kühne 2020a), nicht zuletzt deswegen, weil jede Konfliktpartei ihre Identität an der Gefahr ausprägt, die von der jeweils anderen Konfliktpartei nicht nur für sich selbst ausgeht, sondern auch für eine Identitätsformation, die der Hilfe bedarf (Scheller 2021). Ein Vorgang, der nicht nur als Ausdruck einer paternalistischen Zuwendung verstanden werden kann, sondern auch eine moralische Komponente aufweist, denn „helfen ist Macht ohne Eigennutz, aber mit Selbsterhöhung" (Paris 2005, S. 25), und die jeweils andere Konfliktpartei wird mit komplexitätsvernichtenden Kollektivsingularen gerahmt, wie „die Linken", „die Windkraftgegner", „die Städter" etc. (Scheller 2021, S. 19).

2.6 Lebenschancen – von Optionen, moralischen und ethischen Ligaturen, ihrer Gerichtetheit nach innen oder außen

Soziale Konflikte erwachsen nicht allein aus alternativen Vorstellungen vom Umgang mit Welt, sondern sie entstehen auch durch das Ringen der Individuen um Lebenschancen. Das Verständnis Max Webers von Lebenschancen als Chancen, die ein Mensch vernünftigerweise in seinem Leben erwarten kann (Weber 1976 [1922]; siehe auch Berger 2017 [1963]), verweist zunächst auf die Ungleichverteilung von Lebenschancen in der Gesellschaft. So unterscheiden sich die Lebenschancen eines acht-

zehnjährigen Sohnes eines wohlhabenden Rechtsanwalts und einer Professorin an der
Louisiana State University mit Wohnsitz im Süden von Baton Rouge fundamental von
jenen einer achtzehnjährigen Schwarzen, die von ihrer alleinerziehenden Mutter ohne
Collegeabschluss im Norden der Stadt groß gezogen wurde (Kühne et al. 2020; Palm
2021). Ralf Dahrendorf differenziert den Weberschen Begriff weiter aus und fügt ihm
eine normative Komponente hinzu. So versteht Ralf Dahrendorf (Dahrendorf 2007a,
S. 44) unter ‚Lebenschancen' „zunächst Wahlchancen, Optionen. Sie verlangen zweier-
lei, Anrechte auf Teilnahme und ein Angebot von Tätigkeiten und Gütern zur Auswahl".
Wahlchancen müssen mit einem Sinn verbunden sein. Bildlich gesprochen, versteht
Dahrendorf (1979, S. 24) Lebenschancen als „die Backformen menschlichen Lebens in
Gesellschaft; sie bestimmen, wie weit Menschen sich entfalten können". Der Begriff der
Lebenschancen geht auf Max Weber (1972 [1922]) zurück, der ihn in den Kontext des
Kampfes um Ressourcen stellt, ohne ihn jedoch genau zu bestimmen (Mackert 2010).
Max Weber umreißt Lebenschancen einerseits als „strukturell begründete […] Wahr-
scheinlichkeit des Verhaltens", und andererseits „als etwas, das der Einzelne haben
kann, etwas als Chance der Befriedigung von Interessen" (Dahrendorf 1979, S. 98).
Bereits in diesem Ausgangspunkt wird die soziale Gebundenheit von Lebenschancen
deutlich, denn sie sind „Möglichkeiten des individuellen Wachstums, der Realisierung
von Fähigkeiten, Wünschen und Hoffnungen, und diese Möglichkeiten werden durch
soziale Bedingungen bereitgestellt" (Dahrendorf 1979, S. 50). Die Gesellschaft ermöglicht nicht allein Lebenschancen, sie schränkt auch Lebenschancen ein. Dies wird am
Beispiel von Klassenunterschieden deutlich, wenn „die Möglichkeiten der Einen (der
‚Beherrschten', der ‚Abhängigen') durch die Entscheidungen Anderer (‚der Herrscher')
entscheidend vorstrukturiert" (Niedenzu 2001, S. 178) sind. Der soziale Kontext ist
ambivalent (Dahrendorf z. B. 1957, 1972): einerseits ermöglicht er das Streben nach
und die Umsetzung von Lebenschancen, andererseits behindert er die Entwicklung und
Umsetzung von Lebenschancen.

Die Voraussetzung der Entwicklung von Lebenschancen ist die Entwicklung eines
Bewusstseins möglicher Einflussnahmen von Welt 2 auf Welt 1 und Welt 3. Verbunden
ist dies mit einem Verständnis der „Trennung zwischen natürlichen und normativen
Gesetzen" (Popper 1992a, S. 72), aber auch der Überwindung dessen, was Popper als
‚naiven Naturalismus' und ‚naiven Konventionalismus' beschreibt, also, im ersten Falle,
eines Verständnisses, in dem „Regelmäßigkeiten, ob natürlich oder konventionell, […]
als völlig unabänderlich [gelten]" (Popper 1992a, S. 72), oder, im zweiten Falle, der
Gefangenheit in einem Stadium der Entwicklung, „in dem sowohl die natürlichen wie
die normativen Regelmäßigkeiten als Ausdruck der Entscheidungen menschenähnlicher
Götter oder Dämonen und als von diesen abhängig empfunden werden" (Popper 1992a,
S. 72). Voraussetzung für die Entwicklung von individuellen Lebenschancen ist also die
Bewusstwerdung über die Kontextualisierung in den Welten 1 und 3, deren Möglich-
keiten und Restriktionen, was uns zum Thema der Optionen und Ligaturen führt.

Lebenschancen sind Ergebnis des ambivalenten Verhältnisses von Optionen und
Ligaturen (Dahrendorf 1979, S. 50): „Optionen sind in sozialen Strukturen gegebene

Wahlmöglichkeiten, Alternativen des Handelns", sie verlangen „Wahlentscheidungen und sind damit offen für die Zukunft" (Dahrendorf 1979, S. 108). Unter ‚Ligaturen' fasst Dahrendorf dagegen „strukturell vorgezeichnete Felder menschlichen Handelns. Der Einzelne wird kraft seiner sozialen Positionen und Rollen in Bindungen oder Ligaturen hineingestellt" (Dahrendorf 1979, S. 51). Ligaturen bilden „gewissermaßen die Innenseite der Normen, die erst die sozialen Strukturen garantieren" (Ackermann 2020, S. 141), sie sind emotional bzw. moralisch stark aufgeladen. Diese Aufladung produziert einerseits Verpflichtung, andererseits auch Zugehörigkeit, wodurch sie die „Fundamente des Handelns" (Dahrendorf 1979, S. 51) sind, wie etwa „die Ahnen, die Heimat, die Gemeinde, die Kirche" (Dahrendorf 1979, S. 51). So entsteht ein grund-sätzlicher Unterschied: „Ligaturen sind gegeben, Optionen sind gewollt" (Dahrendorf 1979, S. 108). Ligaturen binden an soziale Kontexte, Optionen sind Voraussetzung für Selbstermächtigung und Emanzipation von diesen Kontexten. Die Ambivalenz des Ver-hältnisses von Optionen und Ligaturen erwächst aus ihrer wechselseitigen Bedingtheit: „Ligaturen ohne Optionen bedeuten Unterdrückung, während Optionen ohne Bindungen sinnlos sind" (Dahrendorf 1979, S. 51–52). Ligaturen machen einerseits aus bloßen Chancen „Chancen mit Sinn und Bedeutung, also Lebenschancen" (Dahrendorf 1979, S. 51), andererseits haben sie auch „eine absolute Qualität: sie lassen Schattierungen von grau nur widerwillig zu. Menschen gehören entweder dazu oder sie tun es nicht, und wenn sie es nicht tun, haben sie keinen Anspruch auf Rechte" (Dahrendorf 1979, S. 55). Die Verantwortung für den Umgang mit Lebenschancen liegt dabei beim Individuum: „Lebenschancen sind Gelegenheiten für individuelles Handeln, die sich aus der Wechsel-beziehung von Optionen und Ligaturen ergeben" (Dahrendorf 1979, S. 55). Auch wenn die Gesellschaft bestimmte Lebenschancen ermöglicht (andere eben nicht), werden sie „erst durch individuelle Anstrengungen zu konkret gelebten Biographien – oder sie werden verwirkt" (Lindner 2009, S. 20).

Zahl und Umsetzung von Lebenschancen unterliegen nicht allein hinsichtlich der individuellen Biographie einem Wandel, sondern auch hinsichtlich gesellschaft-licher Entwicklungen, so verbindet Dahrendorf mit dem Prozess der Modernisierung (Dahrendorf 1987) eine Vergrößerung von individuellen Lebenschancen. Diese Vergrößerung ist in dem Gewinn an Optionen begründet, die sich häufig durch „das Aufbrechen von Ligaturen" (Dahrendorf 1979, S. 52) ergaben. So bedeutet etwa die Zunahme an sozialer wie räumlicher Mobilität, „dass die Familie und das Dorf nicht mehr Schicksalsgemeinschaften sind, sondern zunehmend zu Wahlgemein-schaften werden" (Dahrendorf 1979, S. 52). Gesellschaftliche Entwicklung, die um die Erweiterung von Lebenschancen bemüht ist, bedeutet „Optionspolitik, also Kampf um die Erweiterung menschlicher Lebenschancen durch die Vermehrung von Optionen" (Dahrendorf 1983a, S. 123–124), die „gleichsam die volle Ausschöpfung des Potenzials einer Gesellschaft" (Dahrendorf 1979, S. 131) ermöglicht. In Anschluss an das oben angesprochene Diktum Karl Poppers, Geschichte habe einen Sinn, Sinn müsse ihr gegeben werden, besteht für Dahrendorf (1979, S. 26) dieser Sinn darin, „mehr Lebens-chancen für mehr Menschen zu schaffen", was wiederum die individuelle Befähigung voraussetzt, die Differenz von Optionen und Ligaturen in ihren Konsequenzen erkennen zu können (siehe auch: Kühne et al. 2021). Optionen können allerdings auch zu Ligaturen transformiert werden. Mächtige sind gegenüber ‚Mindermächtigen' (Paris 2005) bestrebt, Optionen in Form von Privilegien zu sichern und in Ligaturen zu überführen, was mit der Nebenfolge verbunden ist, deren Optionengenerierung einzuschränken (Dahrendorf 1992, 2007a; Strasser und Nollmann 2010).

Die Maximierung von Lebenschancen unterliegt dabei auch unterschiedlichen Bedrohungen (Bovone 1982; Dahrendorf 1968, 1979, 2006; Kocka 2004; Kühne et al. 2021):

a) Dem Mangel an individueller Befähigung zum kritischen Umgang mit Ligaturen (insbesondere durch geringe Bildung),

b) dem Verzicht auf die Entwicklung von Chancen durch ‚Außenleitung' (Riesman 1950), dem unhinterfragten Folgen gesellschaftlicher Konventionen (insbesondere Ligaturen),

c) der Beschränkung individueller Lebenschancen durch bürokratische Reglementierung,

d) einer systematischen gesellschaftlichen Ungleichverteilung von Lebenschancen, etwa durch Umwandlung von wirtschaftlicher in politische Macht, insbesondere aber durch eine systematische Benachteiligung von Teilen der Bevölkerung im Zugang zu Bildung,

e) der Verweigerung der individuellen Auseinandersetzung mit der Komplexität der Verhältnisse von Optionen und Ligaturen durch Flucht in Utopien, verbunden mit der moralischen Abwertung alternativer Zugänge zu Welt (womit wir bei dem Kernthema dieses Buches angekommen sind),

f) die Überführung von Optionen zu Ligaturen zum Zwecke der Sicherung von Privilegien.

Die Ausdifferenzierung des Lebenschancenkonzeptes in Optionen und Ligaturen bedeutet eine Konkretisierung „in inhaltlicher Perspektive", wobei ihm Dahrendorf „eine Sinndimension hinzufügt; ferner wird in theoretischer Perspektive deutlich, dass […] Dahrendorf von einem sozial strukturierten Wahlhandeln sozialer Akteure ausgeht" (Mackert 2010, S. 413). Allerdings bleibt sowohl konzeptionell als auch hinsichtlich der Bewertung in Hinblick auf Lebenschancen ein Ungleichgewicht zwischen ‚Optionen' und ‚Ligaturen': Das Konzept der Optionen ist klar ausformuliert und fügt sich passgenau in den theoretischen Rahmen, zudem werden Optionen eindeutig positiv in Hinblick auf die Entwicklung von Lebenschancen gerahmt. Dagegen bleibt das Konzept der Ligaturen in dem von Dahrendorf entwickelten theoretischen Kontext sperrig. Ligaturen wird von Dahrendorf eine ambivalente Bedeutung bei der Entwicklung von Lebenschancen beigemessen: Einerseits stellen sie die sinngebende Komponente dar, andererseits haben sie eine limitierende Wirkung auf Entwicklung und Verwirklichung von Lebenschancen (Kühne et al. 2021; Kühne und Leonardi 2020; Mackert 2010).

Die Ambivalenz von Ligaturen lässt sich jedoch durch eine das Dahrendorfsche Konzept erweiternde Differenzierung von Ligaturen verringern. So lassen sich Ligaturen sowohl im Kontext von Moral als auch Ethik verstehen. Im Vorgriff auf diese Unterscheidung zwischen Moral (Abschn. 3.2) und Ethik (Abschn. 3.5) ist zwischen der Ebene des konkreten Handelns und entsprechenden moralischen Vorschriften oder Ligaturen einerseits, und ethischen Reflexionen oder Beurteilungen dieser Handlungen und entsprechenden ethischen Prinzipien oder Ligaturen andererseits zu unterscheiden. *Ethische* Prinzipien dienen nämlich *nicht* wie *moralische* Vorschriften bzw. Normen der „Handlungs*anleitung*, sondern der Handlungs*beurteilung*" (Gethmann und Sander 2004, S. 117). Für sogenannte Ethikkommissionen beispielsweise bedeutet diese Unterscheidung, dass sie nicht – wie dies häufig genug geschieht – konkrete und direkte Handlungsanleitungen für konkretes Regierungshandeln geben, sondern mögliche Handlungsentscheidungen auf deren Bedingungen, Voraussetzungen, impliziten Wertpräferenzen und normativen wie faktischen Folgen und Nebenfolgen hin zu analysieren und zu beurteilen haben. Diese Unterscheidung zwischen Moral und Ethik wirkt sich auf die Bestimmung von Ligaturen wie folgt aus:

a) (Die überwiegende Zahl der) Ligaturen sind *moralisch* auf der Ebene des konkreten Handelns (etwa die religiöse Begründung der Einordnung in die soziale Stratigraphie durch die soziale Position der Eltern) aufgeladen, indem sie Normalität definieren und deren Erhalt moralisch gebieten (im Sinne eines Sein-Sollen-Fehlschlusses, vgl. dazu Hume 1978 [1739]; Quante 2008; Sen 1966; Stuhlmann-Laeisz 1983).

b) (Bestimmte) Ligaturen können auch *ethisch* verstanden werden. Sie (etwa die Regeln ‚guter' wissenschaftlicher Arbeit) bieten einen Rahmen für die Reflexion über und Beurteilung jener Ligaturen, die moralisch Handeln steuern. Diese Ligaturen sind geeignet, Optionen zu erweitern und zu ermöglichen, sie stellen auch die Möglichkeit dar, Optionen abzuwägen.

Im Folgenden werden wir daher die Ligaturen, die unter (a) gefasst wurden, *moralische,* jene, die unter (b) beschrieben wurden, *ethische* Ligaturen nennen. Ethische Ligaturen bieten eine Basis, individuelle Lebenschancen in einer Offenen Gesellschaft zu maximieren. Sie umfassen etwa Prinzipien wie Verfahrensgerechtigkeit, Toleranz, Verantwortung etc. und können auch als 'Konsense höherer Ordnung' im Sinne von Nida-Rümelin bezeichnet werden, die „sich auf Verfahren, die Art und Weise oder auf die Methode der kollektiven Entscheidungsfindung" (Nida-Rümelin 2020, S. 114) beziehen. Diese Offene Gesellschaft setzt wiederum eine Zurückdrängung moralischer Ligaturen voraus. Diese stellen für eine unreflektierte Verabsolutierung von Handlungsprinzipien die Basis dar. Sie neigen zur Totalität und dichotomisieren zwischen dem Guten und dem Bösen. Hochgradig komplexe „gesellschaftliche Strukturen, ihre Ambiguitäten und Deutungsschwierigkeiten werden in einem einfachen Dual des ‚Wir-vs. Nicht-Wir' geordnet" (Strohschneider 2020, S. 8). Diese Dichotomie erlaubt weder Hybridisierung noch (selbst-)ironische Bezüge, schließlich setzte dies eine kontextualisierte anstelle einer dichotomisierenden Sicht auf Welt voraus. Diese Sicht ist wiederum an ethische Ligaturen gebunden, sie erkennt Komplexität und Kontingenz von Welt an und versteht deren Reduzierungen als gesellschaftlich und zeitlich kontextualisiert. So wird (Selbst) Ironie zum Ausdruck eines (selbst)reflexiven Managements von Kontingenzen und Komplexitäten.

2.7   Strebens- und Sollensethik

Die 3-Welten-Theorie von Popper und das normative Konzept der Steigerung von Lebenschancen von Dahrendorf lässt sich durch eine in der philosophischen Ethik bekannte und vieldiskutierte Unterscheidung zweier grundlegender Ethikmodelle ergänzen: diejenige von ‚Strebensethik' und ‚Sollensethik' (Krämer 1992) beziehungsweise von ‚eudämonistischer Ethik' und ‚normativer Ethik' (Kamlah 1973). Diese Ergänzung kann zeigen, dass eine bloße Entgegensetzung von Welt 2 und Welt 3, also von individuellem Bewusstsein und individuellen Interessen, Präferenzen, Absichten und Optionen einerseits, und gesellschaftlichen Konventionen, kultureller Symbol- und Deutungssysteme und Ligaturen andererseits wenig sinnvoll ist. Wenn Dahrendorf im Anschluss an die 3-Welten-Theorie von Popper das einzelne Individuum als Vermittlungsinstanz zwischen physischer Welt 1 und soziokultureller Welt 3 bestimmt, dann rückt damit das individuelle Bewusstsein in den Fokus, das in der philosophischen Tradition auch als ‚Ich' oder ‚Selbst' bezeichnet wird. Welt 3 als Bereich des Kulturellen (Popper 2019 [1987]) ist zugleich der Bereich des Sozialen (Berr 2022a). Mit Andreas Reckwitz beispielsweise kann ein *,bedeutungsorientierter'* Kulturbegriff bestimmt werden, der als ‚handlungskonstitutiver Hintergrund' sozialer Praktiken spezifische welterschließende und weltdeutende „Sinn- und Unterscheidungssysteme" als spezifische Formen einer „symbolischen Organisation der Wirklichkeit" (Reckwitz 2011, S. 7) bestimmt.

Das von Dahrendorf in den Fokus gerückte ‚Ich' wird in der sogenannten ‚Strebensethik' favorisiert, die seit der Antike und dem Mittelalter der Frage nachgeht, wie im *‚Gebrauch'* der Freiheit ein Umgang des Individuums mit sich selbst zu einer selbstbestimmten Führung und Gestaltung des individuellen menschlichen Leben befähigen könne (Hadot 2005; vgl. Horn 2014). Diese Tradition einer philosophisch bestimmten ‚Lebenskunst' wurde zuerst durch Friedrich Nietzsche (vgl. Gerhardt 1995; Kersting 2007), daran anschließend im 20. Jahrhundert in Frankreich durch Pierre Hadot (2005) und Michel Foucault (1977; vgl. Kersting 2007), in Deutschland insbesondere durch Wilhelm Schmid (z. B. 1998) wiederentdeckt und neu belebt. Wilhelm Kamlah bezeichnet diese Lebenskunstphilosophie als ‚eudämonistische Ethik', die der Frage nachzugehen habe, „wie wir leben können" (Kamlah 1973, S. 145–182; vgl. hierzu auch Krämer 1992). Hans Krämer spricht von ‚Strebensethik', die ihre Reflexion auf Moral konsequent bei einem „Ich *will*" des einzelnen Individuums sowohl beginnt als auch beendet und daher auch als „Ethik der ersten Person" (Krämer 1992, 84) bezeichnet wird.

Der ‚eudämonistischen Ethik' wird von Kamlah eine ‚normative Ethik' an die Seite gestellt, die zudem mit ‚Moralphilosophie' und der Frage, ‚wie wir leben sollen', identifiziert wird (Kamlah 1973, S. 93–144). Krämer stellt der ‚Strebensethik' eine ‚Sollensethik' an die Seite, die die Vorrangstellung der Ansprüche der Gesellschaft an das Individuum betont, die aus der Perspektive der „zweiten und dritten Person" (vgl. Krämer 1998, S. 97) erfolgen und die Reflexion auf die Perspektive des Individuums anstelle eines ‚Ich will' in einem ‚Ich *soll*' münden lassen. Kamlah spricht davon, der eine Ethiktypus sei die ‚notwendige Ergänzung' (Kamlah 1973, S. 144) des anderen, Krämer präzisiert diesen Grundgedanken der ‚notwendigen Ergänzung' zu der Aussage, die beiden Ethikperspektiven verhielten sich „komplementär zueinander und können einander darum auch nicht gegenseitig aufheben und ersetzen" (Krämer 1992, S. 84). ‚Moralphilosophie' und ‚Strebensethik' seien daher „als zwei heterogene und autonome Zweige der Ethik in einem teils konkurrierenden, teils kooperativen Nebeneinander [zu] belassen" (Krämer 1992, S. 119–120).

Eine Schwierigkeit stellt allerdings die *Vermittlung* zwischen beiden Perspektiven dar. Micha Werner beispielsweise erinnert an die „Tradition der Praxisphilosophie", die – wie Dahrendorf – individuelle Wahlakte herausstellt, die an bestimmte, als verbindlich anerkannte Werte bzw. moralische Ligaturen gebunden sind. Aber eine „intersubjektiv verbindliche normative Ethik kann freilich niemals allein aus der rein subjektiv-evaluativen Perspektive eines sich entwerfenden Selbst gewonnen werden" (Werner 2006, o. S.). Auch Krämer betont, es sei „auf der Anerkennung der Irreduzibilität der dualen Struktur der Ethik zu insistieren", die „darum notwendig bizentrisch angelegt" (Krämer 1992, S. 122) sei. Reduktionsversuche, ob von der Strebens- oder der Sollensethik aus, sind gar nicht möglich, denn ebenso wenig „wie die Moralphilosophie auf die Strebensethik lässt sich die Strebensethik auf die Moralphilosophie zurückführen" (Krämer 1992, S. 122), denn der „Hiat zwischen Gemeinwohl und Eigeninteresse ist prinzipiell nicht überbrückbar, und wenn, dann nur tendenziell in unendlicher Annäherung" (Krämer 1992, S. 40). Kamlah betont dies ebenfalls, indem er für beide Ethiktypen jeweils eine „neue Grundfrage" (Kamlah 1973, S. 144) rekonstruiert. Die eudämonistische Ethik stelle „die Frage nach dem Leben-können" als „die Frage nach einem ‚gelingenden Leben'" (Kamlah 1973, S. 147); und aus dieser Frage ergibt sich die „Grunderfahrung" und „Grundeinsicht", dass „wahres Leben-können […] zu allererst sich loslassen können" sei und jeder Mensch „sich in seiner Eigenmächtigkeit und Selbstbefangenheit auf einem aussichtslosen Wege" befinde (Kamlah 1973, S. 158). Die normative Ethik als Moralphilosophie stelle ergänzend die Frage, „wie wir leben *sollen*" (Kamlah 1973, S. 94), aus der sich die „praktische Grundnorm" ergibt, es sei „jedermann jederzeit geboten zu beachten, daß seine Mitmenschen bedürftig sind wie er, und demgemäß zu handeln" (Kamlah 1973, S. 96) habe. Das heißt, die strebensethische „Perspektive eines sich entwerfenden Selbst" bedarf daher der Restriktion der „evaluativ-strebensethischen Selbstbestimmung durch die Normen einer intersubjektiv verbindlichen Sollensethik" (Werner 2006, o. S.). Im Vokabular Dahrendorfs bedeutet das: Optionen bedürfen Ligaturen, wie Ligaturen Optionen bedürfen.

2.8   Ein Zwischenfazit zu Grundzügen und Bezugsrahmen: Landschaften, Offene Gesellschaft, Konflikte und Lebenschancen

Die Offene Gesellschaft ist durch bestimmte Merkmale (Popper 1965, 1992a, b) geprägt, wie Möglichkeiten von Menschen an politischen Verfahren und Entscheidungen teilhaben zu können (etwa durch Wahlen), die Differenzierung der Gesellschaft in unterschiedliche Sphären mit eigenständiger Dynamik (etwa Wissenschaft, Politik, Kunst, Wirtschaft etc.) und wechselseitiger Beeinflussung, marktförmige Institutionen, die einen effizienten Austausch ermöglichen, insbesondere die Möglichkeit der Äußerung von Kritik und der Befähigung, diese zu entwickeln und zu äußern. Diese Merkmale sind eng mit der Ausprägung und Verteilung von Optionen und der Art und Intensität von Ligaturen verknüpft.

Ligaturen sind – Ralf Dahrendorf (1979, S. 107) zufolge – stark an Raum und Zeit gebunden: „Raum allgemein: Natur; Raum in begrenzterem Sinne: Nation; Raum im engeren Sinne: Region, Landschaft, Gemeinde; sozialer Raum: Wohngemeinde, auch Familie. Zeit allgemein: ‚Leben‘; Zeit im begrenzten Sinne: Geschichte; Zeit im engeren Sinne: Lebensalter, Erfahrungsbereich (‚Generation‘); soziale Zeit: ‚soziale Konstruktion menschlichen Lebens‘". Diese (wenn auch nach Dahrendorfs Einschätzung unvollständige) Klassifikation macht die konstitutive Bedeutung von Raum für Ligaturen deutlich. Ligaturen und Optionen sind in den Relationen zwischen den Welten (und Landschaften) nicht gleich verteilt (ausführlicher: Kühne et al. 2021): Das Einwirken der Welten 1 und 3 auf die Welt 2 erfolgt primär in Form von Ligaturen, so werden dem Bewusstsein gesellschaftliche Konventionen (aus der Welt 3) vermittelt und die materiellen Restriktionen der Welt 1 werden dem Bewusstsein deutlich gemacht, insbesondere infolge der körperlichen Verfasstheit des Menschen (etwa durch das Prinzip der körperlichen Exklusivität der Raum 1-Besetzung, kurz, den Platz, den ein Körper einnimmt, kann zugleich kein anderer Körper besetzen). Optionen entstehen in den Relationen von Welt 2 zu Welt 3 und 1 durch die Bemühung um Wirkung. Ligaturen wirken wiederum nicht allein limitierend, vielmehr sind sie die Basis für Optionen. Das Einwirken von Welt 3 auf 2 vergegenwärtigt nicht allein die „ärgerliche Tatsache der Gesellschaft" (Dahrendorf 2006, S. 21), vielmehr stellt sie die Basis für Innovationen dar, denn sie ermöglicht dem Individuum, Deutungen zu entwickeln, die von gesellschaftlichen Konventionen abweichen. Dazu muss es aber zunächst mit diesen Konventionen konfrontiert sein. Insgesamt sind Menschen nur teilweise in der Lage, Geschichte zu beeinflussen, was „vor allem mit der Komplexität der Welt 3 zusammen[hängt], die wir zwar geschaffen, aber nicht unter Kontrolle haben" (Alt 1995, S. 87). Ein vergleichbares Verhältnis findet sich bei der Interaktion der Welt 1 zu 2: Das Individuum muss die Restriktionen menschlicher Körperlichkeit in Bezug auf die übrige Welt 1 erfahren haben, um Strategien zu entwickeln, sich mit seiner Körperlichkeit zu arrangieren, aber auch diese einzusetzen, um auf die übrige Welt 1 einzuwirken. Wie das Verhältnis von Welt 3 zu Welt 2, bedeutet die Körperlichkeit des Menschen, also das Verhältnis von Welt 2 zu Welt 1, nicht nur Restriktion, sondern hat auch das Potenzial der Generierung von Lebenschancen. So ist die Erfahrung der Welt 1 jenseits des eigenen Körpers ebenso an diesen gebunden wie die Möglichkeit, auf die Welt 1 einzuwirken. Voraussetzung hierfür ist die Anerkenntnis von Menschen als „Körperpersonen" (Möllers 2020, S. 89). Individuelle Lebenschancen sind also auch an Optionen gebunden, in körperliche Interaktion mit der über den eigenen Körper hinausgehenden Welt 1 zu treten.

Hieraus wird auch die Gebundenheit von Optionen an Wissen deutlich. Lebenschancen entstehen insbesondere durch Bildung, also außerfamiliären Sozialisationsinstanzen, die den Einfluss von familiärer, sozialer und kultureller Herkunft zurückdrängen (Alt 1995). Hier werden Optionen gebildet. Bildung bedeutet auch, dass Ligaturen nicht als selbstverständlich hingenommen werden (müssen), vielmehr ermöglicht Bildung, insbesondere moralische Ligaturen hinsichtlich ihrer Tauglichkeit für das eigene Leben zu reflektieren. Bildung ermöglicht also die Bildung *ethischer* Ligaturen. Sie ist Voraussetzung für die Fähigkeit der freien Abwägung von und Reflexion über moralische Ligaturen, aber auch Grundlage für die Befragung ethischer Ligaturen selbst. Sie ist Grundlage für die rationale Entscheidung, welche moralischen Ligaturen in welcher Intensität zu akzeptieren sind, aber auch, wie die Revision moralischer Ligaturen auf Grundlage von Reflexionen vor dem Hintergrund ethischer Ligaturen angestrebt werden kann (Kühne et al. 2021). Ethische Ligaturen lassen sich aus dem Gedanken-Experiment des ‚Schleier des Nicht-Wissens' (Rawls 1971, 2001) ableiten und beziehen sich weniger darauf, ‚was' zu tun sei, sondern auf das ‚wie' eines Tuns. Es werden also Fairness-Normen formuliert (Kühne et al. 2021), etwa in geordneten Verfahren die eigenen begründeten Ansichten darstellen zu können, aber auch die Toleranz gegenüber allen (nicht gewaltaffirmativen; Welsch 2002) legitimen Ansichten sowie Regeln der Höflichkeit und des Respekts gegenüber anderen (auch wenn sie nicht die eigene Ansicht teilen), was letztlich Voraussetzung für Kritik ist. Die 3-Welten-Theorie von Popper und das normative Konzept der Steigerung von Lebenschancen von Dahrendorf lassen sich durch die Unterscheidung zweier grundlegender Ethikmodelle ergänzen: diejenige von ‚Strebensethik' und ‚Sollensethik' (Krämer 1992) beziehungsweise von ‚eudämonistischer Ethik' und ‚normativer Ethik' (Kamlah 1973). Diese Ergänzung kann zeigen, dass eine bloße Entgegensetzung von Welt 2 und Welt 3 oder eine Reduktion der einen auf die andere Welt (gleich, in welche Richtung) wenig sinnvoll ist, dass es stattdessen auf eine an der Bewahrung oder Steigerung von Lebenschancen orientierte Vermittlung ankommt.

Dass aktuell ethischen Ligaturen keine weitgehende gesellschaftliche Verbindlichkeit zugebilligt wird, ist nicht zuletzt Anlass, dieses Buch zu verfassen. Im Folgenden werden wir uns mit der Frage befassen, welche gesellschaftlichen und landschaftlichen Konsequenzen Moralisierungen, also letztlich das Bemühen der Durchsetzung moralischer Ligaturen, haben.

Moralen, Moralisierungen und Landschaften

Moralische Kommunikation in der Gesellschaft gewinnt an Bedeutung (unter vielen: Grau 2017; Luhmann 1993; Wagner 2019) „und in eins damit auch die moralische Tonhöhe in der verbalen politischen Auseinandersetzung" (Lübbe 2019, S. 53). Damit in Verbindung steht auch eine Moralisierung von Landschaft in Bezug auf ihr materielles Substrat sowie individuelle und soziale Deutungen und Wertungen (Berr und Kühne 2019a; Kühne 2008a, b; Spanier 2006, 2008). Wie Landschaft, sind moralische Vorstellungen, wie auch deren ethische Reflexionen, nicht ‚einfach vorhanden', sie stellen das Ergebnis von gesellschaftliche Konventionalisierungsprozessen dar (unter vielen: Berr 2017, 2018a; Bruns und Kühne 2015a, b; Kühne 2013b, 2019c).

In diesem Kapitel werden wir uns zunächst mit unterschiedlichen Bedeutungen von Macht mit ihren Verbindungen zu Räumen und Landschaften (Abschn. 3.1), daran anschließend mit einer Annäherung an die Begriffe der Moral und Moralisierung befassen (Abschn. 3.2). Da für utopistisches Denken nach Poppers Diagnose im Hinblick auf Harmonie- und Vollkommenheitssehnsüchte – entweder im zwischenmenschlichen Verhältnis oder im Verhältnis von Mensch und Natur –, und damit ein Ästhetizismus und Romantizismus prägend sind, gehen wir dieser Spur in der Geschichte der Ästhetik eigens nach (Abschn. 3.3), bevor wir uns mit Moralisierung von Landschaft und deren gesellschaftliche Bedeutungen (Abschn. 3.4) befassen. Eine Einordnung und Reflexion von Moralisierungen von Landschaft erfolgt im Anschluss daran aus ethischer Perspektive (Abschn. 3.5). Ein Zwischenfazit fasst wesentliche Überlegungen dieses Kapitels zusammen und setzt es in den Kontext des gesamten Buches (Abschn. 3.6).

© Der/die Autor(en), exklusiv lizenziert an Springer Fachmedien Wiesbaden GmbH, ein Teil von Springer Nature 2022
O. Kühne et al., *Die Geschlossene Gesellschaft und ihre Ligaturen – eine Kritik am Beispiel ‚Landschaft'*, RaumFragen: Stadt – Region – Landschaft, https://doi.org/10.1007/978-3-658-38583-5_3

3.1   Vorbemerkungen: Bedeutungen von Macht mit ihren Verbindungen zu Räumen und Landschaften

Macht ist nicht allein ein Thema der wissenschaftlichen Befassung mit den Verhältnissen innerhalb der Welt 3 und jener zwischen Welt 2 und 3, sie wird auch in Bezug der
Welten 2 und 3 auf Welt 1, hierbei häufig in landschaftlicher Deutung thematisiert (unter
vielen: Czepczyński 2008; Gailing und Leibenath 2017; Kühne 2008a, 2018c; Mitchell
1994; Olwig 2008; Wescoat und Johnston 2008; Zukin 1992, 1993). Zwar ist Macht all-
täglich und zugleich ist sie ein ambivalentes Phänomen. Sie erzwingt die Integration
des Individuums in ein Gefüge von Machtverhältnissen, so ist mit Macht auf der einen
Seite Freiheit zu verbinden, eine Emanzipation von Natur, wie auch die Ordnung von
Verhältnissen, das Erzeugen von Stabilität. Auf der anderen Seite bedeutet sie auch
Unterdrückung und Willkür. Heinrich Popitz (1992, S. 12) verweist auf die Gemacht-
heit von Macht hin, wenn er feststellt: „Machtverhältnisse [sind] nicht gottgegeben,
sie sind nicht durch Mythen gebunden, nicht naturnotwendig, nicht durch unantastbare
Traditionen geheiligt. Sie sind Menschenwerk". Macht ist ein relationales gesellschaft-
liches Phänomen, damit sind Machtkämpfe – wie auch später zu thematisierende Entwicklungen gesellschaftlicher Konventionen (siehe Abschn. 3.2) – ein Teil „des
schon immer stattfindenden Aushandelns von Normalität" (Paris 2005, S. 7). In seiner
klassischen Definition versteht Max Weber (1976 [1922], S. 28) Macht als „jede Chance,
innerhalb einer sozialen Beziehung den eigenen Willen auch gegen Widerstreben
durchzusetzen, gleichwohl worauf diese Chance beruht". Womit sich mit Anter (2012)
bei Weber vier Dimensionen von Macht herausarbeiten lassen: Zunächst einmal verweist Macht (erstens) mit der Kategorie der ‚Chance' auf die Potenzialität von Macht,
Macht kann, muss aber nicht ausgeübt werden. Mit der Kennzeichnung der ‚sozialen
Beziehung' verweist Weber (zweitens) auf die personale Bindung von Macht hin. Macht
wird in einem sozialen Kontext ausgeübt, zwischen Personen, zwischen Personenver-
bänden, aber auch innerhalb dieser. Der Bezug zum ‚eigenen Willen' verweist (drittens)
auf das voluntaristische Element, Macht ist also stärker willens- als verstandesdominiert.
Dass dieser Willen an Andere adressiert wird, was nicht zwingend klaglos akzeptiert
wird, wird (viertens) aus dem Wort ‚widerstreben' deutlich. Machtverhältnisse müssen
nicht unwidersprochen hingenommen werden, sondern können unterschiedliche Formen
des Widerstandes auslösen. Spätere Machtforscher~innen erweitern das Machtver-
ständnis von Max Weber, das stark personal und situativ gebunden ist, zu einer Form
von Verallgemeinerung von Macht, indem sie in Institutionen gebunden wird, durch
Organisationen vermittelt, aber auch internalisiert, wodurch der fremde in den eigenen
Willen transformiert und somit normalisiert wird (etwa bei Arendt 1970; Elias 1997
[1939]; Foucault 1977; Luhmann 1977). Macht lässt sich heute weder auf personale
Beziehungen noch auf ein stabiles System der Über- und Unterordnung beschränken,
vielmehr sind heute Machtgefüge „als komplexes Geflecht asymmetrischer und wechselseitiger Beziehungen [zu beschreiben], in dem mehrere Personen, Gruppen oder Parteien

miteinander verknüpft sind und in dem Veränderungen einer Relation auch die anderen Relationen verändern" (Sofsky und Paris 1994, S. 14).

Eine Typisierung von Machtverhältnissen nimmt Heinrich Popitz (1992) vor, indem sowohl personale (auch körperbezogene) Machtrelationen, die Möglichkeit zur Unterwerfung, die Erzeugung von Folgebereitschaft, aber auch – hier wird diese Typisierung besonders für die Erforschung der Relationen von Raum 3 und 2 in Bezug auf Raum 1 relevant – die Vermittlung von Macht mithilfe technischer Artefarkte thematisiert werden:

1. Die Aktionsmacht beschreibt jene Macht, die es ermöglicht, andere Menschen zu verletzen, körperlich wie psychisch, etwa durch den Entzug von Subsistenzmitteln, aber auch sozialen Teilhabechancen.
2. Die instrumentelle Macht basiert auf der Verfügung über Bestrafungen und Belohnungen, ist also abstrakter als die Aktionsmacht, indem sie Konformität mittels Angst und Hoffnung erzeugt.
3. Die autoritative Macht steuert Verhalten und Einstellung von anderen Personen mittels der Erzeugung einer unhinterfragten Folgebereitschaft. Machtverhältnisse werden hier nicht als solche gewahr, sondern sind so selbstverständlich, dass sie nicht weiter hinterfragt werden.
4. Die Daten setzende Macht beschreibt die Objekt vermittelnde Macht technischen Handelns. Mit der Schaffung von technischen Artefakten erwächst die Möglichkeit, das Handeln anderer Menschen zu strukturieren. Die so entstehende technische Dominanz überführt so – ähnlich der autoritativen Macht – Objekte aus der Sphäre der Verhandlung in die Sphäre des Faktischen.

Die Modernisierung der Gesellschaft bedeutete allerdings nicht allein eine Verallgemeinerung, Internalisierung und differenzierte Relationierung von Macht, sondern auch eine gegenläufige Tendenz: die Bändigung von Macht zu Herrschaft, denn diese bedeutet keine absolute Kontrolle über andere, sie ist vielmehr „stets auf bestimmte Inhalte und angebbare Personen begrenzt" (Dahrendorf 1972, S. 33; hier wird der Rückbezug zu Max Weber deutlich). Die Bändigung von Macht zu Herrschaft versteht Dahrendorf (1983a) als einen zentralen Prozess zur Entwicklung einer friedlichen Gesellschaft. Durch die Überführung von Macht zu Herrschaft gelinge es, gesellschaftliche Konflikte ohne Blutvergießen zu regeln (siehe hierzu auch Abschn. 2.4). Ein solches negativistisches Verständnis von liberaler Demokratie führt Judith Shklar (2020) weiter aus: So besitze der Liberalismus abgesehen „von dem Verbot, die Freiheit anderer zu beeinträchtigen, […] keine positiven Lehrsätze darüber, wie Menschen ihr Leben führen oder welche persönlichen Entscheidungen sie treffen sollen" (Shklar 2020, S. 27). Vielmehr geht es darum, „verdammungswürdige Zustände zu verhindern" (Honneth 2020, S. 8). Diese verdammungswürdigen Zustände basieren auf Grausamkeit, die Furcht hervorruft. Grausamkeit wiederum bedeutet für Judith Shklar (2020, S. 44), „dass einer schwächeren Person oder Gruppe durch eine stärkere absichtlich physischer und, in zweiter Linie, emotionaler Schmerz zugefügt wird, um ein materielles oder immaterielles Ziel zu erreichen". Dies gelingt in einem politischen System, „in dem faire Regeln gemacht und faire Entscheidungen getroffen werden, um die größtmögliche Zahl an Forderungen zu erfüllen, die einzelne Bürger gegeneinander, gegen die Regierung und gegen andere gesellschaftlich mächtige Institutionen erheben" (Shklar 2020, S. 38). Ziel dieses negativen Liberalismus ist es, „die Übel der Grausamkeit zum grundlegenden Maßstab seiner politischen Praktiken und Vorschriften [zu machen]. Die einzige Ausnahme von dieser Regel ist die Verhinderung noch größerer Grausamkeit" (Shklar 2020, S. 46). Dies impliziert auch „dafür zu sorgen, dass niemand durch auch nur einen einzigen privaten Akteur oder Staatsvertreter eingeschüchtert wird, es sei denn, es geschieht im Rahmen bekannter und anerkannter Rechtsverfahren" (Shklar 2020, S. 48). Ein solches Verständnis von Liberalismus ist vollständig ‚nicht-utopisch' (Williams 2020) konzipiert, er ist auf ‚Schadensbegrenzung' (Shklar 2020) konzentriert, die er mittels Fairnessgrundsätzen umzusetzen trachtet. Er richtet sich nicht zuletzt gegen eine Romantisierung der Gemeinschaft, schließlich litte die einzelne Person unter anderen innerhalb einer solchen Gemeinschaft (Bajohr 2020; Shklar 1957).

Die Entwicklung eines modernen Staatswesens verbindet in diesem Sinne die Monopolisierung (als legal verstandener) physischer Gewalt (Domestikation der Aktionsmacht) mit einer spezifischen Organisation von Wissen (über Objekte, etwa in Form der amtlichen Kartographie) und Verfahren in Form der Bürokratie (vgl. Anter 2012), interpretierbar als Domestikation von instrumenteller und autoritativer Macht wie auch Schaffung einer speziellen Organisation Daten setzender Macht, die sich als Daten setzende Herrschaft beschreiben lässt. Doch auch diese Transformation der Domestikation von Macht zu Herrschaft mit Verringerung der Blutigkeit von Konflikten ist mit unintendierten Nebenfolgen verbunden, wie etwa der Anonymisierung und Professionalisierung von Sozialbeziehungen (etwa in Bezug auf kommunale Dienstleistungen und dem Entzug der Möglichkeiten der Eigenproduktion und -entsorgung; etwa bei: Benevolo 1999; Brüggemeier und Rommelspacher 1989; Häußermann 2001; Häußermann und Siebel 2004; Seibel 2016; Uekötter 2007).

Die Modernisierung der Gesellschaft, verbunden mit ihrer Transformation von Macht zu Herrschaft im Verein mit einem rasanten wissenschaftlichen Fortschritt und der Mobilisierung wirtschaftlicher Potenziale, ermöglichte nicht zuletzt eine techno-soziale Domestikation von Raum (in allen Dimensionen). Besonders deutlich werden die Domestikationsbemühungen bei der Errichtung technischer Infrastrukturen, wie (befestigten) Straßen, Kanälen, Eisenbahnlinien, Flughäfen, Talsperren, Glasfasernetzen etc. (Engels 2010; Kühne 2015b, 2016), verbunden mit der Wirkung der Emanzipation des Menschen von seinem lokalen Raum 1. Das so entstehende, Ortsveränderungen verlässlich möglich machende Netzwerk reduziert gesellschaftliche Komplexität und Kontingenz (Raumveränderung muss – im Idealfall – nicht täglich neu geplant werden), ist aber auch an die Ausübung von Herrschaft (von der Setzung von Enteignungsrecht über die Erhebung nötiger Steuermittel, bis hin zur polizeilichen Durchsetzung von Baumaßnahmen) gebunden. Solche physischen Manifestationen von Herrschaft wiederum unterliegen unterschiedlichen Deutungen und Bewertungen. Diese wiederum folgen häufig landschaftlichen Konzepten. Die Deutung von Raum 1 zu Landschaft 1 erfolgt also unter Mustern, die in Landschaft 3 bevorratet und durch Landschaft 2 aktualisiert werden. Die so an Raum herangetragenen Deutungen und Bewertungen unterliegen wiederum Distinktions- und Machtregeln. Es ist eine Frage der Position im Netzwerk der Machrelationen, wer Landschaft ohne Verlust sozialer Anerkennung wie benennen und bewerten darf, wem es also gesellschaftlich zugestanden wird, Deutungsalternativen von Landschaft 2c an Landschaft 3c zu richten, sodass diese dort verankert werden. Dies ist gemeinhin von einer größeren Ausstattung an kulturellem und sozialem Kapital abhängig, wird also jenen zugestanden, die entweder über künstlerische oder wissenschaftliche Reputation verfügen (Aschenbrand 2016; Kühne 2006b, 2008a). Auch die Übertragung von Gehalten c- zu b-modaler Landschaft erfolgt auf Grundlage der unterschiedlichen Positionierung im Machtgeflecht, insbesondere durch Aufnahme in Lehrpläne und Schulbücher, aber auch in die Berichterstattung von ‚Qualitätsmedien‘ (Bagoly-Simó 2020; Fontaine 2019, 2021; Kühne 2008a; Paasi 1999). Herrschaft wird aber auch dann aktualisiert, wenn entweder landschaftliche Zielvorstellungen des c-Modus oder die landschaftlichen Nebenfolgen Raum-1-bezogenen Handelns Vorstellungen von b- bzw. a-Modus widersprechen, aber dennoch physische Manifestierung finden (unter vielen: Aschenbrand et al. 2017; Crossey et al. 2019; Hupke 2019; Kühne et al. 2016, 2020; Leibenath und Otto 2014; Petrow 2017; Weber 2017).

3.2   Moral und Moralisierung – einige grundsätzliche Gedanken

Mit dem Begriff der Moral wird ein System von normativen, das Handeln von Menschen (mit)bestimmenden, Regeln und Werten verstanden, das ein Ergebnis sozialer Konventionalisierungsprozesse ist und zu moralische Ligaturen gerinnen. Als ‚Werte‘ werden erwünschte Sachverhalte benannt (Wildfeuer 2011), die

1. der Orientierung (Kluckhohn 1951) dienen,
2. Normen legitimieren oder
3. als ‚Regeln der Identifizierung von Zwecken‘ (Hubig 1985) fungieren.

Werte folgen einer dichotomen und komplementären Logik, denn jedem Wert ist ein ‚Unwert‘ oder ‚Negativwert‘ entgegengesetzt (Grau 2017; Hartmann 1926; Schmitt 2011 [1967]). Im Kontext der Moral wird dem ‚Guten‘ das ‚Böse‘ entgegengesetzt. Dagegen haben Normen kein entsprechendes ‚Gegen‘. Sie lassen sich als in Imperativform gefasste satzförmige Regeln verstehen (‚Du sollst nicht X, Du sollst Y, Du darfst nicht Z‘). Abgesichert wird die Einhaltung gesellschaftlicher Normen durch Sanktionen (vgl. Prange 2010). Mit der Einhaltung von Normen sind keine wesentlichen positiven, bei Nicht-Einhaltung aber negative Sanktionen verbunden. Diese sind vielfältig und reichen von hochgezogenen Augenbrauen über offenen Tadel, den Entzug sozialer Anerkennung oder öffentlicher Ächtung bis hin zu Gefängnisstrafen – und zwar beim Verstoß gegen *gesetzliche* Normen. Soziale Konventionen (wie Werte und Normen) sind das Ergebnis von Kommunikationsprozessen (wobei wiederum auch Kommunikation Konventionen gehorcht). Kommunikation lässt sich mit Niklas Luhmann (2017) als die einzige ursprüngliche soziale Handlung verstehen, womit sie das Fundament von Gesellschaft darstellt. Kommunikation ist Ausdruck einer dreifachen Selektion: Information, Mitteilung und Verstehen (Luhmann 2017). Daraus wird deutlich, dass Kommunikation konstitutiv als Prozess zu verstehen ist. Die Prozesshaftigkeit von Kommunikation bedeutet auch, dass Welt 2 innovativ auf Welt 3 wirken kann, was bedeutet, dass Konventionen einen gewissen Umfang an Variabilität aufweisen (Berr 2014, 2017). Diese Variabilität von Konventionen vollzieht sich dabei nicht allein in einem zeitlichen, sondern auch einem sozialen oder kulturellen Kontext. Soziale Konventionen unterscheiden sich etwa in sozialen Milieus und Situationen (ein lautstarkes Anfeuern von Schauspieler:innen im Staatstheater gilt ebenso unangemessen, wie ein (fremd-)wortreiches Lamento über die geschmackliche Unzulänglichkeit der Currywurst in der Halbzeitpause eines Zweitligaspiels).

Die Wandelbarkeit von sozialen Normen findet sich auch hinsichtlich moralischer Vorstellungen, sowohl hinsichtlich ihrer Inhalte, aber auch hinsichtlich normsetzender Organisationen und Personen. Galt in den 1960er Jahren Homosexualität weiten Teilen der Bevölkerung als moralisch verwerflich, hat sich dies bis heute fundamental gewandelt wenngleich Homosexuelle bis heute massive Diskriminierungserfahrungen machen müssen (Könne 2018). Die Veränderung moralischer Normen deutet jedoch nicht allein in Richtung von deren Lockerung, sondern auch von deren Verschärfung. So galt die Nutzung des Flugzeugs auf Kurzstrecken in den 1960er Jahren noch als völlig angemessen (bestenfalls als Ausdruck von großem Wohlstand einer Person), nicht jedoch als moralisch anstößig, wie in weiten Teilen der Bevölkerung heute, wie etwa ‚Flugscham' (Honnacker 2021). Scham wiederum, „ist nicht graduell, sondern Total, weil ihr Gegenstand ein Sein ist und nicht ein Haben oder Tun" (Pfaller 2022, S. 127).

Moralen haben eine nach innen und eine nach außen gerichtete Ligatur, die erste wird durch ihren Inhalt bestimmt, die zweite durch die Form der Darstellung von moralischen Urteilen. Eine Überzogenheit in Inhalt bzw. Form lässt sich als Moralismus beschreiben (Neuhäuser und Seidel 2020), der sich inhaltlich darin äußern kann, Moral ein prinzipielles Primat im privaten und öffentlichen Handeln einzuräumen oder in der Missachtung der Autonomie von Handlungssphären; in der Form der Darstellung bestehen Überzogenheiten etwa im öffentlichen Anprangern, in Prinzipienreiterei oder Oberlehrerhaftigkeit (Mieth und Rosenthal 2020).

Bis in die frühe Moderne waren moralische Normen zumeist religiös begründet und konturierten diese scharf gegenüber der Anormalität, „ein Schema der Generalisierung quer zu dem Situations- und Verhaltenstypen" (Luhmann 2017, S. 126). Die funktionale Differenzierung der Gesellschaft im Prozess der Modernisierung war nicht „der Verlust an Ordnung, sondern der explizite Hinweis auf Ordnung bzw. Ordnungsbildung"

(Nassehi 2019, S. 38) und bedeutete nicht allein eine Zunahme an „Konflikttrchtigkeit und Konfliktfähigkeit" (Luhmann 2017, S. 220) zwischen den neuen Aggregaten, sondern zugleich erfolgte auch eine Differenzierung moralischer Vorstellungen. Diese standen und stehen in Konkurrenz zu religiöser Moral und lösten diese in weiten Teilen der Gesellschaft ab (u. a. Crouch 2011). Massenmedien, im Sinne von Mitteln „zur öffentlichen Verbreitung von Informationen und zum öffentlichen Austausch von Meinungen" (Weber-Guskar 2020, S. 428), banden moralische Kommunikation, die nun nicht mehr nicht mehr im Kontext sonntäglicher Predigten gebunden war, sondern fürderhin zunehmend in Presse, Funk und Fernsehen stattfinden (Luhmann 1996). Sich modernisierende Gesellschaften lassen sich als dadurch bestimmt ansehen, „dass es verschiedene miteinander unvereinbare Moralen gibt, unter den wir eine zu wählen haben" (Shklar 2020, S. 43).

Mit der Entwicklung des Web 2.0 hat sich die Differenzierung moralischer Ligaturen, welche sich auf die Ebene des Konkreten Handelns beziehen – etwa in Echokammern – weiter beschleunigt (Bishop 2014; Butter 2018; Demmel und Küppersbusch 2021; Jenal et al. 2021; Kühne 2020b; Kühne et al. 2021; Nagle 2017; Pariser 2011; Wagner 2019). Verbunden ist die Erzeugung der Echokammern – hier am Beispiel ihrer rechtspopulistischen Ausprägung – mit „wenig Fakten, sehr viel Meinung, klare Feindbilder" (Demmel und Küppersbusch 2021, S. 24), einer dichotomen Weltsicht zwischen kleiner In- und großer (moralisch verwerflicher) Outgroup (mit Fokus auf ‚linken' und ‚bürgerlichen' Politikern und öffentlich-rechtliche Medien, die ein manipuliertes Volk von seinen ‚Wurzeln' entfernen; allgemein, nicht allein in Bezug auf rechtspopulistische Diskurse: Hidalgo 2019). Wobei die Ambiguität des Mediums Internet deutlich wird (Ash 2016, S. 127): „Noch nie in der Geschichte der Menschheit gab es eine solche Chance für die Meinungsfreiheit wie diese. Und noch nie sind die Übel der unbegrenzten Meinungsfreiheit – Morddrohungen, pädophile Bilder, Abwasserfluten des Missbrauchs – so leicht über die Grenzen geflossen". Möglich wurde dies nicht zuletzt durch die Zunahme der Geschwindigkeit der Verbreitung von Informationen und Meinungen, die gestiegene (potenzielle) Reichweite hiervon, die Möglichkeit, durch Anonymität potenzielle negative Nebenfolgen der eigenen Meinungsäußerungen zu minimieren, den verringerten Aufwand für das Absetzen eigener Kommentare (etwa im Vergleich zum Verfassen eines Leserbriefs an eine Zeitung; Weber-Guskar 2020), nicht zuletzt durch das weitgehende Wegfallen von Gatekeeperfunktionen, wie professionellen Zeitungsredakteuren und Wissenschaftlerinnen, die Informationen auf ihre Stichhaltigkeit und Meinungsäußerungen auf ihre Angemessenheit prüften.

Gegenwärtig sehen wir uns mit einem doppelten Differenzierungsprozess konfrontiert: Der Differenzierung der Gesellschaft und der Differenzierung der Moralen bzw. nach außen gerichteter moralischer Ligaturen. Doch diese Differenzierung ist nur eine Seite der Medaille, denn die Anwendung des Codes der moralischen Ligaturen wirkt de-differenzierend: So werden wirtschaftliche Fragen nicht mehr anhand wirtschaftlicher Kriterien beurteilt (etwa hinsichtlich der Effizienz der Nutzung einer natürlichen Ressource), politische Fragen nicht anhand politischer Kriterien (etwas

in Bezug auf Gewinnung von politischen Mehrheiten für ein Vorhaben), wissenschaftliche Fragen nicht mehr nach wissenschaftlichen Kriterien (etwa dem zu erwartenden
Kenntnisfortschritt zu einer Forschungsfrage) etc., sondern vielmehr entlang nach
außen gerichteter moralischer Ligaturen, etwa durch Pauschalisierungen, wie Geld
bzw. Politik verderben den Charakter, die Befassung mit bestimmten Forschungsfragen
oder theoretischen Ansätzen sei dem Diskurs unangemessen (etwa: Ackermann 2020;
Bolz 2021; Luhmann 1993). Moralisierung, im Sinne einer moralischen Bewertung
von etwas, das zunächst nicht der Sphäre des Moralischen angehört (Hallich 2020), hat
darüber hinaus eine weitere de-differenzierende Wirkung, denn, „wenn schon Ansatz-
punkte für Konflikte vorhanden sind", neigt Moralisierung „zur Generalisierung des
Konfliktstoffes" (Luhmann 2017, S. 128). Einzelfälle werden generalisiert, um dann die
handelnde Person als ‚typisch' zu stigmatisieren, und so persönlich zu diskreditieren,
denn beispielsweise kommunitaristische Kritik zielt nicht etwa auf die Rolle, die eine
andere Person einnimmt, sondern vielmehr auf ihre Person (Haus 2003; Lübbe 2019;
Luhmann 1993). Durch die Typisierung wiederum wird „aus dem weltanschaulichen
Kontrahenten […] ein pathologischer Fall. Und mit Patienten diskutiert man nicht,
Patienten muss man heilen" (Grau 2017, S. 47). Ähnlich argumentiert Stegemann
(2018, S. 44), indem er darstellt, „die moralisierende Kommunikation behandelt nun alle
gleichermaßen wie Kinder, da sie deren Handlungen und Aussagen nicht als mündiges
Verhalten akzeptiert, sondern einer permanenten Beurteilung unterzieht". Dies ist mit
erheblichen unintendierten Nebenfolgen verbunden, denn die sich der Moralisierung
ausgesetzten Personen begännen, sich wie Kinder zu verhalten: „Sie reagieren aus
Angst vor Strafe oder Suche nach Lob oder sie begehren gegen die Gängelung auf"
(Stegemann 2018, S. 44; ähnlich auch: Pfaller 2018, 2022). Moralisierung bzw. die
daraus erwachsene nach außen gerichtete Ligatur ist – wie hier deutlich wird – mit einer
hierarchischen Überordnung der eigenen und der Unterordnung der anderen Position
verbunden. Damit verbunden ist, „dass die moralistischen Urteile die Gründe gebenden
Fähigkeiten und damit die Autonomie der beurteilten Person missachten und die eigene
Fehlbarkeit unterschätzen" (Betzler 2020, S. 120). Mit der Expansion moralischer
Kommunikation und ihrer Ligaturen wächst auch die Gefahr deren Gegenstand der Missbilligung zu werden, der damit verbundenen Angst, verstanden als „Reaktion auf die
Wahrnehmung einer Gefahr" (Bude 2014, S. 91), lässt sich – infolge der Pluralisierung
der Moralen bzw. moralischen Ligaturen – kaum mehr sicher durch Anpassung entgehen
(wenn, dann in einer sehr engen Diskursblase), sondern durch Ausbildung von Resilienz
bis hin zur völligen Ignoranz gegenüber moralischer Wertungen (ausführlicher bei:
Flaßpöhler 2021).

Entsprechend neigt moralische Kommunikation dazu, „Streit zu erzeugen, aus Streit
zu entstehen und den Streit dann zu verschärfen" (Luhmann 1989 [1980], S. 370) und
Moralisierungen und ihre Ligaturen sind schwer wieder zurücknehmbar (vgl. Bogner
2005) und generieren soziale Missachtung der Anderen. Die erhoffte disziplinierende
Wirkung (in Bezug auf die Einhaltung sozialer Normen; Haus 2003; Luhmann 1993)
bleibt jedoch häufig aus, da die Zielperson/Zielgruppe der Moralisierung andere

(inkommensurable) moralische Vorstellungen verfolgt. Moralische Kommunikation, insbesondere die eigene moralische Überordnung, scheint – wenn geplant eine zeitliche Komponente hinzutritt – pädagogisierende Maßnahmen in Form von ‚Prävention' zu legitimieren. Diese ist mit einer doppelten Zielrichtung verbunden (Baum 2021): Neben dem Ziel, „Täter von der Tat ab[zu]halten" (Baum 2021, S. 89), dient sie aber auch als Rechtfertigung für Grundrechtseingriffe, um potenzielle ‚Täter:innen' davon abzuhalten, überhaupt eine ‚Tat' in Erwägung zu ziehen. Was für die Prävention in Bezug auf organisierte Kriminalität zweifelsohne Berechtigung hat, hat bei der Frage der engen Ziehung von Diskursgrenzen zur Exklusion des Nicht-Sagbaren durchaus das Potenzial einer gesellschaftlichen Monadisierung (Fourest 2020). Diese paternalisierende Präventionspolitik hat wiederum zur Nebenfolge, neben der Expansion der Öffentlichen Verwaltung, auch jene der externen Expertise zur Folge. Diese wiederum führt nicht zuletzt zur Legitimierung von Maßnahmen und Strukturen, denn schließlich müssen hier letztlich Steuermittel herangezogen werden (in diesem Kontext u. a. Ackermann 2020; Nennen und Garbe 1996; Nowotny 2005). Moralisierung hat noch eine andere gesellschaftliche Funktion (Currid-Halkett 2021): Sie wirkt distinktiv und somit hierarchiestabilisierend. Moralisierung de-kontextualisiert zugleich die oben angesprochenen zeitlichen, sozialen und kulturellen Gebundenheiten von Konventionen, hier Moral, wie Strohschneider (2020, S. 204) anhand der zeitlichen Gebundenheit deutlich macht: „Moralisierung ent-historisiert. Und sie muss es, weil anders die historische Kontingenz, also die Nicht-Universalität ihres eigenen Werterahmens unübersehbar würden". Diese Art der Moralisierung macht aber auch den Verlust einer allgemeinverbindlichen Wertbasis der Gesellschaft deutlich (Borchers 2019). An diese Stelle ist häufig eine individualistische oder gemeinschaftliche partikulare Moral getreten, die nicht allein für die Gegenwart, sondern ex post und ex ante für sich Universalität beansprucht.

Für Moralisierende hat moralische Kommunikation den Vorteil, dass sie sich einerseits vom Ballast einer Sachbegründung der eigenen Position befreien und andererseits die eigene Verortung in kollektiven Identitätskonstruktionsprozessen erleichtert wird. Grau (2017, S. 12) schließt daraus, moralische Kommunikation sei ein konstitutives Merkmal aktueller sozial differenzierter demokratischer Gesellschaften, sie „können Sachfragen kaum anders kommunizieren als im Modus der Erregung und Empörung". Schon 1962 wies der Philosoph Ludwig Marcuse (1984, S. 344) auf die verallgemeinernde Selbstüberhöhung von (moralischer) Entrüstung hin: „Der innerste Wall jeder Entrüstung: Ich bin die Wahrheit. Der innerste Wall dieser Wahrheit: hie, Gott und Kultur – dort, der Erdenrest". Moralische Kommunikation ist also auf De-Differenzierung ausgerichtet, die Vereinheitlichung des nach unterschiedlichen Logiken funktionierenden. Dem Gedanken Christoph Möllers (2020) folgend, die Differenzierung der Gesellschaft sei nicht nur ein Merkmal von liberalen Gesellschaften, sondern konstitutiv für diese, zielt eine dominante Verwendung moralischer Codes zur Unterminierung zentraler Grundlagen liberaler Gesellschaften.

Die Moralisierung von Konflikten bedeutet eine Transformation von Interessen-
und Sachkonflikten zu Identitäts- und Wertkonflikten, was im Sinne Dahrendorfs die
Regulation dieser Konflikte erschwert, schließlich erfolgt eine bis zur Dichotomisierung
zunehmende Polarisierung, die weitere Intensivierung und teilweise Brutalisierung
(zumindest verbal) nahelegt. Zugleich erleichtert die Moralisierung und ihre moralische
Ligatur allerdings einerseits die Mobilisierung der eigenen Konfliktpartei, und andererseits die Kommunikation; von der Last der Sach- und Verfahrensfragen befreit, lassen
sich Utopien unbeschwert als Vergleichsmaßstäbe für aktuelle soziale Situationen
(und landschaftliche) heranziehen. Eine Kommunikation, die zwischen sachlichen
Informationen und moralischen Bewertungen trennt, wird durch die Verwendung von
‚dicken Begriffen‘ erschwert, also Begriffen, in denen Wertung und Deskription aufs
engste verzahnt sind, ohne dass jedoch die Grundlage der Bewertung offen gelegt
worden wäre (Müller-Salo 2020b), wie etwa bei den Begriffen Gerechtigkeit oder Natur,
in jüngster Zeit aber auch jener des Klimas, der als ursprünglich ‚dünner‘, also eindeutig sachlicher Fachbegriff durch die Debatten um seinen anthropogenen Wandel eine
moralische Aufladung erfuhr.

Im Sinne Ralf Dahrendorfs lassen sich mittels Moralisierung und ihrer moralischen
Ligaturen ausgetragene Konflikte als negativ-produktiv umreißen, da sie eine Konfliktregelung bis hin zur Unmöglichkeit erschweren. Dies betrifft zunächst einmal alle drei
Phasen der Konfliktentwicklung: Moralisierung bedeutet Überhöhung der eigenen Welt-
sicht, entsprechend wird die Bildung einer anderen ‚Quasi-Gruppe‘ (Phase 1) als nicht
legitim stigmatisiert, die Bewusstwerdung der anderen Interessen erfolgt unter deren
Pathologisierung (Phase 2) und die Ausprägung des offen sichtbaren Konflikts (Phase
3) kann entsprechend nicht in dem Bemühen münden, eine beiderseitig akzeptable
Regelung zu finden, denn dies scheitert nicht zuletzt daran, dass das Prinzip der
Moralisierung auf Diskreditierung und Pathologisierung basiert, die Legitimität der
anderen Konfliktpartei unmöglich als legitim angesehen werden kann.

Weltanschauungen, die sich moralischer Ligaturen bedienen, sind durch eine „neue
Homogenitätssuche" (Dahrendorf 1992, S. 9) geprägt, verbunden mit dem Wunsch
zahlreicher Menschen, „unter ihresgleichen zu leben" (Dahrendorf 1992, S. 9). Dies
wiederum steht im Zusammenhang mit der „Unterdrückung von Minderheiten im Innern
und [der] künstliche[n] Abgrenzung nach außen. Weniger harmlos formuliert, folgt aus
dem falschen Gott der homogenen Nation oft Bürgerkrieg und Krieg" (Dahrendorf 1992,
S. 9). Mit dem Verfolgen eines solchen kommunitaristischen Homogenitätsprinzips geht
in der Regel eine konflikt(be)freite harmonistische Utopie einher. Insofern diskreditieren
Moralisierungen nicht allein die andere Konfliktpartei, sondern die Anerkenntnis der
Normalität von Konflikten. Der Versuch der Erzeugung einer homogenen Gesellschaft
mit Hilfe von Moralisierungen bedeutet letztlich den Versuch, die Multioptionsgesell-
schaft zugunsten einer (moralischen) Minorligaturengesellschaft zu verwandeln, in der
wenige – dem jeweils eigenen Diskurs entspringende – Ligaturen nicht nur die Zahl
der Optionen (insbesondere der anderen) einschränken will, sondern auch alternative
Ligaturen zu diskreditieren trachtet. Dies gilt für moralische wie ethische Ligaturen. Die

Ironie dieses utopistischen Strebens nach Harmonie, Einheit, Eindeutigkeit und Reinheit (hierzu etwa: Ackermann 2020; Fourest 2020) liegt darin, dass die dazu ergriffenen Maßnahmen der Moralisierung das Gegenteil von dem bewirken, was sie erreichen wollen: eine „Freisetzung von Aggressionen" (Gehlen 2016, S. 35), die umso größer werden, je intensiver die Versuche werden, soziale Konflikte, eben durch Moralisierung zu unterdrücken.

Doch bevor wir uns der ethischen Reflexion mittels ethischen Ligaturen zuwenden, werden wir uns mit Fragen beschäftigen, die sich auf Ästhetik und Prozesse der Ästhetisierung sowie die Verhältnisse von Moralisierungen und Landschaften beziehen.

3.3 Ästhetik und Ästhetisierung

Wenn sich, wie dargestellt, politische Weltanschauungen moralischer Ligaturen bedienen und dabei durch eine ‚Homogenitätssuche' geprägt sind, und wenn im Zuge dessen ein Homogenitätsprinzip für die Utopie einer homogenen Gesellschaft postuliert wird, die deren Harmonie, Einheit, Eindeutigkeit und Reinheit anstrebt, dann ist der Weg zu einer vermeintlich reinen, eindeutigen und harmonischen Geschlossenen Gesellschaft im Sinne der Kritik Poppers nicht mehr weit. Eine solche Geschlossene Gesellschaft soll und will in guter Absicht ‚besser' oder ‚vernünftiger' als diejenige Gesellschaft sein, die es zu ‚verbessern' oder sogar radikal zu verändern gilt (Popper 1992a). Für die weiteren Überlegungen aufschlussreich ist zudem Poppers Hinweis darauf, dass diesem Streben nach einer harmonisch-homogenen Geschlossenen Gesellschaft ein *Ästhetizismus* innewohnt (s. Abschn. 4.2); das heißt, dieses Streben ist mit dem Wunsch verbunden, eine Welt zu errichten, die nicht wirkt, „wie ein aus alten Flecken zusammengesetztes Kleidungsstück, sondern ein ganz neues Gewand [ist], eine wirklich schöne neue Welt" (Popper 1992a, S. 196). Zudem, so Popper, zeige sich in diesem Ästhetizismus dann, wenn er mit einem Radikalismus einhergeht, eine Tendenz, die Vernunft über Bord zu werfen und durch eine verzweifelte Hoffnung auf politische Wunder zu ersetzen" (Popper 1992a, S. 100), sowie eine „irrationale Einstellung, die sich an den Träumen von einer schöneren Welt berauscht", und die er als ‚*Romantizismus*' bezeichnet (Popper 1992a, S. 100). Mit dieser thematischen Verbindung der Begriffe ‚Homogenität', ‚Harmonie', ‚Reinheit', ‚Ästhetizismus', ‚schönere Welt' und ‚Romantizismus' steht Popper in einer traditionellen Diskussion um den Zusammenhang von ‚Ästhetizismus' und ‚Romantizismus' sowie um die Frage, welche semantischen Überschneidungen oder Verflechtungen es zwischen dem Ästhetischen und dem Ethischen geben könne.

3.3.1 Theorie der sinnlichen Wahrnehmung oder Erkenntnis

Um diese Zusammenhänge einordnen und mögliche Überschneidungen oder Verflechtungen identifizieren zu können, ist ein kurzer Blick auf die historische Semantik des Begriffs ‚Ästhetik' erforderlich. ‚Ästhetik' leitet sich vom altgriechischen Wort *aisthesis* ab, das zum einen ‚sinnliche Wahrnehmung', zum anderen ‚Empfindung' bedeutet: „Als *Wahrnehmung* richtet sich die *aisthesis* auf die genuinen Sinnes-qualitäten wie Farben, Töne, Geschmäcke, Gerüche. Sie dient deren *Erkenntnis*. Als *Empfindung* hingegen verfolgt sie eine Gefühlsperspektive. Sie bewertet Sinnenhaftes im Horizont von *Lust und Unlust*" (Welsch 1996a, S. 109; Hervorhebung im Original). Die Empfindung folgt „vitalen Interessen", ihre Gegenstände werden mit Lust und Unlust danach bewertet, ob und inwieweit sie den „Vitalbedürfnissen des Menschen" zu- oder abträglich sind (Welsch 1996a, S. 109). Es lassen sich Nah- und Fernsinne unter-scheiden, je nachdem, ob ein Sinn unmittelbaren Kontakt zu einem Gegenstand haben muss (tasten, berühren, schmecken) oder *Distanz* zum Empfundenen aufbauen kann (sehen, riechen, hören). Kann die *aisthesis* sich auf einen Gegenstand unabhängig von einer unmittelbaren subjektiven Empfindungsqualität auf dessen objektive Qualitäten richten, ist der „Schritt zur Absetzung der Wahrnehmung von der Empfindung" voll-zogen und der *autonome* „Typ des eigentlichen *Wahrnehmens* etabliert", der, einmal etabliert, konsekutiv auch auf die „Nahsinne übertragen werden" kann (Welsch 1996a, S. 110; Hervorhebung im Original). Statt um Vitalinteressen und -bedürfnisse geht es dieser autonomen Wahrnehmung um Erkenntnis objektiver Charakteristika eines wahr-genommenen Gegenstandes. Innerhalb der Wahrnehmung kommt es zu einer weiteren Differenzierung, insofern die Betrachtung eines Gegenstandes einer „neuartigen Lust" eines „rein reflexiven Wohlgefallens oder Mißfallens" (Welsch 1996a, S. 111) folgt und Gegenstände nach Reflexionskriterien wie ‚schön', ‚wohlgefällig' oder ‚hässlich' und ‚abstoßend' bewertet: „Die Architektur der Empfindung und der Lust umfaßt von nun an zwei Niveaus: das Erdgeschoß des ‚Sinnen-Geschmacks' und das Obergeschoß des ‚Reflexionsgeschmacks' – so hat Kant diesen Unterschied benannt" (Welsch 1996a, S. 111; vgl. Kant 1959 [1790], A 22).

Wissenschaftssprachlich findet sich die Fokussierung auf den *Erkenntnis*aspekt der *aisthesis* im ebenfalls altgriechischen Terminus ‚*Aisthetike Episteme'* für die ‚Wissen-schaft von der sinnlichen Erkenntnis' (Henckmann 1992, S. 20). Alexander Gott-lieb Baumgarten hatte Mitte des 18. Jahrhunderts im § 1 der ‚Prolegomena' in dessen ‚Aesthetica' (Baumgarten 2009 [1750–1758]) erstmalig eine solche Wissenschaft benannt und als eigenständige philosophische Teildisziplin in die Philosophie eingeführt: „Aesthetica […] est scientia cognitionis sensitivae" („Ästhetik […] ist die Wissenschaft der sinnlichen Erkenntnis"). Zum Kontext der Ästhetik als philosophischer Teildisziplin gehört für Baumgarten aber nicht nur die Ästhetik als Wahrnehmungslehre, sondern hierzu zählen insbesondere auch die seit der Antike tradierten Fragen nach dem onto-logischen, epistemologischen und praktischen Status und der Funktion des ‚Schönen' sowie der Kunst, wobei die Kunst in den traditionellen Artes-Lehren (vgl. Curtius 1954 [1948]; Klinkenberg 1971; Kristeller 1980; Plumpe 1993; Scheer 2015 [1997]; Wühr 1950) ihren ursprünglichen Ort hatte. Diesen Fragen entsprechend hat die ästhetische Forschung in ihrer Tradition drei Grundbedeutungen rekonstruiert, die in philo-sophischen Diskursen als Definition der ‚Ästhetik' dienen: als 1) Theorie des Schönen,

2) Theorie der Kunst, 3) Theorie der sinnlichen Wahrnehmung oder Erkenntnis (Betzler und Nida-Rümelin 1998; Gilbert und Kuhn 1953; Majetschak 2016; Peres 2013; Pöltner 2008; Reicher 2015; Scheer 2015 [1997]; u. v. a. m.). Im Folgenden werden wir uns in Fokussierung auf die Frage nach dem Zusammenhang von ästhetischen Ganzheits- und Harmonievorstellungen und korrespondierenden ethischen oder soziopolitischen Vorstellungen homogener oder harmonischer Gesellschaften auf den Begriff der Schönheit konzentrieren.

3.3.2 Theorien des Schönen

Was die philosophische Thematisierung des ‚Schönen' anbelangt, lässt sich stark vereinfacht eine zuerst objektivistische, danach eine subjektivistische Auffassung unterscheiden. Vor der ‚Subjektivierung der Ästhetik' bzw. des ‚Schönen' (Gadamer 1975, S. 39–77) durch Kant (Kant 1959 [1790]) galt das ‚Schöne' im Rahmen einer sogenannten ‚Großen Theorie des Schönen' (Liessmann 2009b, S. 17–20; Tatarkiewicz 2003) als *objektiv* Schönes. Die neuzeitliche ‚Subjektivierung' sowie ‚Deontologisierung' des Schönen (Plumpe 1993) hingegen war und ist bis heute durch die Ansicht bestimmt, „dass Schönheit Ausdruck eines subjektiven Geschmacks sei" (Liessmann 2009b, S. 13). Die klassische Bestimmung dieser Ansicht findet sich bei Kant: „*Geschmack* ist das Beurteilungsvermögen eines Gegenstandes oder einer Vorstellungsart durch ein Wohlgefallen oder Mißfallen *ohne alles Interesse*. Der Gegenstand eines solchen Wohlgefallens heißt *schön*" (Kant 1993[1790], S. 48; Hervorhebung im Original). In der Antike, im Mittelalter und in der Neuzeit bis hin zu Kant hingegen galt das Schöne keineswegs als durch subjektive Urteile oder individuelle Geschmackspräferenzen bestimm- oder beurteilbar, sondern es wurde durch betrachterunabhängige und betrachtervorgängige Objektivität charakterisiert, die vor allem durch ‚harmonikale' Qualitäten wie Ebenmaß, Proportionalität, Harmonie und Symmetrie konstituiert wird und ausgezeichnet sei (Liessmann 2009b). Das ästhetisch Schöne wurde daher in dieser objektivistischen Tradition und im Rahmen einer „objektiven Theorie der Vernunft" (Horkheimer 1992, S. 16) am Leitbild einer *„Ästhetik des Maßes, der Symmetrie und der Proportion"* (Zimmermann 1982, S. 120; Hervorhebung im Original) thematisiert. Im Zentrum der Geschichte des ‚Schönen' von der Antike bis hin zu Kant (vgl. z. B. Assunto 1963; Büttner 2006; Grassi 1980; Kristeller 1980; Liessmann 2009b; Perpeet 1977, 1987, 1988; Plumpe 1993; Pochat 1986; Scheer 2015 [1997]; Schneider 2005; Tatarkiewicz 2003; Zimmermann 1982, 1996) stand folgerichtig der „mathematisch präzisierte harmonikale Schönheitsbegriff [als] Auszeichnung des Regulären, Typischen, Konstanten gegenüber dem Abweichenden, Individuellen, Veränderlichen" (Zimmermann 1982, S. 119–120). Als ‚schön' galt demnach „dasjenige, dessen Teile in harmonischen Proportionen zueinander und zum Ganzen stehen" (Liessmann 2009b, S. 18). So heißt es prototypisch bei Robert Grosseteste: „Die Schönheit aber ist Einklang und Proportion eines Dinges in sich selbst und Harmonie aller seiner einzelnen

Teile in sich selbst und in Bezug auf die übrigen und in Bezug auf das Ganze und des Ganzen in Bezug auf alle Teile" (zit. nach Bruggisser 2021, S. 204). Einige Beispiele aus der langen Geschichte der Theorien über das Schöne mögen diese Bestimmungen konkretisieren.

In der antiken und mittelalterlichen Philosophie und in den traditionellen Artes-Lehren galt das ‚Schöne' für die meisten Denker als ideelle Entität, die als objektiver Grund und Maßstab für alles irdisch Schöne angesehen wurde – in der Antike beispielsweise bei Platon und Plotin als ontische ‚Idee', im Mittelalter als ‚Urglanz' Gottes (vgl. z. B. Assunto 1963; Büttner 2006; Liessmann 2009a, b; Perpeet 1977, 1988; Plumpe 1993; Pochat 1986; Scheer 2015 [1997]; Tatarkiewicz 2003) und in der Renaissance als ‚ideale Norm' (Burckhardt 1976 [1859]; Hauskeller 1995; Jäger 1990; Kristeller 1980; Liessmann 2009b; Perpeet 1987; Plumpe 1993). Die Pythagoreer glaubten beispielsweise, in bestimmten Zahlen und idealen Zahlenverhältnissen eine alles und den gesamten Kosmos auszeichnende Harmonie als Urform alles Schönen entdeckt zu haben (vgl. Schavernoch 1981; van der Waerden 1979). Platon korreliert im Philebos (Philebos 64e) „Maßhaftigkeit" (μετριότης) und Symmetrie (συμμετρία) sowohl mit Schönheit als auch mit Tugend. Damit ist zugleich bei Platon das klassische Ideal der ‚Kalokagathia' angesprochen, der traditionellen Trias des ‚Wahren, Schönen und Guten' (Berr 2020b; Kurz 2015), das heißt der „Einheit des Schönen, das auch das Gute ist, mit dem Wahren" (Liessmann 2009b, S. 15). Obwohl bei Aristoteles das ‚Schöne' keine so zentrale Rolle wie bei Platon spielt, werden auch von ihm als ihre „hauptsächlichsten Arten […] Ordnung, Gleichmaß und das Begrenzte" (Aristoteles 1991 [348–345 v. u. Z.], 1078b) angegeben (vgl. auch Grassi 1962, S. 123–146). Im Mittelalter war ‚Schönheit' ein Attribut des Seins (Assunto 1963). Alles, was ist, hatte den mittelalterlichen Theorien zufolge seinen Ursprung im Schöpfungsakt Gottes und damit teil an dessen Vollkommenheit und Schönheit. Gott ist der Weltbaumeister (Deus artifex), der die schöne Natur aus dem Nichts schafft (creatio ex nihilo) und das Universum nach Maß und Zahl ordnet. Schon bei Platon gibt es im Dialog ‚Timaios' einen *Demiurgen,* das heißt einen Weltbaumeister, der das Universum „streng nach harmonischen Zahlenverhältnissen errichtet" (Liessmann 2009b, S. 19). In der Renaissance befreite sich das Individuum zunehmend aus religiösen und metaphysischen Überzeugungen und Zwängen, die Kunst aus sakralen Zweckbestimmungen, der Mensch entdeckte sich selbst (beispielsweise im Porträt) und die *weltliche* Welt und die *weltliche* Natur (etwa in der Landschaftsmalerei; vgl. z. B. Hauskeller 1995; Kristeller 1980; Perpeet 1987; Scheer 2015 [1997]). Phänomene werden nicht länger am Maßstab metaphysischer oder religiöser Ideen gemessen, sondern an der „Gesetzmäßigkeit, die sich *an* den Erscheinungen selbst zeigt" (Scheer 2015 [1997], S. 29; Hervorhebung im Original) und können daher als selbständige Entitäten aufgefasst werden. Theoretiker und Künstler der Renaissance bemühten sich dementsprechend, in den Naturerscheinungen mathematische Gesetzmäßigkeiten im Sinne harmonikaler Strukturen, etwa als „Zusammenstimmung (concinnitá) und Verhältnismäßigkeit (proporzionalitá) aller sichtbaren Qualitäten, der Formen und Farben" (Hauskeller 1995, S. 104), aufzufinden. Die in der Renaissance entwickelte Zentralperspektive (vgl. z. B. Panofsky 1980 [1927]; Scheer 2015 [1997]) erfasst Natur und Welt in einem geometrischen Gitternetz, das vom Sehpunkt des Subjekts aus ein Beziehungsgefüge aus Raumstellen über alles Sichtbare ausbreitet. Auf diese Weise wird eine dreidimensionale Raumillusion erzeugt und alles, was ist, wird nach mathematischen Gesetzen in dieses Raumgefüge eingeordnet (s. Berr 2020a). Im Barock dominiert das rationalistische Ideal einer mathematisch konstruierten Schönheit und Ordnung. Alles Ungerade, Krumme, Unproportionierte, alles bloß Gewachsene und nicht rational Geplante widerspricht der „Absicht vernünftiger Menschen" (Descartes 1990 [1637], S. 21). Vernünftig und schön zugleich ist das mathematisch Konstruierte, das Gerade, das Ebene, das Lineare, das große geplante Ensemble geordneter Teile, das sich zu einem harmonischen proportionierten Ganzen fügt – der französische Barockgarten ist die sinnfällige Umsetzung dieses Ideals.

Für das ausgehende 19. und beginnende 20. Jahrhundert und die Wende zum Positivismus (Kühne und Berr 2021) kann Ernst Haeckel genannt werden. Haeckels Symmetrievorstellungen können zudem als Beispiel für die Verflechtung und sogar Fundierung wissenschaftlicher Theorien und kognitiver Diskurse durch ästhetische Vorstellungen dienen. Haeckel hat in seinem bekannten Werk *Kunstformen der Natur* (Haeckel 2004 [1904]) insbesondere die Radiärsymmetrien niederer Wirbelloser untersucht und beschrieben und den Weg bereitet für die neuerdings mit biologistischen Reduktionsansprüchen auftretende „Evolutionäre Ästhetik" (vgl. Menninghaus 2003; Richter 1999; Voland und Grammer 2003). Deren Vertreter glauben, die überall in der Natur und in der Kunst anzutreffenden mathematisch rekonstruierbaren Symmetrien, Proportionen und Maßverhältnisse aus natürlichen, evolutionär sich entwickelnden Strukturen und Prozessen herleiten und auf diese reduzieren zu können. Haeckels Theorie ist Glied einer Reihe weiterer Beispiele „ästhetischer Fiktionen für Erkenntnismodelle", die „von der Kreismetaphorik der antiken Astronomie über Newtons Konzept des Naturgesetzes bis zu den imaginativen Anteilen in der Rede vom ‚Big Bang' oder den offenkundig ästhetischen Implikationen der Symmetrieforschung" reichen (Welsch 1996b, S. 505). Sabine Hossenfelder zeigt am Beispiel der Physik, wie der Glaube, die besten Theorien seien schön, natürlich und elegant und das, was schön ist, müsse wahr sein, sodass Schönheit erfolgreiche Theorien von schlechten Theorien unterscheide, die Physik in eine Grundlagenkrise führt. Denn der starre Glaube an das Primat der Schönheit lasse seit mehr als vier Jahrzehnten keinen Durchbruch in der Grundlagenphysik zu (Hossenfelder 2018). *Grundsätzlich* kann gesagt werden, dass faktisch in allen Wissenschaften „derzeit das Bewusstsein von einem grundlegend ästhetischen Charakter des Erkennens und der Wirklichkeit durch[dringt]" (Welsch 1996b, S. 506).

Diese Beispiele zusammenfassend kann daher festgestellt werden: In der Geschichte der Philosophie und Kunsttheorie ist „überall und immer […] das Schöne auf Symmetrie zurückgeführt worden, auf ‚geometrische' Regelmäßigkeit als gleichmäßige Abfolge desselben, auf Symmetrie (im engeren Sinne) als die spiegelbildliche Wiederholung von Gleichem und Ungleichem, auf Harmonie (Analogie, Proportion) als Übereinstimmung der Teile untereinander und mit dem ganzen nach einem mittleren Maß (vgl. den Kanon des *Polyklet,* die Theorie der *sectio aurea,* die Hogarthsche Schönheitslinie usw.)" (Janke 1974, S. 1270). Der paradigmatische harmonikale Schönheitsbegriff findet sich mit den typischen und die Tradition bestimmenden Merkmalen auch bei Thomas von Aquin:

> „Zur Schönheit sind drei Dinge erforderlich. Erstens die Unversehrtheit oder Vollendung [integritas sive perfectio]; die Dinge nämlich, die verstümmelt sind, sind schon deshalb häßlich. Ferner das gebührende Maßverhältnis oder die Übereinstimmung [proportio sive consonantia] (der Teile). Und schließlich die Klarheit [claritas]: deshalb werden Dinge, die eine strahlende Farbe haben, schön genannt" (zit. nach der Übersetzung von Assunto 1963, S. 230).

Diese klassische Definition der Schönheit bedarf einer Erläuterung, und zwar hinsichtlich der Begriffe ‚Vollkommenheit' und ‚Klarheit'. ‚Vollkommenheit' ist eine Zusatzbestimmung der Schönheit, die sich aus der Bestimmung der Harmonie als Übereinstimmung ergibt. Damit verbunden ist zudem ein weiteres Merkmal der Harmonie: ihr repressiver, ja gewaltsamer Charakter. Mit Janke (1974, S. 1262) lassen sich zwei Arten der Vollkommenheit unterscheiden, die außerhalb der Schönheitsdefinition stehen, aber diese indirekt mitbestimmen: „Vollkommenheit überhaupt bedeutet Einstimmigkeit im Zusammenstimmen des Vielen zum Einen durch das Eine, das alle Übereinstimmung zureichend begründet (das *ens perfectissimum*). Metaphysische Vollkommenheit bedeutet die deutlich erkannte, sinnvolle Harmonie der Welt und eine intellektuelle Schönheit, die nur für einen unendlichen Verstand ist." Aus diesem Weltverständnis, „das aus dem Begriff des *ens perfectissimum* schöpft" (Janke 1974, S. 1263), konnte Gottfried Wilhelm Leibniz im Verbund mit der „Großen Theorie des Schönen", die das Schöne „als objektive Einheit des Vielen, als Übereinstimmung der Proportionen und als harmonisches Ganzes begriff, das letztlich mit dem Weltganzen, dem Kosmos zusammenklingen sollte" (Liessmann 2009b, S. 26), die Idee einer ‚prästabilierten Harmonie' (Leibniz 2019 [1714]) ersinnen. Diese „Hypothese der Übereinstimmungen" sei eine „wunderbare Idee von der Harmonie des Universums und der Vollkommenheit der Werke Gottes" (zit. nach Liessmann 2009b, S. 26). Sie ist der Höhepunkt der beschriebenen Geschichte der ‚Großen Theorie des Schönen'.

Der eingangs erwähnte Baumgarten als ‚eigentlicher' Begründer neuzeitlicher Ästhetik als philosophischer Disziplin vollzog im 18. Jahrhundert eine Umbildung des klassischen Schönheitsbegriffs, indem er „im Gegenzug gegen das rationale Weltbild des Intellekts dem ästhetischen, poetischen Weltverstehen eine eigene Vollkommenheit zu[spricht]" (Janke 1974, S. 1261). Baumgarten bestimmt Schönheit als „perfectio cognitionis sensivae" [„Vollkommenheit der sinnenhaften Weltvorstellung"] (Baumgarten 2009 [1750–1758], § 14). Im Hinblick auf die Unterscheidung zwischen klarer und deutlicher Erkenntnis (Leibniz 2004 [1684]) ist ästhetische Erkenntnis im Gegensatz zur intellektuellen Erkenntnis zwar unklar und verworren (undeutlich), aber sie „erreicht ihre Vollkommenheit, wenn sie ‚extensiv' wird, d. h. wenn sich ihr Gefühl einigend über eine Vielheit von Eindrücken ausspannt und deren Zusammenhang spürbar macht" (Janke 1974, S. 1261). In diesem Sinne ist „ästhetische Vollkommenheit […] die Schön-

heit als Vorschein der Harmonie im sinnlichen Schleier der Verworrenheit, die sich dem
Gefühl und dem Geschmack ergibt" (Janke 1974, S. 1262). Auch in dieser umgebildeten
Schönheitsbestimmung bleiben also Vollkommenheit und Harmonie die beiden ent-
scheidenden Begriffsmerkmale.

3.3.3 Vollkommenheitsstreben, Klarheit und inhärente Gewalt

Wenn Popper ein ganzes Kapitel dem Zusammenhang von ‚Ästhetizismus, Perfektionis-
mus, Utopismus' widmet (1992a, S. 187–200), dann bezieht er sich auch auf die bislang rekonstruierten Zusammenhänge zwischen dem harmonikalen Schönheitsbegriff
und ästhetischen Vollkommenheitsassoziationen. Für Popper geht der Ästhetizismus einer weltverbessernden „utopischen Sozialtechnik" (Popper 1992a, S. 187 u.ö.)
stets mit „Vollkommenheitsträumen" (Popper 1992a, S. 196) einher. Diese Sehnsucht nach soziopolitischer Vollkommenheit oder Perfektion – Poppers warnendes
Beispiel ist insbesondere Platons Konzeption eines ‚idealen Staates' (Platon 2013
[ca. 410/411 v. u. Z.–348/347 v. u. Z.] – führt sehr oft in einen „schrankenlosen
Radikalismus" (Popper 1992a, S. 198). Der inhärente Ästhetizismus zeigt sich in „der
Weigerung des Ästheten, einen Kompromiß zu schließen. Die Ansicht, daß die Gesellschaft, der Staat, ebenso schön sein solle wie ein Kunstwerk, führt nur zu leicht zu
gewaltsamen Maßnahmen" (Popper 1992a, S. 198). Dieser Weg von dem Streben nach
Harmonie und Vollkommenheit zur Gewalt – ob rein ästhetisch oder gesellschafts-
politisch – ist bereits dem Begriff der ‚Harmonie' inhärent. In einer Auslegung einer
Textstelle in der homerischen Odyssee (Homer 1994 [um 750 v. Chr.], 8. Gesang)
zeigt Konrad Paul Liessmann, dass ‚Harmonie' der „nur durch Gewalt herstell-
bare Gleichklang des Verschiedenen [ist]. Es ist nicht die Assonanz oder Addition des
ohnehin Gleichen, es ist der Zusammenklang des Differenten. Harmonie zu erzeugen
heißt, das, was auseinanderstrebt, zu einem stimmigen Ganzen zusammenzufügen"
(Liessmann 2009b, S. 19). Das heißt, das, was sich nicht in die Zusammenstimmung
fügt, wird mit Gewalt eingefügt. Auch wird – dies ist eine weitere Konsequenz – das
oder der/die Einzelne instrumentalistisch „nur unter der Perspektive seines Beitrags
zum Harmonisch-Ganzen gesehen" (Liessmann 2009b, S. 19). Sind dieser Gewalt- und
Instrumentalisierungscharakter der Harmonie- und Vollkommenheitssehnsüchte nicht
schon problematisch genug, so erweist sich auch eine mögliche Zielerreichung dieser
Sehnsüchte als alptraumhaft. Nicht nur wird Gewalt angewendet und das/der/die Einzel-
ne(n) instrumentalisiert, es wird auch die ‚Vernunft über Bord geworfen'. Denn der
utopistische Romantizismus, er „mag sein himmlisches Staatswesen in der Vergangenheit oder in der Zukunft suchen; er mag ‚Zurück zur Natur' predigen oder ‚Vorwärts
zu einer Welt von Liebe und Schönheit'; aber er wendet sich immer an unsere Gefühle
und niemals an unsere Vernunft" (Popper 1992a, S. 200). Daher sind sowohl politische
als auch naturharmonisch orientierte Utopien freiheitsgefährdend. Entweder kann das
erstrebte Ziel nur um den Preis von politischen Einseitigkeiten, Unterdrückung und

Gewalt erreicht werden. Oder das Erreichen des Ziels, das vermeintliche Paradies auf Erden, entpuppt sich entgegen der besten Absichten als „Hölle auf Erden". Das heißt, „sogar mit der besten Absicht, den Himmel auf Erden einzurichten, vermag er [der utopistische Romantizismus; Verf.] diese Welt nur in eine Hölle zu verwandeln – eine jener Höllen, die Menschen nur für ihre Mitmenschen bereiten" (Popper 1992a, S. 200). Ähnlich meinte Robert Musil mit Bezug auf eine intendierte vollkommene Ordnung: „Aber jetzt stell dir bloß eine ganze, universale, eine Menschheitsordnung, mit einem Wort eine vollkommene zivilistische Ordnung vor: so behaupte ich, das ist der Kälte-tod, die Leichenstarre, eine Mondlandschaft, eine geometrische Epidemie!" (Musil 1992 [1930], S. 464). Der Architekturhistoriker Winfried Nerdinger hat ähnlich wie Musil „das Wesen aller statischen Utopievorstellungen, die auf ein Vollkommenheitsideal ausgerichtet sind", darin gesehen, dass sie bei ihrer „Erfüllung zur Erstarrung führen" müssen (Nerdinger 2012, S. 7). Gegenüber einer Entgegensetzung von beabsichtigtem utopistischem Heil und vollkommenheitserfülltem Unheil betonte Odo Marquard, die geschichtliche Wirklichkeit sei „weder der Himmel auf Erden noch die Hölle auf Erden, sondern die Erde auf Erden" (Marquard 2007b, S. 78). Diese ‚Erdung' sozialpolitischen Denkens und Handelns scheint auch Popper zu teilen, wenn er ‚bodenständig' der *„Methode des Planens im großen Stil, die utopische Sozialtechnik, die utopische Technik des Umbaus der Gesellschaftsordnung oder die Technik der Ganzheitsplanung"* eine „andere Art von Sozialtechnik gegenüber[stellt]" (Popper 1992a, S. 187; Hervorhebung im Original), die er andernorts auch ‚Stückwerktechnologie' (piecemeal engineering) nennt (Popper 1965). Diese andere Art von Sozialtechnologie könne man „von Fall zu Fall angewendete Sozialtechnik, die Sozialtechnik der Einzelprobleme, die Technik des schrittweisen Umbaus der Gesellschaftsordnung oder die Sozialtechnik der kleinen Schritte" (Popper 1992a, S. 187) nennen.

Das Definitionsmerkmal der ‚Klarheit' (‚claritas') ist eine korrigierende und ergänzende Reaktion durch den spätantiken Philosophen Plotin auf ein Defizit der antiken Proportionenlehre (Liessmann 2009b). Insbesondere wandte Plotin ein, dass „auch ein Nichtzusammengesetztes, ein Einzelnes schön sein könne – das Licht etwa, eine Farbe, das Funkeln des Goldes, der Blitz in der Nacht" (Liessmann 2009b, S. 20–21). Außerdem gebe es Symmetrien, die gar nicht als schön empfunden oder angesehen werden. Daher sah Plotin den wesentlichen Grund des Schönen „in dem, was an einem Gegenstand hervorleuchtet: der Glanz, das Strahlen, seine Erscheinung, seine *Form*. Nur *Geformtes* erstrahlt und erscheint als schön, das Ungeformte, sich der Form Widersetzende erscheint als das Hässliche" (Liessmann 2009b, S. 21 unter Berufung auf Pöltner 2008; Hervorhebung durch Verf.). Es mag an dieser Stelle nicht überraschen, dass auch diese ‚Formung' ebenfalls mit Herrschaftsansprüchen einer formgebenden Vernunft verbunden ist, wie im Folgenden noch gezeigt wird.

‚Claritas' bedeutet demnach nicht nur Klarheit, sondern auch Helligkeit und Licht. Dieses Begriffsmerkmal verweist auf eine Lichtmetaphysik, die sich noch bis in die Aufklärung, dann allerdings säkularisiert, in der Metapher vom ‚Licht der Vernunft' präsentiert. Im christlichen Mittelalter galt als das oberste Prinzip der Natur die ‚*voluntas dei'*, die Natur damit als Offenbarungsquelle und Repräsentation des göttlichen Willens, der sich, so die Auffassung, noch in den unscheinbarsten Dingen zu zeigen wusste. Die *sichtbaren* Naturerscheinungen *verweisen* demnach auf das *unsichtbare* Heilsgeschehen Gottes. So konnte Johannes Scotus Eriugena sagen: „Dieser Stein oder jener Holzklotz sind mir ein Licht" (zit. nach Assunto 1963, S. 146). Licht verweist auf Gott, denn Gott *ist* Licht. Alles Sichtbare der Natur ist Abglanz und Vorschein des unsichtbaren Lichtes und Wirken Gottes. Gottes Glanz (‚splendor dei') wird nun „zur letzten Ursache und zum letzten Bestimmungsgrund des Schönen" (Liessmann 2009b, S. 24). So glaubte man auch, „daß der gesamte Weltenbau zu einem gewaltigen Licht wird, das aus vielen Teilen wie aus vielen Lampen zusammengefügt ist, um die reinen Erkenntnisbilder der intelligiblen Dinge zu offenbaren und mit den Augen der Vernunft aufzunehmen" (zit. nach Assunto 1963, S. 146). Jedes Ding und jeder Stoff galten als schön durch ihre Teilhabe am Licht und der Farbe – verstanden als Quelle der Sichtbarkeit göttlichen Ursprungs. Der *Anschaubarkeit* der Dinge wurde daher im Mittelalter hohe Bedeutsamkeit zugemessen, denn in der *Anschauung* offenbarte sich das göttliche Sein in seiner Schönheit. Die Natur wurde in diesem Verständnis als ‚*liber naturae'* verstanden, aus dem die Offenbarungszeichen Gottes herausgelesen werden konnten. Es entstand eine figurativ-symbolische Naturphilosophie, die alles Seiende im Hinblick auf seinen Verweisungscharakter zu deuten sich bemühte. So schrieb Hugo von St. Viktor: „Diese ganze […] wahrnehmbare Welt ist wie ein Buch, das von der Hand Gottes geschrieben wurde […], und die einzelnen Geschöpfe sind den Figuren zu vergleichen. Sie sind jedoch nicht nach menschlichem Ermessen, sondern nach göttlichem Willen eingefügt, um die unsichtbare Weisheit Gottes kundzutun" (zit. nach Assunto 1963, S. 158).

3.3.4 Ästhetizismus und Romantizismus

Ein *Ästhetizismus,* den Popper in seiner Kritik am Streben nach einer harmonisch-homogenen Geschlossene Gesellschaft anspricht, kann mit Karl Jaspers als eine spezifische ‚Weltanschauung' (Jaspers 1919) bezeichnet werden, die sich durch folgende allgemeine Züge auszeichnet: „Wirklichkeitsferne, distanzierende Lösung aus allen religiösen, ethischen, politischen Bindungen kultureller Gemeinsamkeit, Degradierung der Welt zu einem bloßen Mittel des Selbstgenusses in unverpflichteter Zuschauerpose und versuchte Perennierung der ästhetischen Momentaneität zum Dauerzustand, d. h. zugleich Verabsolutierung des ästhetischen Prinzips zum alleingültigen Lebensprinzip, das alle – im Grunde nicht gegeneinander ausspielbare – Lebensvollzüge in sich aufzulösen trachtet und gerade dadurch das wirkliche Leben lähmt" (Halder 2019, Spalte 582). Welsch zufolge ergibt sich diese Verabsolutierung aus der eingangs erwähnten Einrichtung eines „Obergeschoß des ‚Reflexionsgeschmacks'" (Welsch 1996a, S. 111) im Verbund mit einem ‚elevatorischen' oder ‚ästhetischen Imperativ' inmitten des Ästhetischen. Dieser Imperativ besage eigentlich nur, „daß man nicht *bloß* sinnlich, sondern *auch* ästhetisch verfahren solle. Daraus wird aber gemacht, daß man *nirgendwo* sinnlich, sondern *allent-*

halben nur ästhetisch verfahren soll" (Welsch 1996a, S. 118). Daraus ergebe sich eine dreifache Verabsolutierung des Ästhetischen: erstens „gegenüber der primären Sinnlichkeit" (Sehen, Riechen, Hören, Schmecken etc.), zweitens „gegenüber der Welt" und drittens „gegenüber konkurrierenden Orientierungsweisen" (Welsch 1996a, S. 121). Der ‚weltvernichtende Absolutismus' fordere in Anspielung auf Schiller (2004b) alles Weltliche „durch Formarbeit in einen humanen Bestand [zu] verwandeln und dadurch an[zu]eignen […]. Dadurch wird die Ästhetik zu einer Vollzugsform absoluter Subjektivität" (Welsch 1996a, S. 119). Auf diese Weise führt diese ‚Formarbeit', wie bereits angedeutet, zu einer Herrschaftsattitüde einer ästhetischen Weltanschauung, die Widerständigkeiten oder Andersartigkeiten nicht mehr zulassen kann. Alles „wirklich Andere, Fremde, Entgegenstehende" (Welsch 1996a, S. 120) wird entfernt, ausgegrenzt, unterdrückt. Ebenfalls unter Rekurs auf Schiller beanspruche der dritte Absolutismus, „die einzige veritable Orientierungsinstanz zu sein. Die modern mit ihr konkurrierenden Instanzen – Wissenschaft und Moral – werden von ihr systematisch degradiert" (Welsch 1996a, S. 120). Gadamer hat mit Blick auf die Kunst von der ‚Fragwürdigkeit der ästhetischen Bildung' (Gadamer 1975, S. 77–84) gesprochen und eine entsprechende ‚Kritik der Abstraktion des ästhetischen Bewußtseins' (Gadamer 1975, S. 84–96) vorgetragen. Kern dieser Kritik ist der Vorwurf, das ‚ästhetische Bewusstsein' besitze „eine uneingeschränkte Souveränität über alles" (Gadamer 1975, S. 85). Letztlich steht dahinter aber auch das Problem, dass das „abstrakte ästhetische Bildungsbewußtsein" zu einer „Isolation" des Ästhetischen „vom praktischen Leben" führe und mit dem „Problem der Wiedergewinnung seines Bezugs zum geschichtlichen Dasein des Menschen in seiner sozialen Wirklichkeit" einhergehe (Halder 2019, Spalte 582).

Radikalisiert sich ein solcher Ästhetizismus, so tendiert dieser dazu, „die Vernunft über Bord zu werfen und durch eine verzweifelte Hoffnung auf politische Wunder zu ersetzen" sowie zu einer „irrationale[n] Einstellung, die sich an den Träumen von einer schöneren Welt berauscht" (Popper 1992a, S. 200). Diese Einstellung bezeichnet Popper als ‚*Romantizismus*' (Popper 1992a, S. 200) und exemplifiziert diesen in einer Anmerkung an dem Einfluss Platons auf den „Romantizismus in der Literatur wie auch in der Philosophie" (Popper 1992a, S. 374) im Allgemeinen und an Rousseau und Karl Marx im Besonderen. So geht Popper davon aus, dass Rousseau die „Verherrlichung der primitiven Berghirten", das heißt „seinen pastoralen Romantizismus und seine Liebe für die Primitivität" direkt wie indirekt „von Platon bezog" (Popper 1992a, S. 374). Als weiteres Beispiel für diesen Romantizismus behandelt Popper Karl Marx (Popper 1992b). Wenn Popper auf diese Weise Ästhetizismus und Romantizismus mit Irrationalität in Verbindung bringt, das heißt einer verächtlichen bis zerstörerischen Kritik bis hin zur Aufgabe vernunftorientierten Denkens und Handelns, dann kritisiert er implizit eine romantische Welteinstellung und deren spezifische Vernunftkritik. Mit Welsch (1996b, S. 32–36) lassen sich drei ‚Typen traditioneller Vernunftkritik' unterscheiden: 1) den ‚platonischen Typ' einer „vernünftige[n] Kritik scheinvernünftiger Auffassungen, um das richtige Leben zu gewinnen" (Welsch 1996b, S. 33), 2); den ‚kantischen Typ' einer „kritische[n] Analyse der inneren Potentiale und Gefahren der Vernunft selbst"

(Welsch 1996b, S. 35); 3) den *romantischen* Typ' „im Namen anderer Instanzen […] dem Gefühl, der Phantasie, dem Glauben, den Momenten kosmischer Offenbarung" (Welsch 1996b, S. 35). Das heißt, die Romantik thematisiert die ‚Gegenkräfte' zum traditionellen Fundamentalanspruch der ‚Vernunft', insbesondere zur Vernunftauffassung der Aufklärung. Diese ‚Gegenkräfte' werden nun als die ‚wahre' Instanz menschlicher Orientierung betrachtet, die Vernunft und ihre Ansprüche sollen als abgeleitete und daher sekundäre Instanz menschlichen Weltverhaltens demaskiert werden. Die romantische Vernunftkritik „zielt somit auf eine prinzipielle Entmächtigung der Vernunft" (Welsch 1996b, S. 36).

‚Romantizismus' kann unabhängig von Popper allgemein als Wiederbelebung der ‚Romantik' und ihrer wesentlichen Ideen charakterisiert werden. Obwohl sich bis heute „kein verbindlicher Begriff von R.[omantik hat] durchsetzen können" (Frischmann 2021, S. 2345), lassen sich immerhin einige gemeinsame Charakteristika der heterogenen Strömungen und Positionen benennen. Dazu zählen insbesondere die „Schaffung einer zukünftigen, besseren Welt, eines Goldenen Zeitalters" sowie die „Utopie gesellschaft-lich-kultureller Ganzheit und Einheit und menschlicher Selbstverwirklichung" (Frisch-mann 2021, S. 2346). Da diese ‚Utopie' „zwar als unverzichtbarer Orientierungspunkt, jedoch als praktisch unerreichbar angesehen wird", ergibt sich eine für die gesamte romantische Bewegung typische „Stimmung und Haltung", und zwar „die Sehnsucht nach dem Unendlichen" (Frischmann 2021, S. 2346). Diese Sehnsucht entspringt einer verabsolutierten ästhetizistischen Subjektivität, die in Harmonie mit sich selbst und den eigenen Gefühlen, Trieben und Wünschen, der Gesellschaft, der Natur, der Geschichte, dem Schicksal und mit Gott leben will.

Obwohl es problematisch sein mag, im Kontext einer Rekapitulation einiger Grund-gedanken des scharfen Hegel-Kritikers Popper ausgerechnet Hegel selbst ins Spiel zu bringen, sei an dieser Stelle ein kurzer und hoffentlich erhellender Exkurs zur Problematik dieser romantischen ‚Sehnsucht' sowie zur Sehnsucht nach Harmonie am Beispiel der Natursehnsucht eingeschoben, der sich auf einige Überlegungen Hegels stützt (siehe auch: Textbox 1).

Textbox 1: Exkurs zur Natursehnsucht
Hegel hat in seinen Berliner Vorlesungen zur Ästhetik diese ‚Sehnsucht' am Beispiel eines unreflektierten Naturbezuges als typisches Kennzeichen einer romantischen Welteinstellung herausgestellt, die er als ‚substanzlose Subjektivi-tät' (Hegel 2003 [1823]) bezeichnet. Bereits in der Phänomenologie des Geistes hatte er eine überspitzte Subjektivität als „Extrem der substanzlosen Reflexion seiner in sich selbst" (Hegel 1980 [1807], S. 12) im Sinne in sich selbst kreisender weltloser Empfindungen (selbstbezügliche ‚Reflexion') ohne Bezug zu Sachver-halten (‚Substanz') kritisiert. In Konsequenz dieser Welteinstellung werden etwa das „Schöne, Heilige, Ewige, die Religion und Liebe" (Hegel 1980 [1807], S. 13) beschworen. Nicht begriffliches Denken am Leitfaden der Vernunft, sondern „die

Ekstase, nicht die kalt fortschreitende Notwendigkeit der Sache, sondern die gärende Begeisterung soll die Haltung und fortleitende Ausbreitung des Reichtums der Substanz sein" (Hegel 1980 [1807], S. 13). Otto Pöggeler betrachtet daher in seiner Auseinandersetzung mit Hegels ,Kritik der Romantik' als Charakteristikum romantischer Welteinstellungen, dass sie „den Subjektivismus auf die Spitze treiben" (Pöggeler 1999, S. 218).

Die Sehnsucht nach Harmonie lässt sich exemplarisch und erhellend am Beispiel der Kritik am romantischen Naturbezug darstellen (Berr 2005, 2008, 2009a, b). Diese Natursehnsucht ist allerdings kein überholtes geschichtliches Phänomen, sie ist auch gegenwärtig virulent (Bätzing 2000; Berr und Jenal 2021; Jenal 2020b; Kirchhoff 2017; Kirchhoff und Vicenzotti 2017; Kühne et al. 2013; Kühne 2018d, h; Rodewald 2001; Stakelbeck und Weber 2013; Steitz-Weinzierl 2001), wenn diese inzwischen auch von der Sehnsucht nach einem ,heilen' Klima begrifflich überlagert zu werden scheint (Müller-Salo 2020b). Im Zuge der Nachwirkungen eines ,Zeitalters der Empfindsamkeit' (Doktor 1975; Krüger 1972; Sauder 1974) und dessen Empfindsamkeits- und Gefühlskult im Verbund mit der Harmoniesehnsucht der Romantik und einem ästhetisch grundierten Weltverhältnis im Übergang vom 18. zum 19. Jahrhunderts entwickelte sich eine Sehnsucht nach einem ,Einssein' mit Natur- und Landschaftsschönheit. Diese Sehnsucht verkörpere allerdings ein „mehr symbolisches Verhältnis", da „die Bedeutung ein gläubiges, sich sehnendes Gemüt" (Hegel 2003 [1823], S. 189) sei. Das heißt, dieses ,Einssein' bleibt *nur* das ,Einssein' mit eigenen ,Stimmungen' oder ,Empfindungen' (,Subjektivität'), ohne Vermittlung mit faktischen Naturphänomenen (,Substanz'). Die vermeintliche Versöhnung und Verbundenheit mit ,Natur' ist insofern lediglich – wie dies beispielsweise August Langen charakterisiert hat – das „Durchseeltwerden der Landschaft, die seelenhafte Beziehung des Menschen zur umgebenden Natur" (Langen 1975 [1953], S. 152), und zwar auf dem Grunde einer eskapistischen Flucht in eine in sich selbst gegenüber sachhaltigen Phänomenen verkapselnde Subjektivität. Otto Pöggeler hat gezeigt, dass einer solchen Sehnsucht „ein Subjektivismus zugrunde[liegt…], der nicht von sich, von seinen Wünschen und seiner Endlichkeit lassen will" (Pöggeler 1999, S. 68).

3.3.5   Externe und interne Angemessenheit, Formarbeit und Herrschaftsattitüden

Mit dem klassischen Schönheitsbegriff im bislang beschriebenen Sinn ist auch ein Verständnis von ,Schönheit' als ,Angemessenheit' oder ,Passung' verbunden, das als externe oder interne Übereinstimmung zweier Vergleichsgrößen bestimmt werden kann (vgl. Merker et al. 1998, S. 9–10). *Externe* Instanzen können beispielsweise überzeitliche Proportionsregeln oder Form- und Schönheitsgesetze sein – wie etwa Vitruvs

‚homo bene figuratus', da Vincis ‚Homo ad quadratum' oder der ‚Goldene Schnitt', –
die als Kriterien für die Zuschreibung des Prädikats ‚schön' an Phänomene materieller
oder immaterieller Art dienen und damit eine externe Übereinstimmung *(homoiesis,
adaequatio)* garantieren. Allerdings ist an dieser Stelle der historische Bruch zu
beachten, der im 18. Jahrhundert – prototypisch mit Baumgarten und insbesondere
Kant – zum Geltungsverlust der ‚Großen Theorie' des Schönen führte. Durch die eingangs angesprochene neuzeitliche ‚Subjektivierung' sowie ‚Deontologisierung' des
Schönen (Plumpe 1993) erscheint das Schöne „nun nicht mehr als sinnliche Gestalt
wahrer Ideen oder idealer Proportionen, nicht mehr als harmonischer Zusammenklang
des Verschiedenen nach Gesetzen, die den Kosmos beherrschen, sondern als Ausdruck einer sinnlich bestimmten Subjektivität" (Liessmann 2009b, S. 29). Diese Subjektivierung wird allerdings unter der Hand von Protagonisten dieser Subjektivierung
wieder relativiert. Beispielsweise ist bei David Hume der Erwerb des feinen subjektiven
Geschmacks für das Schöne nur möglich durch Vergleich mit anerkannt schönen, wert-
vollen Werken, das heißt nach vorhergehender historischer Bildung oder unter Anleitung
eines Kenners (Hume 1974 [1757]). Humes Argumentation führt demnach in einen
Zirkel und in eine Kennerästhetik, denn das, was aufgrund von Erfahrung abgeleitet
werden soll (der feine Geschmack), wird wiederum als externer Maßstab in Gestalt von
Kennerurteilen als Orientierung dafür eingesetzt, wie und welche Erfahrung gemacht
werden kann bzw. soll, um etwas treffsicher als ‚schön' bezeichnen zu können (vgl.
Gethmann-Siefert 1995, S. 58–69). Damit wird die Subjektivierung des Schönen „bei
Hume also wieder relativiert" (Liessmann 2009b, S. 30). Bei Kant gründen ästhetische
Geschmacksurteile zwar auf einem subjektiven ‚interesselosen Wohlgefallen', aber
es bedarf dennoch eines ‚Gemeinsinns' (Kant 1959 [1790], § 20), um überhaupt
Geschmacksurteile zu ‚jedermanns Beistimmung' ‚ansinnen' zu können (Kant 1959
[1790], § 19). Diese „unbestimmte Norm eines Gemeinsinns wird von uns wirklich vorausgesetzt", wenn auch nur als „idealische Norm", die „mit Recht zur Regel"
zu machen ist (Kant 1959 [1790], § 22). Zuletzt sei Schiller genannt, der zwar Schönheit als ‚Freiheit in der Erscheinung' (Schiller 2004a, S. 400) bestimmt, aber an anderer
Stelle zugleich sowohl dem ‚mechanischen' wie dem ‚schönen Künstler' Gestaltungs-
Macht und Formungs-Gewalt über die „gestaltlose Masse" (Schiller 2004a, S. 578)
eines Kunstwerks zubilligt. Denn „um ihr die Form seiner Zwecke zu geben, so trägt
er kein Bedenken, ihr Gewalt anzutun; denn die Natur, die er bearbeitet, verdient für
sich selbst keine Achtung, und es liegt ihm nicht an dem Ganzen um der Teile willen,
sondern an den Teilen um des Ganzen willen" (Schiller 2004a, S. 578). Diese Herr-
schafts- und Gewaltattitüde über Einzelnes zugunsten eines ‚Ganzen' gilt auch für den
‚pädagogischen und politischen Künstler'; der Staat beispielsweise könne nur „wirklich
werden, als sich die Teile zur Idee des Ganzen hinaufgestimmt haben" (Schiller 2004a,
S. 578). Schiller verlangt denn auch, dass sich die Menschen zu einer ‚objektiven'
Menschheit ‚veredeln', sodass sich der/die Einzelne in das Ganze des Staates fügen
kann; sollte der ‚subjektive Mensch' dem Ganzen schaden, „so wird auch der Staat
gegen den Bürger den strengen Ernst des Gesetzes annehmen, und, um nicht ihr Opfer

zu sein, eine so feindselige Individualität ohne Achtung darniedertreten müssen"
(Schiller 2004a, S. 579). An dieser Stelle ist somit erneut der Zusammenhang zwischen
ästhetischer und soziopolitischer Ganzheitsvorstellung, Formungs- und Gestaltungsarbeit
und entsprechenden repressiven Konsequenzen angesprochen.

Die Zuschreibung externer Kriterien betrifft daher nicht nur eine objektivistische
‚Regelästhetik‘, die am Leitfaden der ‚Nachahmung der Natur‘ (Blumenberg 1957)
ihr Maß an regelhaften Strukturen des objektiv Gegebenen fand, sondern auch eine
subjektivistische ‚Genieästhetik‘, die am Leitfaden subjektiver Einbildungskraft und
‚Originalität‘ ästhetische Vorstellungen und die Werke der Kunst der unerklärlichen
Kreativität, Erfindungsgabe und Genialität des originellen Künstlers entspringen sah
(Majetschak 2006). Denn sowohl eine objektivistische ‚Regelästhetik‘ als auch eine
subjektivistische ‚Genieästhetik‘ betreiben die von Welsch beschriebene ästhetische
‚Formarbeit‘ am Maßstab externer, häufig immer noch ‚harmonikaler‘ Kriterien. Die
genannte ‚Formarbeit‘ ist allerdings nur dann ein gravierendes Problem, wenn sie vor-
rangig „auf einen bürgerlichen Kunstbegriff" (Rentsch 1998, S. 163) bezogen wird,
wie er sich im 18. Jahrhundert ausbildete. Das heißt, die „bürgerliche Ästhetik ab etwa
1750 stellt nun mit ihrer extremen Engführung des Verständnisses des Schönen, mit
dessen Subjektivierung, mit Verinnerlichung und Ästhetizismus, Musealisierung und
Avantgardismus, eine folgenreiche *Einengung* der praktisch-philosophischen Grund-
problematik des Schönen und der sinnlichen Gestaltgebung dar" (Rentsch 1998,
S. 162–163; vgl. Gadamer 1975). ‚Gestaltgebung‘ ist grundsätzlich an das „Formproblem" (Kambartel 1991, S. 17) gebunden. Das heißt, bei allem menschliche Tun
müssen Menschen schon sich selbst, vor allem aber den Dingen und Gebrauchsgegen-
ständen aller Art eine Form oder Gestalt geben, die nicht bereits durch ihre Funktion
oder ihren Zweck oder ihren (antizipierten oder faktischen) Gebrauch in „Aussehen,
Material usf." (Kambartel 1991, S. 16) eindeutig festgelegt sind. Demnach besteht bei
Form- oder Gestaltgebungen jeweils „ein *Spielraum* von Alternativen für die Form"
(Kambartel 1991, S. 16; Hervorhebung im Original), der allen, die sich um Form und
Gestaltung bemühen, eine „ästhetische Verantwortung" auferlegt. Diese Verantwortung
besteht darin, „das ästhetische Formproblem praktisch (folgenreich) ernst [zu] nehmen"
(Kambartel 1991, S. 17); Rentsch spricht in diesem Zusammenhang von einem „Gestalt-
gebungsapriori" (Rentsch 1998, S. 162). Da Form oder Gestalt nicht durch Zweck,
Funktion oder Gebrauch festgelegt sind, kann die damit verbundene Gestaltungsfreiheit
und der Wunsch nach neuen oder außergewöhnlichen ästhetischen Lösungen möglicherweise dazu verleiten, dass Gestaltungslösungen den Adressaten dieser Lösungen „auf-
geherrscht" (Tessin 2008, S. 145) werden. Insofern dies so geschieht, wird der „Drang
nach ästhetischer Innovation deutlich vor den Gebrauchswert gestellt" (Petrow 2013,
S. 266).

Es zeichnet sich daher zweierlei ab: Erstens ist in der Sphäre des Ästhetischen als
‚Formarbeit‘ Verantwortung für diese Formarbeit impliziert, also eine ethische Frage
involviert. Zweitens verweist die Formgebungsfreiheit (s. auch Berr 2018b) auf eine
ebenfalls ethische Frage, nämlich inwieweit im Ästhetischen Herrschaftsattitüden zum

Zuge kommen oder verhindert werden können. Mit diesem Zwischenergebnis ergibt sich zudem eine Brücke zu einer anderen Variante von ‚Angemessenheit' (Merker et al. 1998). Möglich ist nämlich auch eine *interne* Übereinstimmung zweier Vergleichsgrößen (to prepon; decorum, proprietas), die dann vorliegt, wenn in einem spezifischen Gebrauchskontext der Gestalt- oder Formgebung, der Herstellung oder der Fabrikation von Artefakten „die jeweiligen Gebrauchskontexte, die so vielfältig sind wie das Leben, die *internen Kriterien für Angemessenheitsmodi,* das heißt: dafür, wie etwas zu machen sei, her[geben]" (Rentsch 1998, S. 162; Hervorhebung im Original). Das heißt, im Zentrum steht dann die „Vielfalt des ‚Passenden' in den jeweiligen pragmatischen Lebenskontexten" (Rentsch 1998, S. 164), um die von Gadamer (1975) kritisierte „Isolation" des Ästhetischen „vom praktischen Leben" zu überwinden und den Bezug „zum geschichtlichen Dasein des Menschen in seiner sozialen Wirklichkeit" (Halder 2019, Spalte 582) zurückzugewinnen.

Mit dem Begriff der ‚Angemessenheit' beziehungsweise ‚Passung' stoßen die bisherigen Überlegungen zum Zusammenhang von utopistischem Streben nach einer homogenen, harmonischen, einheitlich-ganzheitlichen, eindeutigen und reinen Gesellschaft, einem impliziten Ästhetizismus und Romantizismus sowie einer Verabschiedung vernünftigen Handelns ins Herz der Verflechtung, gegenseitigen Impliziertheit und wechselseitigen Fundierung ästhetischer und moralisch-praktischer Rationalität beziehungsweise Vernunft. Auf solche Verflechtungen hat beispielsweise Wolfgang Welsch in einer umfassenden Arbeit zu einem Konzept ‚transversaler Vernunft' in breit angelegten Untersuchungen zu ästhetischen, kognitiven und moralisch-praktischen Diskursarten hingewiesen (Welsch 1996b). Wenn die klassische Schönheitsvorstellung mit dem Ideal von Homogenität, Ganzheit und Harmonie verbunden ist, dann wäre zu zeigen, dass und wie sich diese ästhetische Vorstellung auch in moralisch-praktischen und soziopolitischen Diskursen wiederfindet. Um dieser Spur folgen zu können, ist ein Hinweis auf den Zusammenhang von ‚Richtigkeit' und ‚Angemessenheit' erforderlich, da ‚Richtigkeit' gegenwärtig insbesondere in praktischen, insonderheit ethischen Diskursen eine entscheidende Rolle spielt.

3.3.6 Praktische Richtigkeit, Symmetriestreben und autokratische Gesellschaftsordnung

Platon hat die ‚Unverborgenheit' und damit *Wahrheit* des Seins zur *‚Richtigkeit'* umgedeutet (Heidegger 1975). Indem das ‚wahre Sein' von Platon als ‚Idee' bestimmt wurde, sind diese Ideen in eine Beziehung zum Sehen der Menschen eingespannt, die die Wahrheit der Ideen erblicken können müssen. Dafür ist ein ‚rechter Blick' erforderlich, das heißt, eine „Richtigkeit des Blickens", die *„orthótes"* (Heidegger 1975, S. 41). Wahrheit wird damit zur Richtigkeit des richtigen Erblickens und Erfassens dieser Ideen, zur *homoíosis,* zur „Angleichung" des richtigen Blickens an die Idee (Heidegger 1975, S. 42). Das ist die Geburtsstunde der Korrespondenztheorien der Wahrheit als Überein-

stimmung von Erkenntnis und Gegenstand (s. Kühne und Berr 2021, S. 65–66). ‚Angemessenheit' bedeutet in diesem Modell die der Wahrheit ‚angemessene' (also adäquate:
‚Adäquations- oder Korrespondenztheorie der Wahrheit') bzw. ‚richtige' Sicht auf
die Gegenstände der Erkenntnis. Ein anderes Modell der ‚Richtigkeit' am Leitfaden
des Modells der ‚Angemessenheit' geht von der *Stimmigkeit'* der Erkenntnis aus, die
in „einer Art guten Passens" der „Teile zueinander und des Ganzen zu Kontext und
Hintergrund" (Goodman und Elgin 1993, S. 67) besteht. Hier handelt es sich um einen
kohärenztheoretischen Ansatz, wonach ‚Wahrheit' (bzw. ‚Richtigkeit') im widerspruchs-
freien Zusammenstimmen von Teilen zu einem Ganzen (in ästhetischen, ethischen und
politischen Diskursen) oder von Aussagen in einem Aussagensystem (in kognitiven Diskursen) besteht (s. Kühne und Berr 2021, S. 66). In moralisch-praktischen Diskursen, in
denen es um die Bewertung von Handlungen als „Beitrag zum Gelingen menschlichen
Lebens" geht, müssen diese Handlungen „unter einem spezifisch moralischen Aspekt
stehen und betrachtet werden, also eben als Handlungen, die zum Gelingen – oder
Mißlingen – des menschlichen Lebens beitragen" (Welsch 1996b, S. 513). Dabei muss
praktische Richtigkeit in diesem Sinne „als Richtigkeit innerhalb eines Ganzen bestimmt
werden" (Welsch 1996b, S. 516). Dieses ‚Ganze' kann ein Handlungszusammenhang
oder eine Gesellschaft sein, wobei dieses ‚Ganze' nicht objektiv gegeben, sondern
subjektiv-ästhetisch *aufgegeben* ist, es ist daher als „Produkt der Einbildungskraft" zu
„entwerfen, [zu] projizieren, als Idee [zu] erzeugen" (Welsch 1996b, S. 516).

Traditionell wird auch das moralisch ‚Gute' als Angemessenheit bestimmt, und zwar
sowohl in individualethischer wie auch sozialethischer Hinsicht. Beispielsweise geht
es individualethisch in spezifischen Handlungssituationen um das Passende, Schick-
liche, also um ein angemessenes Verhalten, um das „Treffen" des Richtigen – etwa den
passenden oder richtigen Ton in einem Gespräch zu finden. Das ‚Gute' oder ‚Richtige'
besteht demnach im Passen einer Handlung zu einem gegebenen Handlungserforder-
nis in einem Handlungskontext (s. Berr 2020b). So verbindet sich für Kambartel
„das Ästhetische mit dem Ethischen, in der Frage, wie unser Leben (im Ganzen) eine
Form […] erhalten kann" (Kambartel 1989, S. 106). Dieser Gedanke findet sich in
Anknüpfung an Nietzsche bei Foucault und dessen Theorem einer ‚Ästhetik der
Existenz' (Foucault 1989) sowie in antiken und aktuellen Lebenskunstphilosophien, die
die individuelle menschliche Existenz als wie ein Kunstwerk gestaltbar konzipieren (s.
Abschn. 2.8; Kühne et al. 2021). Diese „für jede Ethik ausschlaggebende Frage nach der
Fügung der einzelnen Handlungen und Entscheidungen zu einem Ganzen [ist] letztlich
eine Frage ästhetischer Art und bedarf ästhetischer Beurteilung" (Welsch 1996b, S. 521).

Auch in soziopolitischen beziehungsweise sozialethischen Diskursen findet sich
die Orientierung der praktischen Richtigkeit an einer „Fügung des Ganzen" (Welsch
1996b, S. 521). Diese ‚Fügung' wird nicht nur bei idealen Entwürfen eines wie auch
immer konzipierten Staatswesens durch ‚politische Phantasie' ästhetisch postuliert und
erzeugt, sie findet sich auch in den „Realformen der Politik", die ebenfalls jeweils „von
ästhetischen Vorstellungen geprägt" sind (Welsch 1996b, S. 522). Welsch verweist auf
Georg Simmel, der in seinem Aufsatz ‚Soziologische Ästhetik' (Simmel 1992 [1869])

„auf den Zusammenhang von Symmetriestreben und autokratischer Gesellschaftsordnung hin[gewiesen]" habe (Welsch 1996b, S. 522). Der „Reiz der Symmetrie", so
Simmel, „mit ihrer inneren Ausgeglichenheit, ihrer äußeren Geschlossenheit, ihrem
harmonischen Verhältniß der Theile zu einem einheitlichen Centrum wirkt sicher in
der ästhetischen Anziehungskraft mit, die die Autokratie, die Unbedingtheit des einen
Staatswillens, auf viele Geister ausübt" (Simmel 1992 [1869], S. 204). Simmel weist in
seiner Studie daher insbesondere „auf die problematischen politischen Konsequenzen
der traditionellen Standardästhetik – der Ästhetik der schönen Ganzheit – hin. Wer ihr
uneingeschränkt folge, werde politisch autokratische oder gar totalitäre Systeme bevor-
zugen" (Welsch 1996b, S. 523). Welsch gibt einen weiteren Hinweis, der sich auf den
Unterschied zwischen einer ästhetisch-politischen Orientierung am ‚Schönen' oder
‚Erhabenen' bezieht. Das ‚Erhabene' wurde im Rahmen ‚postmoderner' Philosophie im
Vergleich zur ‚modernen' Version (etwa bei Kant) einer Umdeutung unterzogen – weg
von einem Symbol für die Überlegenheit menschlicher Vernunft über menschliche End-
lichkeitserfahrungen (Kant 1959 [1790]) hin zu einem Symbol für Erfahrungen von
Brüchen, Pluralitäten, Undarstellbarem, Nicht-Ganzheiten und Inkommensurabilitäten
(Lyotard 1986; Pries 1989; Welsch 2002). Wird der „Matrix des Schönen" gefolgt, so
Welsch, dann wird „alles dem Ideal der Harmonie" unterstellt; wird der „Matrix des
Erhabenen" gefolgt, wird letztlich „auf Brüche und Unversöhnbarkeiten" gesetzt
(Welsch 1996b, S. 524).

3.4 Moralisierung und Landschaft

Das Thema Landschaft unterliegt einer intensiven moralischen Aufladung, dies kann auf
sechs Gründe zurückgeführt werden (Berr und Kühne 2019a erweiternd):

1. Die alltagsweltliche Bedeutung von Landschaft ist hoch, etwa bei Reisen, bei Spazier-
   gängen, in Spiel- und Dokumentarfilmen, in Gemälden, in zahlreichen Computer-
   spielen, in Werbung u. a. hat ‚Landschaft' häufig eine konstitutive, zumindest eine
   kulissenhafte Funktion (vgl. z. B. Edler 2020; Edler et al. 2022; Kühne 2018d; Kühne
   et al. 2020, 2021, 2022).
2. ‚Landschaft' unterliegt einer starken emotionalen Bezugnahme, etwa in Form von
   ‚Heimat' im Modus a (Hasse 1993; Hüppauf 2007; Kühne 2009, 2020a; Kühne et al.
   2016; Kühne und Spellerberg 2010; Schlink 2000).
3. ‚Landschaft' wird ästhetisch entlang gesellschaftlicher Stereotypen konstruiert
   (Modus b), die wiederum normativ-moralisch aufgeladen werden (Burckhardt 2006;
   Kühne 2012b, 2013a, 2020a, 2021c; Linke 2017).
4. ‚Landschaft' unterliegt auch dem Einfluss einer ökologischen Konstruktion, mit
   einem großen Hybridisierungsspektrum zwischen Modus b und Modus c, wobei die
   Konstruktion häufig einen großen (fachlich begründeten) Selektivitätsgrad aufweist
   (Hupke 2015; Kühne 2008a).

5. Die Konstruktionsprozesse dessen, was als ‚Landschaft' verstanden werden kann, und zwar ohne Verlust sozialer Anerkennung (hier insbesondere für Landschaft 2), was für Moralisierungen zentral ist, sind entsprechend sehr komplex (unter vielen: Bourassa 1991; Bruns 2016; Bruns und Kühne 2013; Kühne 2015c).
6. Prozesse der Entstehung der physischen Strukturen, die als ‚Landschaft' bezeichnet werden, unterliegen ebenfalls einem hohen Komplexitätsgrad (z. B. Ipsen 2006; Küster 2013 [1995]; Poschlod 2017; Schenk 2011).

Allgemeiner formuliert: Das Phänomen ‚Landschaft', mit seinen Ebenen 1, 2 und 3, deren Verbindungen, den Modi a, b und c, deren Konstruktion sowie ihren kategorialen Zuordnungen zwischen Materialität, Augmentiertheit und Virtualität, weist also nicht allein einen hohen Grad an Kompliziertheit (in Bezug auf die Unterschiedlichkeit ihrer Komponenten), sondern auch einen hohen Grad an Komplexität auf (in Bezug auf die Relationen zwischen den Komponenten; in diesem Kontext ausführlicher: Ipsen 2006; Nassehi 2017; Papadimitriou 2010, 2020, 2021). Daraus ergibt sich ein hoher Grad an Kontingenz. Hohe Grade an Kontingenz, Komplexität und Kompliziertheit erschweren die kommunikative Verarbeitung, da sie eine intensive sachbezogene Auseinandersetzung mit den einzelnen Komponenten und deren Relationen erfordern. Entsprechend sind sie anfällig für eine moralische Rahmung, die letztlich Kompliziertheit und Komplexität ignoriert und Kontingenz radikal minimiert, indem sie von zahlreichen möglichen Deutungen und Bewertungen nur eine (bestenfalls mit minimalen Abweichungen) als legitim anerkennt.

Die Kommunikation über Landschaft im a- und b-, aber auch in weiten Teilen des c- Modus wird von einem essentialistischen bzw. positivistischen Verständnis von Landschaft dominiert (siehe Kühne et al. 2018; Kühne und Berr 2021; Weber und Kühne 2019). Im positivistischen Verständnis wird Landschaft als physischer Gegenstand verstanden, der durch klassische empirische Methoden der Messung, Wiegung und Zählung erschlossen werden kann. Im essentialistischen Verständnis wird das Materielle und auch das Immaterielle (etwa ein Dialekt) als Ausdruck eines hinter den Erscheinungen verborgenen ‚Wesens' verstanden, das durch eine Jahrhunderte dauernde wechselseitige Prägung von Kultur und Natur geformt wurde. Allgemeiner formuliert, besteht die Aufgabe essentialistischer Wissenschaft „in der Entdeckung und Beschreibung der wahren Natur der Dinge, das heißt in der Entdeckung und Beschreibung ihrer verborgenen Realität oder Essenz" (Popper 1992a, S. 39). Im positivistischen Verständnis beschränkt sich Landschaft auf die Ebene der Landschaft 1, im essentialistischen ist diese Landschaft 1 nur Ausdruck einer historisch gewachsenen Symbiose von Welt 1 und Welt 3. Ein wesentlicher Unterschied zwischen beiden Ansätzen besteht in der Möglichkeit der normativen Aufladung: Aus essentialistischer Perspektive lässt sich ein Erhaltungsauftrag des ‚historisch Gewachsenen' ableiten, denn nur dieses ist Ausdruck des ‚Wesens', nicht etwa akzidentielle Gegenstände (insbesondere einer ‚Globalkultur', wie Bungalows oder funktionalistische Hochhäuser). Positivistische Ansätze eignen sich hingegen weniger zu normativen Aufladungen, da sie zunächst beschreiben und analysieren. Normative Aufladungen bedienen sich entweder einer essentialisierenden Wertung oder dem Muster des naturalistischen Fehlschlusses, dass das, was ist, auch sein soll (ausführlicher bei: Kühne 2019b; Kühne und Berr 2021).

Sowohl im positivistischen als auch im essentialistischen Verständnis von Landschaft kommt, erstens, materiellen Objekten somit eine herausragende Bedeutung zu. Zweitens, sind beide Ansätze auf Erhaltung bestehender Strukturen (bzw. maximal auf Wiederherstellung historischer Zustände) ausgelegt, der Essentialismus konstitutiv, weil er Akzidentielles ablehnt, der Positivismus sekundär, aufgrund seiner primären Normativitätsferne. Entsprechend stehen (angestrebte) Veränderungen in der Welt 1 (sofern sie nicht der Wiederherstellung – aus konstruktivistischer Perspektive: Imitation – historischer Zustände dienen) im Widerspruch zu den konservierenden Normen. Entsprechend werden diese Arten von Veränderungen zum Gegenstand von Konflikten. Dadurch, dass hier die Ebene von Werten (‚Eigenwert der Landschaft') und die Ebene der Identitäten (‚Identität der Landschaft', ‚Identität der Heimat') adressiert werden, wird der Konflikt um Veränderungen von Landschaft 1 zu Identitäts- und Wertekonflikten modifiziert, in denen sich die Konfliktparteien häufig des Modus der Moralkommunikation bedienen (Kühne et al. 2019). So wird die (geplante) Errichtung von Windkraftanlagen (unter essentialistischer Rahmung) als ‚Zerstörung der gewachsenen historischen Kulturlandschaft' oder ‚Heimatzerstörung' moralisiert, während die sich dichotom getrennt aggregierende Konfliktpartei ‚Klimazerstörung' oder ‚Entrechtung künftiger Generationen' anprangert (unter vielen: Kühne et al. 2021; Kühne und Schönwald 2013; Weber et al. 2017). Das angesprochene Muster moralischer Generalisierung wird hier deutlich: Nicht die einzelne Windkraftanlage (oder der einzelne Windpark) im Kontext eines spezifischen Raumausschnittes sowie dessen Bewohner sind von Interesse (Welt 1), sondern die Generalisierung vollzieht sich mit dem Fokus auf ‚die Rettung der Welt'. In die Generalisierung werden nicht nur die heute lebenden Menschen einbezogen, sondern auch künftige Generationen; auf der anderen Seite erfolgt eine Generalisierung in umgekehrter zeitlicher Richtung, die sich als das ‚Recht auf historisch gewachsene Heimat' abstrahieren lässt (siehe hierzu Berr 2019a; Kühne 2018b; Kühne und Weber 2019; Spanier 2006). Hier wird das Muster der oben allgemein dargestellten Kontingenzreduktion durch Verminderung von Komplexität und Kompliziertheit durch Moralisierung deutlich (allgemeiner: Neuhäuser und Seidel 2020). Landschaft 1 wird allein nach den interessegeleiteten Ausschnitten von Landschaft 3 und 2 konstruiert, indem allein jene Komponenten von Welt 1 in die Konstruktion von Landschaft 1 integriert und gewertet werden, die dem Muster der eigenen (moralischen) Weltdeutung dienlich sind. Schon dies hat eine Reduktion von Komplexität zur Folge, da nur die Selektion der Komponenten auf Ebene der Landschaft 1 groß ist, sodass zahlreiche Relationen auf Ebene der Landschaft 1 (bzw. Welt 1 allgemeiner) nicht berücksichtigt werden. Die Komplexität wird aber auch reduziert, weil die Landschaftsdeutung (auf und zwischen den Ebenen) Alternativen ausschließt. Das Ergebnis ist eine radikale (moralisch motivierte) Kontingenzreduktion auf eine (aus dieser Perspektive zulässige) Deutung von Landschaft auf den unterschiedlichen Ebenen. Deutlich wird dies an einem Beispiel: Eine Ansammlung von Bäumen, in denen eine Windkraftanlage geplant werden soll (Welt 1), wird aus Sicht der Befürworter~innen als ‚Fichtenmonokultur‘ gerahmt, die als nicht regionaltypisch gilt und im Zuge des Klimawandels ohnehin verschwinden würde (also letztlich unwürdig ist, in die ‚wahre‘ Landschaft 1 aufgenommen zu werden). Aus Sicht der Gegner~innen wird die Ansammlung von Bäumen als ‚wertvoller Wald‘ gerahmt, der nicht durch die Errichtung von Windkraftanlagen in seiner ‚Identität‘ geschädigt werden dürfe (ausführlich dieses Beispiel bei: Leibenath und Otto 2013, 2014; Otto und Leibenath 2013). Auf beiden Seiten wird eine essentialistische Sichtweise deutlich, beide Argumentationen fokussieren sich auf bestimmte Teile und Relationen auf Ebene von Landschaft 1 und beschränken diskursiv das Sag- und Denkbare (Landschaft 3), das das Individuum in bestimmten sozialen Kontexten (dichotom getrennt: Befürworter und Gegner) ohne Verlust an sozialer Anerkennung äußern darf. Damit wird die Reduktion von Kontingenz deutlich. Diese Reduzierung von Kontingenz durch Moralisierung wird besonders daran deutlich, was bei der Konstruktion von Landschaft ausgeschlossen wird: Anstelle des Nachvollzugs der Komplexität wirtschaftlicher, wissenschaftlicher, planerischer oder politischer Systemlogiken, aber auch des vielfältigen Verhältnisses von Gesellschaft (Welt 3) und ihrer Umwelt (Welt 1), jeweils vermittelt durch Individuen (Welt 2), unter landschaftlicher Perspektive infolge unterschiedlicher ästhetischer Zugänge oder ökologischer Deutungen, erfolgt eine moralische Diskreditierung alternativer Weltsichten. Anstelle einer sachbezogenen Diskussion um Landschaft 1-bezogene Einzelfälle (wie Windkraftanlage, Umgehungsstraße, Hochgeschwindigkeitstrasse für die Eisenbahn, Kiesgrube etc.) in Bezug auf Wirtschaftlichkeit, Verhältnis zu räumlichen Kontexten, politische Erwünschtheit, planerische Umsetzbarkeit etc. erfolgt eine moralische Herabsetzung der anderen Konfliktpartei, unter Nutzung ästhetischer, selbst ontologischer und epistemologischer Bezüge.

Moralisierende Landschaftskommunikation ist angesichts der Differenzierung der Gesellschaft, verbunden mit der Differenzierung gesellschaftlicher Moralen (dies gilt auch prinzipiell für ästhetische Zugänge) mit einer Nebenfolge verbunden, die eng mit der Frage gesellschaftlicher Machtverteilung verknüpft ist: Im Streben um Hegemonialität der eigenen Landschaftsmoral müssen immer mehr alternative Vorstellungen von Landschaft dominiert werden, was mit De-Differenzierungen und nicht zuletzt mit Sklerotisierungen von Gesellschaft verbunden ist. Alternative Deutungen werden aus dem Diskurs ausgeschlossen und entweder ignoriert oder stigmatisiert (im Raumkontext: Kühne 2021a; Weichhart 2014). Die de-differenzierende Bedeutung führt zum Verzicht einer spezifischen Konstruktion von Landschaft gemäß wirtschaftlicher, politischer oder wissenschaftlicher Logiken zugunsten einer vorwiegend (oder gar ausschließlich) speziellen Moral.

Die oben bereits angesprochene Neigung von Moralisierung zur Expansion, etwa in Form von ‚Moralisierungsspiralen‘, lässt sich als ein Ausdruck der spezifischen Logik des Wertens begreifen: Zwar wird Werten kein eigenständiges ‚Sein‘ zugestanden, aber dafür eine ‚Geltung‘ (vgl. Kuhn 1962), und diese muss „geltend gemacht werden […]. Wer Wert sagt, will geltend machen und durchsetzen“ (Schmitt 2011 [1967], S. 43). Aus dieser Logik ergibt sich die Notwendigkeit, die eignen Werte, mit denen ein latenter oder offener moralischer „Rigorismus" (Gethmann und Sander 2004, S. 115) verbunden wird, in ihrer Geltung *durchzusetzen*. Dieser Drang zur Durchsetzung bedeutet auch eine „Radikalisierung der Moral" (Gehlen 2016, S. 35), mit der eine ‚Aggressivität' von Wertsetzungen und eine dichotomisierende ‚Feindschaft' gegenüber Andersdenkenden verbunden ist (Schmitt 2011 [1967], S. 46). Dies wirkt, wie Luhmann (1989 [1980], S. 370) ausführt, sofern die andere Konfliktpartei nicht den Eintritt in den moralisierten Diskurs verweigert, wiederum auf den moralisierende Partei zurück. Dadurch wird Moral „ein riskantes Unternehmen. Wer moralisiert, lässt sich auf ein Risiko ein und wird sich bei Widerstand leicht in der Lage finden, nach stärkeren Mitteln suchen zu müssen oder an Selbstachtung einzubüßen" (Luhmann 1989 [1980], S. 370). Der Rückgriff auf (insbesondere kollektiv geteilte Werte) ist mit der Tendenz verbunden, „sich zum alleinigen Tyrannen des ganzen menschlichen Ethos aufzuwerfen", was in einer „Tyrannei der Werte" (Hartmann 1926, S. 524) endet oder zumindest enden kann (vgl. Schmitt 2011 [1967]; Straub 2010). Diese Rückbindung an Werte kann – in Abhängigkeit von der Art der Wert*haltung,* den sozialen Kontexten, etwa als Medium sozialer Identität – vom „Vehikel der Rechthaberei" (Schmitt 2011 [1967], S. 46) bis hin zu Konflikten, die mit hoher Intensität und Brutalität ausgetragen werden, reichen. Werden Landschaftskonflikte unter Nutzung der Moral als Identitäts- bzw. als Wertkonflikte geführt, ist eine Konfliktregelung erheblich erschwert, setzt diese doch die Akzeptanz von ‚alternativen, aber durchaus legitimen Deutungen der Welt' (Dahrendorf 1969c) voraus. Mögliche Regelungen werden zugunsten der Dichotomie von (absolutem) Sieg oder Niederlage ausgeschlossen. Durch die materielle Präsenz oder Nicht-Präsenz der Gegenstände von Landschaftskonflikten (wir nehmen hier einmal die Auseinandersetzungen zwischen unterschiedlichen landschaftstheoretischen Paradigmen aus) wird insbesondere die Niederlage im Konflikt im wahrsten Sinne ‚vor Augen geführt'. Diese ständige Präsenz (besonders deutlich bei Windkraftanlagen) einerseits, und die vielfache Gebundenheit an unterschiedliche c-Modi von Landschaftsveränderungen (die Energiewende, ihre Voraussetzungen und Maßnahmen, sind stark in Expertenperspektiven begründet) andererseits, erleichtert den Übergang der Weltdeutung der unterlegenen Konfliktpartei von der Sachebene zu einer Systemkritik unter Aktivierung unterschiedlicher Verschwörungstheorien. Aus einer (ästhetischen oder lebensweltlichen) Kritik aus dem a- oder b-Modus an Vorgaben aus dem c-Modus heraus wird so eine grundsätzliche Kritik an c-modalen Zugriffen (oder auf Landschaft im Besonderen; ausführlicher bei: Kühne 2020a; zu empirischen Grundlagen siehe: Eichenauer et al. 2018; Schmidt et al. 2018; Weber et al. 2016, 2018). Anders interpretiert: Personen oder Personengruppen, die Landschaft unter den Modi a und b konstruieren, entziehen sich dem (impliziten bis expliziten) Paternalismus der Personen, die Landschaft im c-Modus konstruieren, und zwar durch Moralisierung.

Um dies in den Kontext von Lebenschancen zu rücken: Der Versuch, die Entwicklung von Landschaft 1, 2 und 3 durch moralische Ligaturen zu reglementieren, geht mit dem

Verlust an landschaftlichen Optionen einher. Dies bedeutet auf allen Ebenen von Land-schaft ein Verlust an Vielfalt, der materiellen Manifestationen, der persönlichen Sicht-weisen, ihrer gesellschaftlichen Kommunikation, aber auch der gesellschaftlichen Definition dessen, was akzeptiert über Landschaft geäußert werden darf und was nicht. Die Bedeutung von ethischen Ligaturen, die die wesentliche Basis für die Kritik moralischer Ligaturen darstellen – dem Duktus Arthur Schopenhauers (1985) folgend, dem gemäß, Moral zu predigen leicht, Moral zu begründen schwer sei –, erfolgt im kommenden Abschnitt.

3.5   Ethische Reflexionen

Moral zu begründen, ist in der Tat ein schwieriges Unterfangen – im Gegensatz zum Moralisieren oder auch nur zur unhinterfragten Befolgung moralischer Normen. Dieses Begründungsgeschäft ist eine wichtige Aufgabe der philosophischen ‚Ethik'. Allerdings sollte der Ausdruck ‚Ethik' nicht ausschließlich für diese *wissenschaftliche* Begründungsfunktion reserviert werden, denn sobald Personen über den Geltungs-anspruch, das heißt über die Rechtfertigungsfähigkeit moralischer Normen, Werte, Vor-stellungen oder Handlungen nachdenken oder diese sogar infrage stellen, betreiben sie bereits im Rahmen alltagsweltlicher begrifflicher Möglichkeiten Ethik. Beispielsweise könnte eine Landschaftsplanerin darüber ins Nachdenken kommen, ob der Bau einer von ihr geplanten Windkraftanlage den Interessen der vor Ort wohnenden Menschen tatsächlich entsprechen kann und ob das von ihr vorausgesetzte Expertenfachwissen, das defizitorientiert und damit auch mit moralischen Vorstellungen verbunden ist, situations- und sachangemessen ist. Oder ein Anwohner dieser geplanten Anlage könnte sich fragen, ob die empörten und moralisierenden Äußerungen von Mitgliedern einer Bürgerinitiative, der er selbst angehört und deren Interessen und Moralvorstellungen er engagiert teilt und für deren Berücksichtigung er aktiv eintritt, in ihrem (teils absoluten) Geltungsanspruch umstandslos gerechtfertigt sind. Personen, die auf solche Weise über ihre ‚Moral' und deren Werte und Normen nachdenken und versuchen, sich selbst und ihren Mitmenschen über diese Moral Rechenschaft abzulegen, betreiben auf vorwissen-schaftliche Weise Ethik. Eine ‚*professionelle*' Ethik als Teildisziplin der praktischen Philosophie unterscheidet sich von vorwissenschaftlichen Reflexionen über Moral nur dadurch, dass sie einen theoretischen und methodischen wissenschaftlichen Anspruch erhebt und auch als wissenschaftliches Projekt erheben *muss*. Kern jeder Ethik ist die Rechtfertigungs- und damit Reflexionsbedürftigkeit moralischer Regeln und Werte in einer modernen pluralistischen und demokratischen Gesellschaft, in der es nach dem Zusammenbruch religiöser, metaphysischer und politischer moralischer Dogmen keinen allgemeinverbindlichen Anspruch auf unbedingte Geltung einer spezifischen Moral mehr geben kann. Ein solcher Anspruch, sofern er tatsächlich durchgesetzt werden sollte, würde nach Popper nur in Unterdrückung, Gewaltanwendung oder sogar Vernichtung andersdenkender Menschen führen. ‚Ethik' als professionelles wissenschaftliches Handeln kann daher als „Reflexionsform, als Theoriegestalt oder als Disziplin auf Moral als den Gegenstand ihrer Untersuchungsmethoden bezogen" werden (Lutz-Bachmann 2013, S. 18).

Eine Aufgabe der Ethik als eine solche Reflexion auf Moral besteht darin, das Phänomen der Moralisierung und des Moralismus im Allgemeinen (siehe hierzu neuerdings Neuhäuser und Seidel 2021), und der Moralisierung von Landschaft im Besonderen zu reflektieren und auf dessen Rechtfertigungsfähigkeit zu prüfen. Diese Prüfung kann beispielsweise am Leitfaden einer bekannten und bewährten Differenzierung innerhalb der philosophischen Ethik orientiert und durchgeführt werden: Angesprochen ist die Unterscheidung zwischen deskriptiver Ethik, Meta-ethik und normativer Ethik, auf die wir noch näher eingehen werden. Zuerst kann die Unterscheidung so genannter vollständiger und unvollständiger moralischer Argumente (Höffe 1981; Müller 2017) als Leitfaden einer Analyse dienen, in denen (kaschierte, unbewusste oder fehlende) normative Prämissen eine entscheidende Rolle spielen. Denn wenn Moral insbesondere auf Werten und normativen Regeln gegründet ist, dann sind im Rahmen einer ethischen Reflexion zuerst einmal die entsprechenden evaluativen und normativen Voraussetzungen von Moralisierungen zu eruieren. Moralisierungen zehren, wie gezeigt, von *absolut gesetzten* Werten und Werthaltungen. Hinzu kommt, dass diese absolut gesetzten Werte entweder strategisch eingesetzt und kaschiert werden oder den moralisierenden Akteuren selbst kaum bewusst sind und ihnen daher selbst verborgen bleiben. In beiden Fällen bleiben normative Prämissen in moralisierenden Argumenten unaufgeklärt.

Diese Kaschierung, Verborgenheit und Unaufgeklärtheit der beanspruchten normativen Prämissen sich selbst und anderen gegenüber führt gewollt oder ungewollt zur Artikulation und Verwendung ‚unvollständiger' moralischer Argumente. Ein voll-ständiges moralisches Argument verlangt mindestens eine deskriptive und mindestens eine normative Prämisse, um daraus entweder eine normative oder eine deskriptive Schlussfolgerung ableiten zu können. Dieses Charakteristikum moralischer Argumente bietet daher einen argumentationstheoretischen Leitfaden, moralisierende Argumente auf ihre *logische Inkorrektheit* hin zu untersuchen. In Anbetracht der genannten Unter-scheidung deskriptiver und normativer Prämissen ist auf zwei typische Fehlschlüsse hin-zuweisen, die in diesem Zusammenhang häufig begangen werden: der ‚naturalistische' und der ‚normativistische' Fehlschluss (s. Kühne und Berr 2021).

Ein ‚normativistischer Fehlschluss' (Höffe 1981) liegt dann vor, wenn aus moralischen Überzeugungen (als normativer Prämisse) direkt eine normative Schluss-folgerung (Konklusion) gezogen wird. Auf diese Weise wird über Sachbereiche hinweg argumentiert, die aber zu berücksichtigen sind: „Tatsächlich ergeben rein normative Überlegungen nur allgemeine Beurteilungsmaßstäbe, die noch mit den spezifischen Gesetzlichkeiten des jeweiligen Sachbereichs und mit konkreten Situationsfaktoren zu vermitteln sind" (Höffe 1981, S. 186). Moralisten hingegen leiten aus einer normativ

wirksamen, an bestimmte Werte und Normen gebundenen Überzeugung ohne Berücksichtigung relevanter Sachbereiche (‚Wirklichkeit‘, ‚Sein‘, Empirie) direkt eine
normative Konklusion ab. Beispielsweise wurde aus der Überzeugung, der ‚Hambacher
Forst‘ *müsse* vor der bereits genehmigten Abholzung gerettet werden, direkt abgeleitet,
die Abholzung *müsse* gerichtlich verboten werden (was dann auch tatsächlich durch
ein Gericht geschah) – ungeachtet der realen ökonomischen, technischen und sozialen
Kontexte, in denen dies geschehen soll. Der Wirtschaftsethiker Andreas Suchanek spricht
im Hinblick auf solche moralischen Forderungen von einer ‚Anmaßung des Sollens‘
(Suchanek 2004), die sich über empirische Rahmenbedingungen der Moral hinweg-
setzt, Friedrich von Hayek (1996) von einer ‚Anmaßung von Wissen‘, das sich solchen
Bedingungen enthoben wähnt.

Ein anderer Fehlschluss im Rahmen unvollständiger moralischer Argumente ist der
‚naturalistische Fehlschluss‘ als Schluss von Fakten (‚Sein‘) auf Normen (‚Sollen‘).
In der Philosophie wird dieser Fehlschluss daher auch als ‚Sein-Sollen-Fehlschluss‘
(Stuhlmann-Laeisz 1983) oder als ‚Humes Gesetz‘ (Hume 1978 [1739]; vgl. dazu
auch Quante 2008; Sen 1966) bezeichnet, insofern David Hume der erste war, der
diesen Fehlschluss eigens explizit thematisiert hat. Die Unvollständigkeit des Argu-
mentes besteht darin, dass aus einer deskriptiven Prämisse (Fakten, ‚Wirklichkeit‘,
‚Sein‘, Empirie) unvermittelt eine normative Konklusion rein logisch *abgeleitet* wird.
Ein vollständiges moralisches Argument (vgl. Höffe 1981; Müller 2017), aus dem eine
normative Konklusion abgeleitet werden kann, verlangt mindestens eine deskriptive
(Fakten) *und* mindestens eine normative Prämisse. Auch dieser Fehlschluss findet sich
in moralisierenden Argumenten im Zusammenhang von Diskussionen um ‚Landschaft‘.
Moralisten können beispielsweise argumentieren, es gebe die ‚schöne traditionelle
Landschaft‘ (deskriptive Prämisse), daher sei diese unbedingt zu bewahren (normative
Konklusion). Der Fehlschluss wird dadurch begünstigt oder nahegelegt, dass Moralisten
eine insgeheim in Anspruch genommene normative Prämisse verborgen bleibt oder
diese strategisch ausgeblendet wird. Die in Anspruch genommene normative Überzeugung lautet nämlich, dass eine ‚schöne Landschaft‘ bewahrt werden *soll*. Offen aus-
gesprochen oder sich selbst gegenüber reflektiert und klar ausgewiesen, müsste diese
normative Behauptung dann aber eigens *begründet* oder *gerechtfertigt* werden (vgl. Berr
und Kühne 2019a). Der Vorteil moralisierender Argumentation besteht in diesem Fall
also darin, sich dieser Begründungs- oder Rechtfertigungslast unbewusst oder strategisch
gewollt entziehen zu können.

Als Leitfaden der Analyse moralisierender Argumentationen kann aber auch, wie
bereits angedeutet, eine inzwischen etablierte begriffliche Differenzierung innerhalb der
Ethik als wissenschaftlicher Disziplin der Philosophie dienen. Diese Differenzierung
unterscheidet drei Ebenen, auf denen jeweils unterschiedliche Ziele der wissenschaftlichen Auseinandersetzung mit moralischen Sätzen, Begriffen oder Theorien im
Vordergrund stehen: die Unterscheidung von deskriptiver Ethik, normativer Ethik und
Metaethik (s. exemplarisch unter vielen: Ach et al. 2008, Band 1, S. 11–14; Düwell et al.
2011b, S. 1–23; Quante 2008, S. 16–20).

Auf der Ebene „*deskriptiver* Ethik" können beispielsweise Normen als moralische ‚Spielregeln' und Wertvorstellungen, die jeweils von Einzelpersonen geteilt oder befolgt und in einer Gruppe oder Gemeinschaft gelten, empirisch untersucht und beschrieben werden. Auch können soziale, kulturelle oder psychologische Voraussetzungen eines faktischen Gebrauchs von Normen und Werten rekonstruiert und beschrieben werden – etwa die impliziten oder auch expliziten Wertvorstellungen, Normen und Tugenden, die das Argumentieren und Handeln von Akteuren bewusst oder unbewusst orientieren, oder welche moralischen Sprachspiele die Kommunikation zwischen Akteuren beeinflussen oder in schriftlichen Äußerungen zum Ausdruck kommen. Mit Blick auf moralisierende Argumente können schließlich Werte und Normen sowie kaschierte oder verborgene normative Prämissen empirisch identifiziert, untersucht und erfasst werden. Sozialwissenschaftlich steht dafür etwa das gesamte Methodenspektrum empirischer quantitativer und qualitativer Sozialforschung zur Verfügung. Beispielsweise könnten in einer Studie zu Protesten gegen Eingriffe in Landschaften die individuellen oder kollektiven Wertvorstellungen und Normen derjenigen, die moralisch oder moralisierend argumentieren, aber auch die logischen, semantischen oder pragmatischen *Voraussetzungen* des faktischen Gebrauchs dieser Normen und Werte rekonstruiert und beschrieben werden. Deskriptive Ethik teilt diesen deskriptiven Zugang zu Moralen und deren Voraussetzungen und Gebrauch mit empirischen Disziplinen wie etwa die Moralpsychologie (Kohlberg und Lindquist 1974; exemplarisch: Piaget 1932) oder Moralsoziologie (exemplarisch: Luhmann 1993). Solche Beschreibungen stellen allerdings weder normative Behauptungen auf oder dar, noch ist mit ihnen bereits entschieden, welche normativen Konsequenzen aus ihnen möglicherweise zu ziehen wären (Ach et al. 2008, Band 1, S. 12).

Solche Fragen gehören auf die Ebene der „*normativen* Ethik". Hierzu gehört auch die Frage nach der Zuschreibung von Verantwortung, insbesondere aber um explizite Begründungen dafür, warum bestimmte Handlungen moralisch gerechtfertigt oder nicht gerechtfertigt sein können oder sein sollten. Implizit angesprochen ist damit die Frage, wie bestehende Moralen am Leitfaden ethischer Kriterien auf ihre Rechtfertigungsfähigkeit hin beurteilt werden können. Kern einer solchen normativ-ethischen Frage ist zu klären, ob bestimmte moralische Aufforderungen oder Beurteilungen „grundsätzlich jedermann zumutbar sind" (Gethmann und Sander 2004, S. 118). Schon Einzelfallentscheidungen schließen „eine Prinzipienentscheidung notwendig" ein (Bayertz 2008, S. 174) und streben daher tendenziell nach verallgemeinerbaren Lösungen (Bayertz 1991, S. 19). Ethiker haben daher häufig versucht, ein ‚formales Moralprinzip' (Thurnherr 1998) als ‚letzten Maßstab der Sittlichkeit' (Höffe 1981) und damit als Rechtfertigungsbasis ethischer Theorien aufzufinden oder zu konzipieren. Das historische Ergebnis dieser Versuche besteht in den bekannten ethischen Standardtheorien wie etwa die Tugendethik des Aristoteles, den Kontraktualismus eines Hobbes und Rawls, die Pflichtenethik Kants, den Utilitarismus eines Bentham und Mill und die Diskursethik von Apel und Habermas. Die in solchen ethischen Theorien maßgeblichen *ethischen* Prinzipien dienen allerdings nicht wie *moralische* Normen der ‚Handlungs-

anleitung', sondern der ‚Handlungs*beurteilung*' (siehe Abschn. 2.6). Dementsprechend schreiben beispielsweise der kategorische Imperativ oder das utilitaristische Nutzen-maximierungsprinzip nicht vor, *was* zu tun ist, sondern prüfen und beurteilen die *Verallgemeinerungsfähigkeit* individueller Maximen oder gruppentypischer Moral-ansprüche. Solche ethischen Prinzipien hätten daher auch die Aufgabe, moralisierende Maximen und ‚Hypermoralen' (Gehlen 2016; Grau 2017) in Landschaftsdiskursen und -konflikten auf ihre Verallgemeinerbarkeit hin zu prüfen.

An dieser Stelle wird auch der fundamentale Unterschied zwischen moralischen und ethischen Ligaturen deutlich: Kommunikation, die die allgemeine Durchsetzung bestimmter moralischer Ligaturen zum Ziel hat, also beispielsweise soziale Tugend predigt, verkennt die Gebundenheit von Tugend an Freiheit (die wiederum das Vor-handensein von Optionen voraussetzt), nicht an oktroyierte und internalisierte Zwänge: „Nur wer in einer offenen Situation eine Entscheidung treffen kann, vermag überhaupt Verantwortung zu zeigen und sich tugendhaft zu erweisen" (Sofsky 2007a, S. 46). Ethische Ligaturen wie etwa Verfahrensgerechtigkeit, Toleranz, Verantwortung etc. bieten also einen Rahmen für die Reflexion über und Beurteilung moralischer Ligaturen, die menschliches Handeln steuern. Diese ethischen Ligaturen sind darüber hinaus auch geeignet, Optionen zu erweitern, zu ermöglichen und abzuwägen und auf dieser Basis individuelle Lebenschancen zu maximieren. Sie können auch als 'Konsense höherer Ordnung' im Sinne von Nida-Rümelin bezeichnet werden (siehe Abschn. 2.6), die „sich auf Verfahren, die Art und Weise oder auf die Methode der kollektiven Entscheidungs-findung" (Nida-Rümelin 2020, S. 114) beziehen.

Zuletzt ist die sogenannte „*Metaethik*" anzusprechen, unter der „eine Theorie der Bedeutung der moralischen Wörter und Urteile sowie eine Theorie der Begründung von normativen Aussagen" (Ach et al. 2008, Band 1, S. 12) verstanden wird. Beispiels-weise können Wörter wie „gut", „sollen", „gerecht", „richtig" etc. daraufhin untersucht werden, in welcher Weise sie verwendet werden und was sie bedeuten oder bedeuten können. Außerdem können ethische Urteile oder Begründungen solcher Urteile auf ihre Verwendung und logische Struktur hin untersucht werden. Insbesondere kann meta-ethisch auch gefragt werden, was überhaupt ‚Werte' sind bzw. was darunter verstanden wird oder verstanden werden kann. Beim Phänomen der Moralisierung von Landschaft kommt es, wie gezeigt, im Zuge von Wertsetzungen zu Versuchen der Geltungsdurch-setzung entsprechender Werte. Werte sind allerdings, offen oder verdeckt, grundlegend an das bipolare Schema von ‚gut' versus ‚böse' oder ‚schlecht' gebunden. Metaethisch ist dann aber die Frage zu stellen, was heißt oder bedeutet hier eigentlich ‚gut'? Eine darüber hinausgehende metaethische Frage betrifft den Status moralischer Urteile – hier lautet die Frage, ob sich einzelne moralische Urteile kognitivistisch überhaupt *begründen* lassen oder ob sie non-kognitivistisch lediglich Ausdruck von nicht verallgemeinerungs-fähigen *Gefühlslagen* (vgl. Quante 2008, S. 40–53) sind? Diese metaethische Unter-suchung von ‚Werten' oder Grundüberzeugungen über das, was ist oder wünschens- und erstrebenswert ist oder sein soll, ist nach allem bislang Gesagten auch deshalb vonnöten, weil Werte entscheidend mitbestimmen, welche Sicht Landschaftsakteure auf die Welt, in der sie leben, haben (Knoepffler 2010, S. 14) und wie sie bei ‚Landschaftskonflikten‘ (Berr und Jenal 2019; Kühne 2018a) und in entsprechenden Diskussionen oder Debatten mit der gegebenen Sachlage und Konfliktkontrahenten umgehen.

Ein typisches Beispiel für einen Gegenstand metaethischer Untersuchungen ist, wie bereits angesprochen, das Wort ‚gut‘. Der Ausdruck oder das Wort ‚das Gute‘ unterliegt der ‚Zweideutigkeit‘ (Kant 1983 [1793b]), sowohl das *evaluative* Gute „als Inbegriff für ein gutes, gelungenes und glückliches Leben" (Hofmann-Riedinger 2011, S. 387) im Rahmen individueller Ansprüche an einen gelingenden „Gesamtlebensvollzug (eupraxia)" (Hubig 2007, S. 128) als auch das *moralisch* Gute zu bezeichnen, das als ‚Unbedingtes‘ über individuelle Ansprüche hinaus „um seiner selbst willen verwirklicht werden soll" (Hofmann-Riedinger 2011, S. 387). Diese Differenzierung korrespondiert der bereits vorgestellten Zweiteilung der Ethik in eine eudaimonistische Ethik mit der Frage, wie „ein gutes, gelingendes und glückliches Leben für Einzelne, Gruppen und Gemeinschaften möglich" sei, und eine Moralphilosophie mit der Frage nach dem „moralisch Richtigen" (Düwell et al. 2011a, S. 1) und nach Gerechtigkeit (siehe Abschn. 2.8). Je nachdem, ob ethische Erwägungen sich an der Frage nach dem guten Leben oder an der Frage nach Gerechtigkeit orientieren, ergeben sich andere Bewertungskriterien im Kontext von Auseinandersetzungen um Landschaft. Das wirkt sich auch auf die Plausibilität moralisierender Argumente aus. Ein eudaimonistischer Zugang wird etwa fragen, inwieweit die Bewahrung ‚stereotyper Landschaften‘ oder der ‚heimatlichen Normallandschaft‘ (Kühne 2013b) für viele Menschen Bestandteil ihrer Vorstellungen von einem guten Leben und daher nach Möglichkeit zu berücksichtigen ist. Das heißt, legitime Argumente gegen Personen, die ihre ‚heimatliche Normallandschaft‘ gegen Veränderungen schützen wollen, haben in dieser eudaimonistischen Perspektive diese Einstellung gegen Veränderung mindestens ebenfalls als legitim zu respektieren und in einer sachlichen Abwägung ernst zu nehmen und zu berücksichtigen, ohne die betreffenden Personen moralisch zu diskreditieren. Ein gerechtigkeitstheoretischer Zugang wird beispielsweise fragen, inwieweit Grundgüter – etwa ein gleichberechtigter Zugang zu Landschaften – gerecht verteilt werden können (Müller 2017). Das heißt, in dieser Perspektive ist es legitim, die legitimen Ansprüche und Wertungen innerhalb einer eudaimonistischen Perspektive im Hinblick auf ein ‚Allgemeinwohl‘ und damit verbundene spezifische Gerechtigkeitsvorstellungen zu relativieren und zu kritisieren. Gegner einer gerechtigkeitsorientierten Argumentation haben diese Perspektive ebenso in einer sachlichen Abwägung ernst zu nehmen und zu berücksichtigen, ohne die betreffenden Personen moralisch zu diskreditieren, wie die Gegner der eudaimonistischen Perspektive das Streben nach einem guten Leben zu respektieren haben.

3.6   Moral, Moralisierungen und Landschaften – ein Resümee und die Entwicklung der Begriffe der innen- und außengerichteten Ligaturen

Moralisierungen sind mit dem Ziel verbunden, Menschen zum Handeln (im Sinne Max Webers: sinnverbundenes inneres oder äußeres Tun, Dulden oder Unterlassen) zu veranlassen, die dieses Handeln ansonsten nicht ausgeführt hätten. Moralismus ist – Weber-Guskar (2020) zufolge – mindestens in drei Hinsichten mit problematischen Konsequenzen verbunden: Erstens, weil mit „dem Moralisieren ein unnötiges moralisches Empören einher[geht], das kaum mehr die Möglichkeit lässt, in den seltenen Fällen von wirklich gravierenden Moralverstößen" (Weber-Guskar 2020, S. 439) Energie zur moralischen Kommunikation zu lassen oder kaum mehr in der Lage ist, gravierende Moralverstöße von bloßen Ereiferungsanlässen zu unterscheiden. Zweitens, kann Moralismus bei jenen, die angesichts vielfältiger und widersprüchlicher Moralangebote, hinsichtlich moralischen Urteilens und Handelns unsicher sind, „zu einem Gefühl der Überforderung führen" (Weber-Guskar 2020, S. 439). Drittens, kann Moralisieren durch die Nutzung von Schein-Argumenten angemessenes, sachorientiertes Handeln erschweren.

Moralisierung ist immer auch mit versuchter Machtausübung verbunden. Sollten die für sich in Anspruch genommenen Werte noch so hoch sein (‚Rettung der Heimat', ‚Rettung der Erde für künftige Generationen'), dominieren doch die gesellschaftlichen Dysfunktionalitäten moralischer Kommunikation (hier in Bezug auf Landschaft): Sie zieht den Kreis des Sag- und letztlich auch des Denkbaren enger, was mit einer Verringerung von Deutungsalternativen verbunden ist, wodurch die wesentliche Voraussetzung für einen Wettbewerb um taugliche Vorstellungen landschaftlicher Entwicklung schwindet. Differenziert nach Landschaften 1, 2 und 3 lassen sich wesentliche Wirkungen von Moralisierungen von Landschaft folgendermaßen umreißen:

- Landschaft 3: Der ‚semantische Hof' von Landschaft wird (selektiv) verkleinert, was nicht zuletzt zu einer Verringerung von Kontingenz führt. Durch die diskursive Schließung und damit verbundene Externalisierung alternativer Deutungs- und Bewertungsmuster von Landschaft aus dem Bereich des Akzeptierten entsteht eine Fragmentierung und Inkommensurabilisierung von Landschaftsdiskursen. Dies betrifft nicht allein geringer werdende Schnittmengen zwischen a- und b-Modus einerseits, und c-Modus andererseits, sondern auch die Differenzierung von c-Modi.
- Landschaft 2: Das handelnde Individuum sieht sich einem Anpassungsdruck gegenüber an es normativ herangetragene Deutungs- und Bewertungsmuster. Es kann mit Anpassung reagieren, oder aber, infolge des hohen Moralisierungsgrades, wenn es die Anpassungserwartungen für nicht akzeptabel hält, mit Vermeidungsstrategien der Kommunikation eigener Präferenzen oder Fundamentalopposition insbesondere gegen Erwartungen aus dem c-Modus.

- Landschaft 1: Sollte ein Landschaftspräferenzmuster (Landschaft 3 über Landschaft 2) zu diskursiver Hegemonialität gelangen, ist dies mit dem Verlust an landschaftlicher Vielfalt, auch auf Ebene der Landschaft 1 verbunden, weil alternative
  Ansprüche an Landschaft ausgeschlossen werden (hiermit werden wir uns ausführlicher in Kap. 5 befassen). Sollte der Drang nach Hegemonialität nicht allein
  auf künftige Entwicklungen von Landschaft 1 ausgerichtet sein, sondern auch auf
  Manifestationen vergangener gesellschaftlicher Entwicklungen, so erfolgt auch die
  Tilgung dieser Manifeste von Entwicklungen, die gegen eigene Moralvorstellungen
  stehen (etwa in Firm von Denkmalstürzen, Straßenumbenennungen). Allgemeiner
  gesprochen: Durch die mögliche Manifestation von Landschaft 2 und 3 in Landschaft
  1 bleiben die Ausgänge von Identitäts- und Wertekonflikten präsent, Niederlagen
  bleiben materiell und symbolisch präsent und können so Gegenstände alltäglicher
  Aktualisierungen werden.

Hierin wird die spezifische Logik des Wertens deutlich, die eine ‚Radikalisierung
der Moral' in Gestalt von Moralisierungen begünstigt und zu den allgemein dargestellten erheblichen Folgen und Nebenfolgen in Bezug auf Landschaften 1, 2 und 3
führen kann (spezifischer in Kap. 5). Moralisierung kann – wie in diesem Buch – einer
ethischen Reflexion unterzogen, in ihren (vorfindbaren und möglichen) Erscheinungs-
formen differenziert und nicht zuletzt kritisiert werden. Eine solche Kritik bezieht sich
nicht zuletzt auf kaschierte bzw. verborgene normative Prämissen in (unvollständigen)
moralischen Argumenten. Eine ethische Reflexion hinterfragt die Bedeutung des ‚Guten'
in Abgrenzung zum ‚Schlechten', aber auch das Hinterfragen der Notwendigkeit dieser
Unterscheidung, die Beziehung moralischer Urteile zu verschiedenen Konzeptionen von
‚Gerechtigkeit' (etwa Chancengleichheit, Ergebnisgleichheit, Leistungsgerechtigkeit,
Verfahrensgerechtigkeit, meritokratische Gerechtigkeit und andere; siehe auch Borchers
2019) wie auch der Fähigkeit der Verallgemeinerungen moralischer Maximen und
‚Hypermoralen'. Eine ethische Reflexion versetzt in die Lage zur Aufklärung über
‚moralisierende' Denkweisen und Argumentationsmechanismen und erweist sich so für
eine sozialwissenschaftliche Behandlung von sozialen Wirkungen von Moralisierungen,
auch deren Materialisierungen in Landschaft 1, als anschlussfähig.

Auf Grundlage dieser Überlegungen zu Moral und Moralisierungen und ihren landschaftlichen Bedeutungen (unter ethischer Rahmung) werden wir uns im kommenden
mit landschaftlichen Folgen und Nebenfolgen von Weltanschauungen befassen, die mit
ihrem ausgeprägten Hang zu Moralisierungen der Entwicklung einer Offenen Gesellschaft entgegenstehen. Wir werden deutlich machen, wie die Expansion moralischer
Ligaturen Optionen und damit Lebenschancen einschränkt. Da wir den Fokus auf
Moralisicrung begründende Werte mit ihrer Tendenz zur ‚Totalisierung' richten, werden
wir im uns im folgenden Kapitel mit den solchen totalisierenden Weltanschauungen
zugrundeliegenden Werten befassen, sie also mit ethischen Ligaturen konfrontieren,
die dem Gedanken der Offenen Gesellschaft zugrunde liegen, wie Verfahrensgerechtigkeit, Pluralismus und Toleranz. Hierin kommt eine Grundhaltung auf Grundlage

ethischer Ligaturen zum Ausdruck, die von Akzeptanz geprägt ist, gegenüber vielfältigen „Lebensweisen und Handlungsformen, von Denktypen und Sozialkonzeptionen,
von Orientierungssystemen und Minderheiten. Sie ist darin ersichtlich kritischen
Geistes" (Welsch 1987) – und nicht allein gegenüber jenen, die kompatibel sind mit
eigenen (engen) moralischen Vorstellungen von Welt. Eine von uns verfolgte „Ethik der
Ungewissheit" (Dahrendorf 1972, S. 313) kritisiert ‚Gesinnungsethik' (Weber 1988)
deren Weltdeutungsmaßstab sich an einer utopistischen ‚reinen Gesinnung' orientiert
(vgl. Lübbe 2019).

Im Folgenden werden wir zwischen innengerichteten und außengerichteten
moralischen und ethischen Ligaturen unterscheiden. Diese lassen sich als
Komplementärgröße des Ansatzes von Riesman (1950) der Innen- und Außenleitung
verstehen. Außengerichtete Ligaturen lassen sich im Sinne der Drei Weltentheorie
betrachtet, nicht als den Einfluss von Welt 3 auf Welt 2 verstehen, sondern jenen von
Welt 2 auf Welt 3 (als mehr oder minder reflektierte selektive Beeinflussung durch
Welt 3), während innengerichtete Ligaturen das Ergebnis der Reflexion und Internalisierung von moralischen und ethischen Ligaturen sind, die von Welt 3 an Welt
2 herangetragen werden und als Richtschnur eigenen Handelns angenommen und
nicht normativ an die Außenwelt herangetragen werden. Während innengerichtete
Moral sich als „überaus anstrengend und weitgehend spaßbefreit" (Grau 2019, S. 146)
gestaltet, werden außengerichtete Moralen in universalistischer Weise an die Allgemeinheit gerichtet: „Das führt nicht nur zur Erleichterung des Alltags, sondern vor allem
auch zu einer Sakralisierung des Moralischen" (Grau 2019, S. 146). Eine Zwischen-
stellung nimmt die öffentliche Demonstration der Ausrichtung des eigenen Handelns an
moralischen Ligaturen ein, die damit „in gewisser Weise *öffentlich* thematisiert wird"
(Neuhäuser und Seidel 2020, S. 13; Hervorhebung im Original), also Demonstrations-
funktion (der eigenen moralischen Überlegenheit) und Aufforderungsfunktion (sich
denselben moralischen Ligaturen zu unterwerfen) vereint. Eine Steigerungsform der
außengerichteten moralischen Ligatur besteht in einem Moralismus mit Aufforderungs-
charakter, indem moralische Beurteilungen eingefordert werden (Hallich 2020).

Offene und Geschlossene Gesellschaften

4

Die Gefährdung der Offenen Gesellschaft lässt sich nicht einfach in ein politisches Links-Rechts-Schema einordnen, sie hat zwar eine gewisse Affinität zu Demokratie, Marktwirtschaft, ist aber nicht hiermit identisch. Sie ist auch keine Restgröße, die übrigbleibt, wenn wir Zustände Geschlossener Gesellschaften ausgeschlossen haben (Brunnhuber 2019), sondern Offene Gesellschaft baut auf Optionen, die durch ethische Ligaturen einen Sinn erhalten. Moralische Ligaturen hingegen verringern Optionen und damit Möglichkeiten, taugliche Konzepte und Ideen umzusetzen, sogar zu entwickeln. Gerade bei utopischen Entwürfen lauert die Gefahr unintendierter Nebenfolgen, da bestimmte Optionen gar nicht erst entwickelt oder aber aus moralischem Kalkül ausgeschlossen werden. Diese unintendierten Nebenfolgen beschränken sich nicht auf die Sachebene (etwa auf Landschaft 1), sondern können – etwa im Streben nach hegemonialer Deutungshoheit (hier in Bezug auf Landschaft 3) – sklerotisierende Wirkungen infolge von geschlossenen Diskursen aufweisen und auch hinsichtlich individueller Welterfahrung mit Ausschluss verbunden sein. Im Folgenden nähern wir uns zuerst den wesentlichen Unterschieden zwischen Offenen und Geschlossenen Gesellschaften an (Abschn. 4.1), um daraufhin auf Beispiele von Weltanschauungen zur Schließung von Gesellschaften näher einzugehen (Abschn. 4.2). Es folgt eine Auseinandersetzung mit der gegenwärtig virulenten Aufwertung von Sensibilitäten und deren Bedeutung für die Erzeugung impliziter Ligaturen (Abschn. 4.3). Danach werden intendierte und nichtintendierte Folgen und Implikationen der Bestrebungen der Schließung von Gesellschaften aufgezeigt (Abschn. 4.4) und strukturelle Gemeinsamkeiten utopistischer Ideen herausgearbeitet (Abschn. 4.5). Abschließend wird der steinige Weg der Offenen Gesellschaft zwischen den Verlockungen der Skylla der ‚totalen Öffentlichkeit' und der Charybdis der Befreiung von Verschwörungstheorien nachgegangen (Abschn. 4.6).

© Der/die Autor(en), exklusiv lizenziert an Springer Fachmedien Wiesbaden GmbH, ein Teil von Springer Nature 2022
O. Kühne et al., *Die Geschlossene Gesellschaft und ihre Ligaturen – eine Kritik am Beispiel ‚Landschaft'*, RaumFragen: Stadt – Region – Landschaft, https://doi.org/10.1007/978-3-658-38583-5_4

4.1   Unterschiede Offener und Geschlossener Gesellschaften – eine Annäherung

Bevor wir uns mit weltanschaulichen Positionen (und auch Bemühungen diese umzu-
setzen) beschäftigen, werfen wir einen (unvollständigen) Blick auf Strukturen und
Prozesse, die eine Offene Gesellschaft der durch ethische Ligaturen gerahmten
Steigerung von Optionen einschränken. Dies ist etwa auf einen Mangel an individueller
Befähigung zum kritischen Umgang mit moralischen Ligaturen bezogen. Mangelnde
(besonders problematisch, da Lebenschancen verringernd: erzwungen mangelnde)
Bildung erschwert einen reflexiven Umgang mit moralischen Ligaturen. Dies bedeutet
nicht zuletzt eine Inkommensurabilität einer Offenen Gesellschaft mit systematischen
gesellschaftlichen Ungleichverteilungen von Lebenschancen, durch eine systematische
Benachteiligung von Teilen der Bevölkerung im Zugang zu Bildung im Besonderen,
aber auch durch Umwandlung von wirtschaftlicher in politische Macht im Allgemeinen.
Der mit dem Mangel an Zugang zu Bildung verbundene, häufig erzwungene, Verzicht
auf die Entwicklung von Chancen durch ‚Außenleitung' (Riesman 1950), bedeutet
ein unhinterfragtes Folgen (teil-)gesellschaftlicher Konventionen (insbesondere
moralischer Ligaturen), wohinter sich „eine defensive und reaktive Konstitution" (Bude
2014, S. 25) verbirgt. Dabei muss es aber auch in einer Offenen Gesellschaft möglich sein, moralischen Ligaturen nach ethischer Prüfung individuell (freiwillig) zu
folgen, ohne dass dies als Mangel an persönlichem Urteilsvermögen ausgelegt wird.
Eine Herausforderung stellt die Aktualisierung moralischer Ligaturen dann dar, wenn
sie nicht als Leitlinie des eigenen, individuellen Handels verwendet werden, sondern
Handlungserwartungen an andere gerichtet werden, etwa in Form der Verweigerung
der individuellen Auseinandersetzung mit der Komplexität der Verhältnisse von
Optionen und Ligaturen durch eine Flucht in Utopien, verbunden mit der moralischen
Abwertung alternativer Zugänge zu Welt (womit wir bei dem Kernthema dieses Buches
angekommen sind). Diese Flucht in Utopien, insbesondere bei dem Versuch von deren
Umsetzung, bedeutet für andere in der Regel ein Verlust an Optionen, häufig auch an
ethischen Ligaturen. Die unterschiedlichen Arten dieser erzwungenen Reduktion
von Optionen und Ligaturen werden wir im Folgenden genauer darlegen, wobei die
Beschränkung individueller Lebenschancen sehr unterschiedlich gestaltet sein kann,
durch willkürliche individuelle Gewalt, durch religiöse Zwänge, moderner durch über-
zogene bürokratische Reglementierung, die „Tyrannei des Amtsschimmels" (Popper
1992a, S. 7), oder auch die unhinterfragte (also nicht auf Grundlage ethischer Ligaturen
abgewogene) Internalisierung (teil)gesellschaftlicher Konventionen, also das, was die
„Tatsache der Gesellschaft" (Dahrendorf 2006, S. 21) für das nach Optionen strebende
Individuum so ‚ärgerlich' macht.

Die *alten* Feinde der Offenen Gesellschaft, wie sie Popper bereits benannt hat,
der Kollektivismus, das Verharren in traditionellen sozialen Bezügen, der Historismus, der Utopismus, der Essentialismus und der Holismus (Brunnhuber 2019; Popper
2011 [1947]) treten bis heute in unterschiedlicher Mischung und entsprechend der

Mischungsverhältnisse auch unterschiedlichen Namen auf. Kollektivistisches Denken schreibt Gemeinschaften eine höhere Bedeutung zu als Individuen, der Wert einer Person definiert sich an ihrer Einpassung an und in das Gemeinwesen, das wiederum konstitutiv an der Abgrenzung zum Fremden besteht, jede Ingroup benötigt mindestens eine Outgroup. Das Verharren in traditionellen Bezügen verlangt die Unterordnung des Einzelnen, aber auch von Kollektiva, unter traditionelle ‚moralische' Ligaturen, ob dies nun Religion, Bräuche, etwa zur Ehestiftung, der heimatlichen Verpflichtung etc. betrifft. Der Historismus geht von einer quasi naturgesetzlichen Bestimmtheit der Zukunft infolge der Entwicklung der Vergangenheit aus. Der Utopismus, dem wir in diesem Buch ein besonderes Augenmerk zuteilwerden lassen, beschreibt eine konfliktfreie, zumeist in irgendeiner Form egalisierte Zukunft. Der Essentialismus wiederum geht davon aus, dass die Dinge durch ein Wesen bestimmt, sie also bereits durch dieses Wesen vorbestimmt seien und allein einer wesensgerechten Deutung harrten. Der Holismus wiederum geht davon aus, ein Ganzes sei ‚organismisch' aus Teilen aufgebaut, die alle ihre Bestimmung für das Ganze hätten und wiederum ihren Wert aus ihrem Beitrag für das Funktionieren des Ganzen bestimmten. Diese Vergleichbarkeit mit einem Organismus ist – gemäß Popper (1992b) – für das Verständnis Geschlossener Gesellschaften zentral. Den Unterschied zwischen Offenen und Geschlossenen Gesellschaften pointiert Brunnhuber (2019, S. 53), wenn er schreibt: „In Geschlossenen Gesellschaften gibt es Ewigkeits- und Wahrheitsgarantien und metaphysische Überhöhungen, auf die man in der Offenen Gesellschaft [zu] verzichten lernen muss". Abgesichert werden Geschlossene Gesellschaften zunächst durch moralische Ligaturen, die es dem Individuum schwer machen, sich des eigenen Verstands zu bedienen, um sich seiner misslichen Lage bewusst zu werden, oder auch, die – selbst bei Zweifeln – die Gruppenidentität absichern und deviantes Verhalten mit dem Entzug der Gruppenteilhabe sanktionieren. Geschlossene Gesellschaften suggerieren einen finalen Zustand, einen Zustand des ‚Fertigen', des ‚Vollkommenen', während Offene Gesellschaften konstitutiv unfertig, unvollkommen, veränderbar – und daher auf der Suche nach für die aktuelle Situation tauglichen Lösungen sind. Diese Suche wiederum gestaltet sich in Offenen Gesellschaften im Rahmen von aus ethischen Ligaturen abgeleiteten Institutionen, diese stellen eine Basis für Optionen dar, diese Institutionen sorgen für innere und äußere Sicherheit, sie ermöglichen den Zugang zu Bildung, erhalten und entwickeln Infrastrukturen. Sie sichern und entlasten das Individuum von der Last, sich ständig in suballtäglichen Entscheidungsvorgängen zu verstricken und so die Entwicklung von Optionen zu erschweren. In geschlossen Gesellschaften sind Institutionen entweder überflüssig, weil in einem einvernehmlichen Leben nichts zu regeln ist, oder aber total, weil das Leben der Individuen vollständig geregelt ist. Beide Fälle führen zum Verlust von Optionen, der zweite Fall infolge der Omnipräsenz moralischer Ligaturen, der erste Fall, weil keine (ethischen) Ligaturen Menschen dazu anregen, über ihre Lage zu reflektieren und sie gegebenenfalls verändern zu wollen.

Institutionen in Offenen Gesellschaften sind also Mittel zum Zwecke der Steigerung von individuellen Lebenschancen, abgeleitet aus ethischen Ligaturen. Da Offene Gesellschaften konstitutiv sich wandelnde Gesellschaften sind (und nicht zu einem wie auch

immer gearteten ‚Klimaxstadium' streben), unterliegen in Offenen Gesellschaften auch
Institutionen dem Wandel. Dem Wandel von Institutionen wiederum geht die Kritik
an Institutionen voraus. Entsprechend ist es ein Merkmal Offener Gesellschaften, das
Kritik an Institutionen nicht unterdrückt wird, sondern dahingehend geprüft wird, ob
die Anpassung von Institutionen für die sich entwickelnde Offene Gesellschaft zu einer
Steigerung von deren Tauglichkeit führt. Wie die Institutionen einer Offenen Gesellschaft stets dem Druck der Kritik ausgesetzt sind, gilt dies auch für die Politik. Keine
Weltanschauung legitimiert sie, kein Versprechen vergangene Gesellschaftszustände
wiederherzustellen, auch keine allgemeinen Glücksversprechen, sondern allein ihre
Tauglichkeit, auf Herausforderungen in tauglicher Weise zu reagieren. Somit sind die
bestimmenden Kohärenzfaktoren der Offenen Gesellschaft, nicht die Bekenntnisse zu
einer Utopie, die Zugehörigkeit zu einer Nation, einer Ethnie oder anderen Kollektiv-
identitäten, sondern primär „in der Fähigkeit und Bereitschaft, zu kritisieren und sich
kritisieren zu lassen" (Brunnhuber 2019, S. 90).

Die Offene Gesellschaft strebt nach Steigerung der Lebenschancen. Dies bedeutet
zunächst kein politisches Streben nach ökonomischer Gleichheit (es sei denn, dass sich
dies einmal als tauglich herausstellt), das Streben nach Steigerung der individuellen
Lebenschancen für möglichst viele Menschen bedeutet die Förderung der Nutzung von
Optionen, sie bedeutet aber auch das Anrecht auf Lebenschancen, was insbesondere
Bildungschancen, aber auch die Teilhabe am öffentlichen Leben betrifft, was letztlich
bedeutet: Der Abstieg ist begrenzt, der Aufstieg jedoch nicht (Brunnhuber 2019).

4.2   Weltanschauungen zur Schließung von Gesellschaften

Schon Anfang des 20. Jahrhunderts stellte Vilfredo Pareto (1916) als prägende Strategie
des Aufstandes gegen die Freiheit fest, an moralische Gefühle zu appellieren, anstelle
sich in – letztlich nutzlosen – Versuchen aufzureiben, diese Gefühle zu ändern.

Utopistische Weltanschauungen vertreten – wie gezeigt – im Vergleich zu
evolutionären das Ziel, mindestens gesellschaftliche Verhältnisse durch alternative zu
ersetzen, oder aber zumindest radikal zu verändern, häufig schließt dies aber auch die
Verhältnisse von Menschen und ihren Umwelten ein. So kontrastiert Andrew Dobson
(2007) den Umweltschutz, der auf eine umweltverträglichere Lebensweise auf der Basis
der Evolution des bestehenden (demokratisch-marktwirtschaftlichen) Gesellschaftssystems baue, am Ökologismus: „Der Ökologismus vertritt die Auffassung, dass eine
nachhaltige und erfüllende Existenz radikale Veränderungen in unserer Beziehung zur
nicht-menschlichen natürlichen Welt und in unserer sozialen und politischen Lebensweise voraussetzt" (Dobson 2007, S. 3).

Der (mögliche) Weg zur gesellschaftlichen Schließung beginnt häufig mit dem Auf-
begehren gegen (andere) Tendenzen der Schließung von Gesellschaften, hier am Beispiel eines ökologistischen Diskurses (Reuter 2020, S. 8) verdeutlicht: „Es geht nicht
nur um das Klima. Es geht darum, dass eine junge Generation gegen das Gerede der

Alten von der Alternativlosigkeit ankämpft, ihren Erzählungen von einer verplanten, unabänderbaren Zukunft einfach nicht mehr glauben will". Die Ablehnung der historistischen Erzählung wird zum Ausgangspunkt einer utopistischen, flankiert von der Kommunikation von Endzeitdystopien, die als Kontrastfolie herangezogen werden. Die Verwendung von Endzeitdystopien wird insbesondere dann problematisch, wenn eine Bewegung offensiv die Forderung vertritt, der Wissenschaft zu folgen, dann aber die verwendeten Dystopien nur schwerlich mit wissenschaftlichen Szenarien in Einklang zu bringen sind (Müller-Salo 2020b). Angesichts des (berechtigten) Eigeninteresses einer dem Klimaschutz eine Primatstellung einräumen wollenden Bewegung lässt sich dessen Moralisierung auch als Moment einer Offizialisierungsstrategie auffassen, also einer Strategie, „egoistische', private, individuelle Beweggründe und Interessen […] in uneigennützige, kollektive, öffentlich vertretbare, kurzum legitime Beweggründe und Interessen zu verwandeln" (Bourdieu 1979 [frz. Original 1972], S. 90), oder mit Ulrike Ackermann (2020, S. 91): „Der teils apokalyptische Ton und das penetrante Alarmschlagen vor dem Weltuntergang […] bedient ein Politikverständnis, in dem jeder auf seine Weise zur Rettung der Welt und zugleich zur eigenen beitragen kann". Die vertretene Utopie einer ‚klimaangepassten Welt' bleibt jedoch vage und rekurriert hingegen häufig auf Wissenschaft. Ob eine solche abstrakte und allgemeine Vorstellung von Zukunft legitimierend wirken kann, massive Einschnitte in die private Lebensführung zahlreicher Menschen zu rechtfertigen, kann jedoch auch kritisch hinterfragt werden. Gemeinsam ist der Bewegung mit anderen, ob der „Errichtung irdischer Gottesherrschaft oder [den] Aufbau einer klassenlosen Gesellschaft" (Müller-Salo 2020b, S. 55; ähnlich auch Strohschneider 2020), die Utopie einer (wenig konkreten, weil so im Detail sachlich zu hinterfragenden) Zukunftsvision. Diese Vision ist jedoch – wie Strohschneider (2020, S. 167) herausstellt – nicht durch ‚Fakten' legitimierbar, sondern wertbasiert, sodass es als bedenklich erscheinen kann, „dass ganze Komplexe von Wertentscheidungen invisibilisiert werden". Wertentscheidungen, die nicht universal, sondern historisch kontingent seien, insbesondere hinsichtlich der zugrunde liegenden Konzepte von ‚Menschheit' oder ‚Zukunft' als ‚dicke Begriffe' (Müller-Salo 2020a, b; Strohschneider 2020; Weber-Guskar 2020). Utopie ist noch in einem anderen Sinne mit Kontingenzvernichtung verbunden, indem sie ‚Alteration' zu verhindern trachtet, nämlich die „Möglichkeit, zwischen verschiedenen, häufig gegensätzlichen Sinnsystemen zu wählen" (Berger 2017 [1963], S. 73), indem sie exklusivistisch ein einziges (nämlich das sie stützende) als legitim anerkennt und von ihren Anhängern vertreten lässt.

Mit Utopien ist der Aufruf des ‚Folgens' verbunden, und zwar ob der gesetzmäßig ablaufenden Geschichte (Historismus), dem ‚Führer' (Nationalismus, Populismus und andere), dem Propheten (Religion), der Wissenschaft (in Teilen der Klimabewegungen, teilweise der Pandemiebekämpfung etc.) und weiteren. Gemeinsam ist Menschen, die ihr Leben aus Angst oder Bequemlichkeit am ‚Folgen' ausrichten (dazu auch Bude 2014), der Wunsch nach Befreiung „vom Druck ihrer Verantwortung" (Popper 1992a, S. 7) oder in dem von uns gewählten Duktus, dem Ersatz ethischer Ligaturen durch die moralische Ligatur des Folgens unter massivem Verzicht auf Optionen, also letztendlich

Lebenschancen. Würde sich die Norm des Folgens auf die eigene Person beschränken, wäre der Verzicht auf individuelle Lebenschancen eine zu akzeptierende persönliche Entscheidung; da sich die Norm des Folgens aber zumeist auf andere Personen richtet (oder Teile der oder die Welt 3 in Gänze), geht damit eine Erwartung des freiwilligen bis erzwungenen Verzichts auf Lebenschancen anderer einher, die den Prinzipien einer Offenen Gesellschaft entgegenstehen. Der Erwartungsdruck des Folgens bei utopistischen Weltanschauungen lässt die Weltanschauungen latente Funktion der „Verschwörung" (Berger 2017 [1963], S. 83) manifest werden: Es wird die Kontingenz und soziale Konstruiertheit von Weltanschauungen durch die Hinnahme „einer[r] bestimmte[n] Weltanschauung" (Berger 2017 [1963], S. 83) ersetzt und essentialisiert.

Der Drang zu Geschlossenen Gesellschaften (welcher Grundlage auch immer) ist nicht allein der Drang zur Errichtung von Gesellschaften, die ‚besser' oder ‚vernünftiger' als die heutigen sind, wie Popper (1992a) ausführt, ihm wohnt auch ein Ästhetizismus inne, das heißt, er ist mit dem Wunsch verbunden eine Welt zu errichten, die nicht wirkt, „wie ein aus alten Flecken zusammengesetztes Kleidungsstück, sondern ein ganz neues Gewand [ist], eine wirklich schöne neue Welt" (Popper 1992a, S. 196). Im Verein mit Radikalismus bildet der Ästhetizismus die Basis (vgl. Abschn. 3.3.4), „die Vernunft über Bord zu werfen und durch eine verzweifelte Hoffnung auf politische Wunder zu ersetzen" (Popper 1992a, S. 100), eine „irrationale Einstellung, die sich an den Träumen von einer schöneren Welt berauscht", die Karl Popper (1992a, S. 100) als „Romantizismus" benennt, wie in den Abschn. 3.3.3 und 3.3.4 genauer ausgeführt wurde. Die in diesen kollektivistischen Utopien ersehnten Gemeinschaften sind von Harmonie und Konfliktfreiheit bestimmt, doch auch dies ist mit Nebenfolgen verbunden, denn „ohne Diskussion und Konflikt [ist] jede Gesellschaft zur Erstarrung verdammt" (Dahrendorf 1972, S. 311), so wie mit Kant die Menschen „in einem arkadischen Schäferleben, bei vollkommener Eintracht, Genügsamkeit und Wechselliebe […] ihrem Dasein kaum einen größeren Wert verschaffen, als dieses ihr Hausvieh hat" (Kant 1983 [1784], S. 38). Ein Zustand, der auch mit der Auflösung der Privatheit, als Rückzugsraum (insbesondere aus sozialen Verpflichtungen) verbunden ist, so ist Privatsphäre für das Individuum nicht allein charakterisiert, „dass es auch vor den neugierigen Blicken anderer geschützt ist, sondern vor allem auch dadurch, dass in dieser Sphäre die Person auf Präferenzen anderer keine Rücksicht nehmen muss" (Nida-Rümelin 2020, S. 128), eine Notwendigkeit, die im Leben konfliktfreier Harmonie nicht mehr besteht. Die ‚Aufhebung des Individuellen' in der Gemeinschaft/Gesellschaft dieser Utopien bedeutet letztlich (selbst, wenn von universeller Freiheit für alle geredet wird) die Auflösung von Freiheit: „Der Kern aller sozialen Freiheit ist der Abstand des Individuums zur sozialen Situation. Nur mit Distanz kann es sich fremder Zumutungen erwehren. Indem es sich die anderen vom Leibe hält, bringt es sich in Sicherheit" (Sofsky 2007a, S. 48).

Popper charakterisiert sowohl den Faschismus als auch den Marxismus als eine Abwandlung des Hegelianischen Prinzips, indem Hegels ‚Geist' entweder durch „Materie und materielle und ökonomische Interessen" (Popper 1992b, S. 74) ersetzt worden sei (Marxismus), oder durch ein vulgär-darwinistisches Verständnis von Blut und Boden, in dem anstelle des ‚Geistes' „das Blut die sich selbst entwickelnde Essenz" (Popper 1992b, S. 74) sei (Faschismus), das sich auf der „Bühne der Weltgeschichte" (Popper 1992a, S. 74; siehe auch: Popper 1992b) entfalte. Anstelle „ihres ‚Geistes' bestimmt das Blut einer Nation ihr wesentliches Schicksal" (Popper 1992b, S. 74). Damit ginge der Faschismus über seine religiös mitbestimmten Wurzeln hinaus und erhielt einen „biologischen und modern-evolutionistischen Anstrich" (Popper 1992b, S. 74). Der Staat werde hier zur Inkarnation der Rasse, die „auserwählte Nation (nunmehr – die ausgewählte Rasse) ist zur Weltherrschaft bestimmt" (Popper 1992b, S. 75), die anderen Nationen seien entsprechend im Krieg zu unterwerfen, entsprechend ist der Kollektivnutzen dem Individualnutzen vorangestellt (Popper 1992b). Eine herausragende individuelle Bedeutung käme im Faschismus lediglich der „welthistorischen Persönlichkeit zu, des Mannes tiefer Weisheit und großer Leidenschaft (nunmehr das Prinzip des Führertums)" (Popper 1992a, S. 75, auch: Popper 1992b). Dem „Ideal des heroischen Lebens" (Popper 1992b, S. 75) steht der „kleinliche Bürger und seinem Leben voll von schaler Mittelmäßigkeit" (Popper 1992b, S. 75) gegenüber. Dieses Konstrukt des „Ruhms hebt die Idee der Gleichheit auf, sie führt zu einer Religion des ‚großen Mannes'" (Popper 1992b, S. 86). Hier begegnen uns wieder die Feinde der Offenen Gesellschaft: Kollektivismus (Rasse/Nation vor Individuum), das Verharren in traditionellen sozialen Bezügen (Blut und Boden), der Historismus (auserwählte Nation/ Rasse), der Utopismus (Unterwerfung der Welt), der Essentialismus (Prägung des ‚Wesens' einer Nation durch Kampf) und der Holismus (wertvoller Teil der Nation ist der, der kämpfend seinen Platz in dieser einnimmt).

Neben seinem Historismus, als „Prophet des Ablaufs der Geschichte, und seine Prophezeiungen haben sich nicht bewahrheitet" (Popper 1992b, S. 97), nicht zuletzt, weil das realsozialistische Experiment im relativ wenig industriell entwickelten Russland stattfand und nicht etwa in den seinerzeit deutlich industrialisierteren Staaten wie England, Deutschland oder gar den Vereinigten Staaten, wirft Popper Marx vor, „dass er zahllose intelligente Menschen dazu verführte, zu glauben, dass die wissenschaftliche Behandlung sozialer Probleme in der Aufstellung historischer Prophezeiungen besteht" (Popper 1992b, S. 97). Als Reifestadium gilt dabei die klassenlose Gesellschaft, die in Form von Revolutionen erreicht wird. Die Notwendigkeit zur Revolution ergibt sich nicht zuletzt aus der Vorstellung, der Staat sei „nur ein Teil der Maschinerie, deren sich die herrschende Klasse bei ihrem Kampf bedient" (Popper 1992b, S. 139). Ist die klassenlose Gesellschaft erreicht, ist auch der Staat überflüssig und stirbt ab (Engels 2017 [1877]). Dieses Absterben ist dann auch Ausdruck der Vervollkommnung von Freiheit, denn die liberale Demokratie bedeutete nur eine unvollständige Freiheit, da sie formale Freiheitsrechte garantiere, die beherrschte Klasse aber gezwungen sei, ihre Arbeitskraft zu verkaufen, ökonomisch also nicht frei sein könne (Popper 1992b; eine Deutung, die bis heute Perpetuierung findet, etwa bei Engler 2021; Stegemann 2018, 2021). Eine Formulierung, die uns stärker in Richtung unseres Themas der Moralisierung führt, liefert in diesem Zusammenhang Alexander Bogner (2021, S. 40):

„Für den Marxismus bestand das Kernproblem der liberalen Demokratie in ihrer normativen Anspruchslosigkeit".

Der historistische Marxismus macht also Versprechungen auf den künftigen Zustand aller Optionen bei (weitestgehendem) Verzicht auf Ligaturen. Dieser Zustand soll auf Grundlage eines dialektischen Prozesses der Überwindung von aus Ausbeutung beruhender gesellschaftlicher Zustände in Form einer quasi-naturgesetzlichen Abfolge ebendieser Zustände erreicht werden. An dieser Stelle zeigt sich ebenso ein essentialistisches Verständnis von Gesellschaft wie in der These der Entfremdung des Menschen (von seiner Arbeit und deren Produkt sowie anderen Menschen) durch die kapitalistische Wirtschaftsweise (von seinem ‚Wesen als Menschen'; Buhr 1966; Dahrendorf 1952). Da der Marxismus als „rein historizistische Theorie [konzipiert war], eine Theorie, die sich die Aufgabe setzt, den künftigen Verlauf ökonomischer und machtpolitischer Entwicklungen und insbesondere den Ablauf von Revolutionen vorherzusagen" (Popper 1992b, S. 98) und in ihrer teleologischen Determiniertheit Sozialtechnologie ablehnte, waren Marxens „russische Schüler für ihre großen Aufgaben auf dem Gebiet der Sozialtechnik zunächst völlig unvorbereitet" (Popper 1992a, S. 98), ihnen gelang – so Armin Nassehi (2019, S. 49) – die „Differenz von ‚Klasse an sich' und ‚Klasse für sich'" zu überwinden. Dieser Mangel an Anleitung zur Sozialtechnik hat einen nicht unerheblichen Anteil der Differenzierung sozialistischer Strömungen, deren zentrale Aspekte im Folgenden knapp umrissen werden sollen (hierbei fokussieren wir uns auf einige Strömungen, die für die Versuche der Umsetzung der Idee des Sozialismus bedeutsam waren, wie den Realsozialismus, oder aber aktuell in gesellschaftlichen Debatten präsent sind, wie etwa den Reformsozialismus, den Neo-Marxismus und die ‚linke Identitätspolitik'; andere Spielarten, wie Maoismus, Trotzkismus, Titoismus etc., werden nicht zuletzt aufgrund der Nachvollziehbarkeit der Argumentation außer Acht gelassen).

Der Realsozialismus ist besonders durch das Paradoxon geprägt, dass der Staat, „im Gegensatz zu seiner Prophezeiung, keinerlei Anstalten macht[e], abzusterben" (Popper 1992b, S. 266), sondern eine gegenüber seinen Bürger~innen nahezu omnipotente und omnipräsente Bedeutung einnahm, nicht allein politisch, sondern auch ökonomisch (Verstaatlichung von Unternehmen), sozial (zentrale Vergabe von Wohnraum) und kulturell (Zensur unliebsamer Veröffentlichungen). Die gesellschaftliche Transformation zum Sozialismus – so führt Peter L. Berger aus – brachte dabei nicht allein eine „Kontrolle der Partei über alle des gesellschaftlichen Lebens" (Berger 2017 [1963], S. 59), mit dem Ziel „dem revolutionären Ethos ‚manifest' Beständigkeit zu sichern" (Berger 2017 [1963], S. 59), sondern schuf als Nebenfolge ‚latent' eine neue Klasse, „eine Bürokratie, die es sich wohl sein lässt und entwaffnend bourgeoisen Neigungen frönt, weit entfernt von der alten Selbstverleugnung und Hingabe an die kommunistische Idee" (Berger 2017 [1963], S. 59–60). Der Vernichtung von Optionen bei Stärkung moralischer Ligaturen in realsozialistischen Gesellschaften standen Wohlstandsgewinne – auch jener, die über das geringere ökonomische Kapital verfügten – in jenen Staaten gegenüber, die der

Vorstellung Offener Gesellschaften näher kamen (siehe u. a. Dahrendorf 1990, 1992; Popper 1992b).

Die Versuche, den Sozialismus gesellschaftlich umfassender zu implementieren, liefen in rund zwei Dutzend Versuchen nach einem ähnlichen Schema ab: In der Anfangsphase erfolgen, getrieben von einer ,revolutionären Elite', Enteignungen, Vermögen wird umverteilt, Unternehmen verstaatlicht oder in anderer Weise kollektiviert. Die Erwartungen jener, die sich bis zu diesem Zeitpunkt als unterprivilegiert ansahen, werden erfüllt. Von den vormals Privilegierten wird bestenfalls die Anpassung an das neue System erwartet, schlechtestenfalls werden sie Opfer der Revolution, eine weitere Option ist die Flucht ins nichtsozialistische Ausland. Selbst den Anpassungserwartungen entziehen sich die vormals Privilegierten in der Regel durch Rückzug in die innere Immigration. Hier vollzieht sich der Übertritt in die zweite Phase, in der deutlich wird, dass eine verantwortungsvolle Position in der Gesellschaft nicht (nur) auf Ausbeutung beruht, sondern auch auf spezialisierten Fähigkeiten, die sich das Individuum in einer funktional differenzierten Gesellschaft zunutze machen kann, über die wenige andere verfügen. Die Betriebsführung obliegt nun Personen, die zwar über das ,richtige Bewusstsein', nicht aber über die nötigen technischen und organisatorischen Kenntnisse verfügen, woraus eine ineffiziente Betriebsführung resultiert, damit zu Knappheiten bei der Versorgung der Bevölkerung, dies sät Zweifel an der politisch-wirtschaftlichen Führung, wenn nicht gar an dem Konzept des Sozialismus. Es folgen Aufstände und Exodus, staatliche Repressionen sind die Folge, die in eine dritte Phase überleiten, die durch Einschränkungen von (bürgerlichen) Freiheiten geprägt sind, vom Recht auf freie Meinungsäußerung bis hin zur Reisefreiheit (mit besonders prägnanter materialisierter Ausprägung in Form der Berliner Mauer). Die Wirtschaft ist nun weitgehend zentralisiert, trotz hohem Ressourceneinsatz bei gleichzeitiger hoher Umweltbelastung; als Faustregel kann hier gelten: halbe Produktivität bei dreifachen Schadstoffausstoß (im Vergleich zu westlichen Staaten; ausführlich: Kühne 2003b; Welfens 1993), die kaum in der Lage ist, die Grundbedürfnisse der Bevölkerung zu decken, die ,Mangelwirtschaft' (Kornai 1980) prägt das Leben. Beendet wird diese Phase durch einen Übergang einer Systemtransformation zu einer postsozialistischen Gesellschaft, ausgehend von einer veralteten Wirtschaftsstruktur, einem geringeren Wohlstand und verbreitet höherer Umweltbelastung im Vergleich zu vergleichbaren nicht-post-sozialistischen Staaten (ausführlicher: Buchhofer 1989; Kornai 1992; Kühne 2001b; Merkel 2009; Niemietz 2021). Die De-Differenzierung der Gesellschaft des Realsozialismus setzte schon bei dem klassischen Marxismus ein, der nicht zuletzt eine Transgression des Wissenschaftlichen (Marx' Gegenwartsdiagnose seiner Zeit) ins Politische darstellte. Die De-differenzierung der Gesellschaft vollzog sich im Realsozialismus durch die Transgression des Politischen in das Wirtschaftliche (Standortentscheidungen von Unternehmen wurden nicht nach ökonomischer, schon gar nicht nach ökologischer Sinnhaftigkeit getroffen, sondern aus politischem Herrschaftssicherungskalkül), in das Kulturelle (etwa durch Zensur), selbst in das Wissenschaftliche (etwa indem keine offene Thematisierung von sozialen Konflikten/Umweltkonflikten möglich war; Kühne 2001b).

Die Reaktionen ‚westlicher Linksintellektueller‘ auf die oben skizzierten Entwicklungen realsozialistischer Experimente gliedert Niemietz (2021) anhand der Untersuchungen von unterschiedlichen Staaten (etwa Sowjetunion, China, Nordkorea, Kuba, Venezuela) in drei Phasen:

1. In der Phase der ‚Flitterwochen‘ herrscht großer Enthusiasmus, hier werde ‚echter‘ Sozialismus praktiziert. Eine Einschätzung, die forciert verkündet wird.
2. Die ‚Ernüchterungsphase‘ ist von der schleichenden Erkenntnis geprägt, dass mit dem Modell auch Schwächen verbunden sind. Die Kommunikation wird defensiver und ist mit einem Strategiewechsel verbunden: „Anstatt die Errungenschaften des Modells zu preisen, konzentrieren sie sich auf die vermuteten unlauteren Motive der Kritiker des Modells" (Niemietz 2021, S. 72).
3. In der Phase ‚das war kein echter Sozialismus‘ gilt das jeweilige Experiment weithin als gescheitert. Ex post wird ihm der Status des ‚echten Sozialismus‘ aberkannt, wodurch der idealistische Kern von dem experimentellen Ballast befreit wird.

Marxistische Kritik war – so Bolz (2021, S. 156) –an der als kapitalistisch gedeuteten Gesellschaft deshalb überzeugend, „weil sie immanent verfuhr, also keine moralischen Sollensforderungen an die Realität stellte, sondern die kapitalistischen Gesellschaft aufdecken wollte". Voraussetzung für diese Souveränität der Kritik war allerdings der Historizismus, der angesichts der Verkleinbürgerlichung des Proletariats, des Aufstieg des Nationalsozialismus und der wenig überzeugenden Performance realsozialistischer Experimente außerhalb einer engen Diskursgemeinschaft anschlussfähig war. Den Abschied von der historistischen Vorbestimmtheit der Zukunft erkauften und erkaufen Neo-Marxisten mit dem Verlust des Anspruchs an die eigene Theorie auf Gesetzmäßigkeit. In diesem Zusammenhang reduzierte sich auch die Utopie der klassenlosen Gesellschaft auf das Experimentieren mit „dynamischen, offenen Utopiekonzepten" (Anderson 2006, S. 691), flankiert von einer Debatte darüber, „wie die Kategorie der Hoffnung für radikales Denken zurückgewonnen werden kann, da es schwierig ist, angesichts der Tragödie und Ungerechtigkeit des Leidens die Hoffnung zu bewahren" (Anderson 2006, S. 692). Angesichts dieser Rücknahme utopischer Ansprüche blieb als Grundlage für Kritik (im Sinne der Kritischen Theorie) der nun weiter verstärkte Rückgriff auf moralische Ligaturen (bereits Popper 1992b hatte den Hang zum Moralisieren seitens der Vertreter der Kritischen Theorie problematisiert) wie auch Kersting (2009, S. 150) feststellt: Die „Kapitalismuskritik des Neoliberalismuskritikers gründet nicht wie die von Karl Marx und Friedrich Engels auf Wirtschaftstheorie und Geschichtsphilosophie, sondern auf Moral". Jedoch bedeutet der Verzicht auf teleologisches Denken nicht auch den völligen Abschied von essentialistischem Denken, so bedeute der Anspruch ‚Kritischer Wissenschaft‘ (hier nicht im Sinne Kants oder Poppers) mit der Verschmelzung von marxistischem und psychoanalytischem Denken mit dem Ziel, „die verborgenen Beweggründe unserer Handlungen aufzudecken" (Popper 1992b, S. 251), durch den Rückgriff auf das Klassenbewusstsein von

Kritisierenden einen Mangel an Falisifizierbarkeit, was sie wiederum in die Nähe von Verschwörungstheorien führt. Die Rigorosität der am ‚Kapitalismus' geübten Kritik verbietet eine affirmative Zusendung reformsozialistischer Bemühungen, mittels sozialpolitischen Interventionen, betrieblicher Mitbestimmung, Beteiligung bei öffentlichen Planungsprozessen etc., die Lage von ‚Mindermächtigen' in der Gesellschaft sukzessive zu verbessern. Diese werden entsprechend als ‚Management und Manipulation der kapitalistischen Krise' beschrieben (siehe z. B. bei Harvey 2005, 2013). Eine aktuelle Spielart im weiten Sinne sozialistischer Weltanschauung lässt sich in den Diskursen ‚linker Identitätspolitiken' verorten (unter vielen: Diefenbach 2019; Flaßpöhler 2021; Furedi 2018; Kostner 2019a, b; Laurin 2018; Pfaller 2018, 2022; Stegemann 2018). Der Kampf gegen Benachteiligung von Frauen, ethnischen, religiösen und sexuellen Minderheiten wird dabei diskursiv weniger von der Durchsetzung von Rechtsgleichheit als von „verletzten Gefühlen und Beleidigungen der Opferkollektive" (Ackermann 2020, S. 181) gerahmt. Von der Mehrheitsgesellschaft (insbesondere von deren traditionellen Eliten) werden moralisch Läuterungsdemonstrationen eingefordert, eine Rehabilitierung kann nur jene Person der ‚Mehrheitsgesellschaft' erfahren, wenn sie sich dieser Läuterung unterwirft, was in der Regel nicht selbstlos geschieht, vielmehr sind die Akteure „auf eine moralische Dividende aus" (Kostner 2019b, S. 21). Die Definition der Kollektive selbst erfolgt essentialistisch, indem den Kollektiven ein schützenswerter Kern zugeschrieben wird, der durch vehemente moralische Kommunikation zu verteidigen ist. Diese Ansprüche werden mit einem „allgemeinen moralisierenden Rechtfertigungsdruck für ethnisch, sexuell oder ökonomisch nicht-marginale Sozialpositionen" (Strohschneider 2020, S. 219) und mittels „Schlagworten wie *No platforming!* oder *cancel culture* – mit einer straffen Engführung" (Strohschneider 2020, S. 219; Hervorhebungen im Original) an den eigenen moralischen Vorstellungen diskursiv abgesichert. Die Engführung der Trennlinie zwischen Sagbarem und Nicht-Sagbarem wird dabei – wie in Abschn. 4.3 genauer ausgeführt werden wird – durch eine gesteigerte Kultivierung von Sensibilitäten bestimmt, verbunden mit dem poststrukturalistischen Verständnis, Sprache bilde die Welt nicht ab, sondern erschaffe sie erst. Eine Engführung, die – so Flaßpöhler (2021, S. 138) – das kreative Potenzial dieses Ansatzes konterkariere: „Die ‚politische Korrektheit' ersetzt das dekonstruktive Spiel durch die Regel und blendet damit wesentliche Möglichkeiten des Widerstandes aus", wie etwa der Aneignung von ehemals herabwürdigenden Bezeichnungen als Ausdruck der Selbstermächtigung (um ein eher harmloses Beispiel zu nennen, so wurde etwa die entsprechende Schmähung von Spielern und Anhängern von Vereinen aus dem Ruhrgebiet mit dem lautstarken Gesang „Wir sind die Ruhrpottkanacken" gekontert; ähnlich bei Scheller 2021). Zugleich bedeutet die Hervorbringung immer neuer Vokabulare einen mittels Ausschlussmechanismen gesicherten Distinktionsgewinn gegenüber verwandten Diskursen – was die ironische Konsequenz hat, dass weniger der Gegner auf der anderen Seite des politischen Spektrums getroffen wird (der hat letztlich völlig eigene Diskurse geschaffen), sondern jene, die ebenfalls dem progressiven politischen Feld zugerechnet werden können (Pfaller 2018, 2022). Diese exklusivistische und durch *No platforming!*

oder *cancel culture* wechselseitig immunisierten Diskurse tragen nicht zuletzt zu einer Diskurspluralisierung bei, die letztlich zu Sicherung von Macht und Einfluss jenseits des eigenen politischen Feldes führt (Kühne 2012a). Dies hat nicht zuletzt die Folge, dass materielle Grundlagen von Lebenschancen aus dem Blick geraten, denn „solange alle nur darüber nachsinnen, was sie sein wollen, kommen sie nicht mehr dazu zu überlegen, was sie haben wollen" (Pfaller 2018, S. 172). Mit der Emergenz dieser Spielart der Identitätspolitik vollzieht sich eine also Abkehr von dem traditionell ‚linken' Gerechtig- keitsverständnis: „Identitätslinke verstehen darunter nicht mehr soziale Gerechtigkeit, sondern Identitätsgerechtigkeit" (Kostner 2019a, S. 11), die Vorstellung der gleichen Freiheiten für Individuen wird dabei der „Vision einer absoluten Gleichheit von Gruppenidentitäten [ge]opfert" (Kostner 2019a, S. 11). Entsprechend ist der Hauptfeind zunächst „nicht mehr das Kapital, sondern eine rassistische bzw. sexistische Geistes- haltung, deren Überwindung zur Voraussetzung für die Herstellung sozioökonomischer Gleichheit erklärt wird" (Kostner 2019b, S. 23), wobei sich hier durchaus Koalitionen aus Antikapitalismus und linker Identitätspolitik ergeben, schließlich gibt es einen „gemeinsamen Feind: *den kapitalistischen Westen*" (Manea 2019, S. 229; Hervorhebung im Original). Gerade in den hier besonders präsenten Kategorien mit den sich sichernden moralischen Ligaturen in Bezug auf Reinheit wird die Ambiguitäts-, Transkulturalitäts- und Hybridisierungsintoleranz zur Geschlossenheit neigender Diskurse deutlich (hier in Bezug auf Ethnie und Geschlecht ironischerweise mit einer besonderen strukturellen Ähnlichkeit zu ‚rechter' Identitätspolitik; Ackermann 2020; Bauer 2018; Borchers 2019). Ihre Anlage, das ‚Andere' auszuschließen und moralisch zu diskreditieren konstruiert fundamentale Inkommensurabilitäten, die eine Konfliktregelung bis zum Ausschluss erschwert (in nicht-dahrendorfscher Terminologie: Bogner 2021). Diese Position trägt somit zu einer weiteren Fragmentierung und Desintegration der Gesellschaft bei – sofern die ‚Mehrheitsgesellschaft' nicht gewillt ist, sich den Läuterungsforderungen zu unter- werfen, wozu diese – unter anderem, weil, was bei dem Konstrukt unberücksichtigt bleibt, (etwa sozioökonomisch) sehr differenziert ist – bis dato keine Andeutungen macht (dies verdeutlicht Kostner 2019b). Insofern kann das Projekt auch als anti- individualistisch verstanden werden, da nicht mehr individuelles Handeln als Grundlage von Wertschätzung gilt, sondern insbesondere angeborene Zuschreibungen, wie ethnische Zugehörigkeit bzw. biotisches oder soziales Geschlecht (Borchers 2019).

Allgemein gruppieren sich sozialistische Strömungen um das Versprechen auf den künftigen Zustand aller Optionen bei (weitestgehendem) Verzicht auf Ligaturen, der Weg dorthin – so hat sich bis dato gezeigt – ist der steinige Weg maximierter moralischer Ligaturen. Dies ist besonders augenfällig bei den Versuchen realsozialistischer Staaten, aber auch reformsozialistische Bemühungen verstricken sich in dem Bemühen, Optionen gleich zu verteilen, im Dickicht bürokratischer Regulierung, die nicht zuletzt moralische Ligaturen schafft und damit Optionen vernichtet. Auch die ‚identitätslinke' Interpretation bedient sich des Mittels moralischer Ligaturen bei ihrem ironischer- weise sehr elitendominierten Diskurs der Entmachtung traditioneller Eliten, ist aber ihrerseits Gegenstand der Kritik von Vertretern anderer sozialistischer Strömungen,

die dieser Spielart ein Abrücken von dem Fokus der Ermächtigung traditionell in der
Gesellschaft Benachteiligter vorwirft (ausführlich bei Stegemann 2018; im Kontext zu
anderen weltanschaulichen Positionen: Grau 2019). Dass bei einem revolutionären
Sozialismus Lebenschancen erst nach vollzogener Revolution (die – was in der Natur
der Sache liegt – auf blutige Weise Lebenschancen vernichtet) eine höhere Relevanz ein-
geräumt bekommen, bedarf keiner ausführlicheren Erläuterung. Mag die Kritik an den
bestehenden primär ökonomischen, diesem zumeist untergeordnet, auch politischen,
kulturellen, sozialen etc. Verhältnissen (der ‚spätkapitalistischen Gesellschaft‘) geistreich
vorgetragen sein, basieren sie hinsichtlich des theoretischen Rahmens auf einem Ana-
logieschluss: Sie unterstellt (in Entlehnung der eigenen mehr oder minder klar herausgearbeiteten Utopie) der Offenen Gesellschaft ein zugrunde liegendes Gesamtkonzept.
Offene Gesellschaft ist jedoch ein *work in progress,* ein inkrementeller Zugang zu
Welt, in dem konkrete Probleme gelöst werden, mit dem Meta-Ziel der Vergrößerung
individueller Lebenschancen. Wird die nach Offenheit strebende Gesellschaft, etwa
durch Kritik, herausgefordert, ist sie in verschiedensten Weisen und auf den unterschied-
lichsten Feldern der Gesellschaft in der Lage, Kritiken ernst zu nehmen und zu reagieren
(so entstanden etwa Naturschutzgebiete, Systeme der sozialen Sicherung, aber auch
räumliche Planung). Hier zeigt sich der unterschiedliche Umgang mit Kritik im Vergleich zu nach Geschlossenheit strebenden Gesellschaften, die dazu neigen, Kritik (und
Konflikt) zu unterdrücken, wodurch sie kaum eine produktive Wirkung entfalten kann.

Religiöser Fundamentalismus ist – wie andere Fundmentalismen auch – eine
Erscheinung, die in der Modernisierung der Gesellschaft wurzelt: Auch Religion ist
„nurmehr ein Funktionssystem unter anderen" (Nassehi 2019, S. 183) und erlebt somit
„eine Diskrepanz zwischen ihrer Funktion, das Ganze zu repräsentieren, und ihrer
gesellschaftlichen Position" (Nassehi 2019, S. 183) als Teilsystem. Doch Religion
muss sich nicht allein damit arrangieren, nun nur noch eine soziale Sphäre unter vielen
anderen zu sein, was sich auch darin äußert, dass eine „traditionell gelebte Religiosität"
(Bauer 2018, S. 33) in ihrer Selbstverständlichkeit zurückgeht (Modernisierung bedeutet
nicht zuletzt Entselbstverständlichung; Sloterdijk 1987; Weber 1972 [1922]), auch
ihre ‚theoretischen‘ Grundlagen geraten unter Druck: Religion führt die Welt mit ihren
Strukturen und Funktionen auf einen oder mehrere Schöpfer zurück, wenngleich Wissenschaften (etwa die Biologie oder die Geologie) „ein ganzes Bündel von teilweise gut
geprüften Annahmen" (Alt 1995, S. 66) hervorgebracht haben, die „die Entstehung von
Ordnungen, von komplexen Strukturen ohne" (Alt 1995, S. 66) religiöse Rückbindungen
erklären können. Entsprechend des Popperschen Falsifikationismus lassen sich religiöse
Thesen als solche beschreiben, die nicht irrational seien (oder sein müssten), sondern
sich nicht bewährt hätten (Alt 1995). Auch müsse es – von der These der Allmacht des
einen Gottes oder mehrerer Götter ausgehend – dieser Allmacht ein Leichtes sein, eine
Welt zu schaffen, die „besser funktioniert als unsere Digitaluhren" (Alt 1995, S. 66).
Unter Hinzuziehung der Annahme der Gütigkeit und Barmherzigkeit Gottes führt uns
dies zum Theodizeeproblem. Eine Immunisierung gegen Kritik erfolgt insbesondere
durch deren Setzung eines Rahmens, d. h. des Ausschlusses von Perspektiven, von denen

aus keine Kritik geübt werden darf (etwa durch die Wissenschaft). Einen Schritt weiter gehen religiöse Fanatiker (als ein spezifisches Beispiel für Fanatiker, Menschen also, die dazu neigen, anstelle widerlegter Theorien die Gegner der (widerlegten) Theorien sterben zu lassen (Alt 1995)). Findet eine wechselseitige Aufladung von Religion und Politik (noch weitergehend zusätzlich mit ökonomischen Interessen, kulturellen Essentialismen etc.) statt, wirkt diese Dediffenzierung der gesellschaftlichen Sphären zusätzlich auf eine Totalisierung des Konfliktes, also letztlich einer nahezu unbegrenzten Intensivierung und Brutalisierung (die Liste der Beispiele reicht vom Dreißigjährigen Krieg über den Nordirlandkonflikt bis hin zum politischen Islam; Ackermann 2020; Dahrendorf 1994; Manea 2019). Der Rückgang von Alltagsreligiosität bildete nicht allein eine wesentliche Grundlage für den oben angesprochenen religiösen Fanatismus, es entstand auch – wie Grau (2019, S. 145) ausführt – „ein Sinnstiftungsvakuum, das durch neue Sinnstiftungserzählungen zu füllen versucht wurde" (ähnlich: Hidalgo 2019). Diese Sinnstiftungserzählungen lassen sich auch als ‚Alltagsutopien' beschreiben. Die Praktizierung dieser ‚Alltagsutopien' erfolgt sehr häufig individuell ohne (volle) Bewusstwerdung der Potenziale zur Schließung von Gesellschaften. In diesem Sinne lassen sich auch post-marxistische Hoffnungs- und Ermächtigungsansätze (wie bei Anderson 2006; Blomley 2007; Kim 2015) als ‚Alltagsutopien' beschreiben. Bleibt die Zielrichtung solcher ‚Alltagsutopien' eher allgemein und ungefähr, wird umso deutlicher, wogegen sich abgegrenzt wird, nicht allein von Kapitalismus und Repräsentativdemokratie, von Faschismus und Konservatismus, sondern – im Falle post-marxistischer Ansätze – von anderen sozialistischen Verständnissen, besonders aber dem historischen Materialismus. Gegenüber dem Popperschen Verständnis einer Offenen Gesellschaft wird dabei die Kritik geäußert, sie diene lediglich dem Ökonomismus/Neoliberalismus als Feigenblatt, alternativ, das Konzept der Offenen Gesellschaft diene als Basis für eine ungezügelte Ökonomisierung (stellvertretend für solche Auffassungen: Engler 2021), eine Auffassung, die angesichts des Eintretens Poppers und seiner Schüler~innen für die Trennung der unterschiedlichen gesellschaftlichen Sphären sowie dem Ziel der Mobilisierung individueller Potenziale zur Entwicklung der Gesellschaft als eine eher interessengeleitete einseitige Interpretation gelten kann. Zugleich ist Ökonomie auf ein funktionierendes System von außerökonomischen Normen und Werten angewiesen, die ihm und seinem Agieren Sinn verleihen (Gohl 2021), in der von und vorgestellten begrifflichen Fassung: ethischen Ligaturen.

Diesen Weltanschauungen gemein ist die Distanz zu jenem, was als ‚Westlich' gilt, durchaus mit unterschiedlicher Intensität: Individualisierung, Marktwirtschaft, Privatheit, das Streben nach individuellem Glück, Begrenzung der Macht des Staates, insbesondere (materieller) Konsum. Eine besondere moralische Ablehnung erfährt der Zins, denn für die Solidargemeinschaft (unabhängig, ob sozialistisch oder auf Tradition basierend), ist „Geldverleih gegen Zins [...] als Ausnutzung von Notlagen [zu] begreifen" (Hank 2007, S. 163). Diese Sichtweise verkennt jedoch, dass „der Kredit, die Verschuldung durch Beleihung von Eigentum, um investieren zu können, der Motor des Wohlstands – und damit die Eröffnung von Chancen [ist]" (Hank 2007, S. 163). Was die allgemeine Kritik am ‚Kapitalismus' übersieht, ist – wie schon Karl Popper (1992a) ausführte –, dass nur die Marktwirtschaft in der Lage ist, effizient zu wirtschaften (das Beispiel des Realsozialismus hat dies deutlich vor Augen geführt). Zudem ist die Marktwirtschaft „ein Versuchslabor, in dem sich ständig unterschiedliche Modelle und Herangehensweisen im Wettbewerb erproben müssen" (Niemietz 2021, S. 57), also ein Trial-and-Error-System zur Entwicklung tauglicher Lösungen. Dies bedeutet nicht zuletzt, dass in einem alternativen Wirtschaftssystem die Effizienzverluste (unter der Annahme gleichbleibenden Wohlstands) zu einem höheren Verbrauch an Ressourcen und einem erhöhten Ausstoß an Schadstoffen führen. Besteht das Ziel der Bestrebungen in einer Verringerung der Umwelteinwirkungen der Gesellschaft, müssen die Effizienzverluste durch ein rigoroses Verfolgen einer Suffizienzstrategie zunächst einmal kompensiert werden. Dies bedeutet zunächst einmal Wohlstandsverlust ohne positive Umweltwirkung. Auch sind die Erfolgsaussichten für eine Konsistenzstrategie in einer Marktwirtschaft höher als in alternativen Wirtschaften, da hier Anreize für Innovationen bestehen, schließlich droht die negative Sanktion bei mangelnder Innovativität aus dem Markt verdrängt zu werden (auch hier mag der Realsozialismus als Beispiel dienen, siehe etwa Kühne 2001c; Welfens 1993; allgemein zur Thematik Umweltökonomie: Cansier 1996).

Eine Weltanschauung, die in eine andere Richtung zielt, indem Optionsmaximierung bei gleichzeitiger Ligaturenminimierung präferiert wird, lässt sich im Kontext eines auf die Vorrangstellung des Ökonomischen oder gar der Expansion der ökonomischen Logik auf andere gesellschaftliche Teilsysteme (heute häufig als ‚Neoliberalismus' bezeichnet) fokussierten ökonomischen Liberalismus verorten. Mit dem Verlust der Ligaturen schwindet hier die sinngebende Komponente menschlichen Handelns; Radikalisierung (Lantermann 2016) und Aggressivität (Rosa 2019) der Gesellschaft infolge subjektiver Unsicherheitsgefühle und einer alles durchdringenden Wettbewerbsorientierung hat – so Dahrendorf (1979, S. 59) – weitreichende Folgen – auch für die Fähigkeit der Wahrnehmung von Optionen: „Die Zerstörung von Ligaturen hat menschliche Lebenschancen bis zu dem Punkt reduziert, an dem selbst Überlebenschancen wieder gefährdet sind". Auch bedeutet die Expansion ökonomischer Logik – in systemtheoretischer Terminologie – in andere gesellschaftliche Teilsysteme eine De-Differenzierung, verbunden mit dem Verlust evolutionärer Universalien (Parsons 1969, 1980), wenn etwa politische Fragen nicht mehr als politische (also als Fragen von Macht und Mehrheit), sondern ökonomisch (als Frage von Effizienz) behandelt werden, Bürger~innen als Kund~innen verstanden werden (wenngleich die Leistungen des Staates nicht substituierbar sind). Ein weiteres Problem dieses Ansatzes liegt in der Überführung relativ komplexer sozialer Verhältnisse in ein mechanistisches Weltbild der Regulierung von Knappheit gemäß Angebot und Nachfrage. Dies ist mit der (normativen) Übertragung des wissenschaftlichen Erklärungsmodells des homo oeconomicus auf das Handeln von Menschen verbunden, was eine Reduktion der Potenziale der Menschen bedeutet (Brodbeck 2014). Eine Vorrangstellung des Marktes basiert letztlich auf nicht-falsifizierbaren epistemologischen Annahmen und widerspricht dem Freiheitsgedanken (Bajohr 2020), da er die Steigerung von Optionen für Wenige mit Optionsverlusten

Vieler erkauft, also mit (ökonomischen) Ungleichheiten nicht eine Verbesserung der Situation Schlechtergestellter gegenüber einem Zustand ökonomischer Gleichheit einhergeht (Rawls 1971, 2001). Eigentum und dessen Vermehrung ist kein Wert an sich, sondern eine Konsequenz aus dem Gedanken, die Verminderung von Lebenschancen zu verhindern, indem die Verfügungsmacht über Eigentum (materielles wie geistiges) nicht zentriert wird (Bajohr 2020).

Die Geschlossenen Gesellschaften zugrunde liegenden Weltanschauungen sind stark normativ aufgeladen, schließlich bedarf es einer Distinktion gegenüber alternativen Gesellschaftsentwürfen und einer (zumeist moralischen) Bewertung der Differenz. Normative Aussagen in Bezug auf Zustände von Welt lassen sich jedoch schwerlich weder positivistisch (Stärke ist hier die Analyse, nicht die Wertung) noch konstruktivistisch (hier lassen sich lediglich verfahrensbezogene Fairnessnormen formulieren) begründen (Kühne 2019b; Kühne und Berr 2021). Insofern neigen die Geschlossenen Gesellschaften zugrunde liegenden Weltanschauungen zu Essentialisierungen, um die ihnen eigenen Änderungsbedarfe zu begründen. Dies reicht von der Konstruktion eines ‚einzigen wahren Gottes‘, über das ‚Wesen des Menschen als ein soziales‘, der ‚Vorbestimmtheit der Entwicklung der Menschheit‘, dem ‚Wesen eines Volkes‘, dem ‚überlegenen Wesen des Marktes‘, über die ‚verschiedenen Wesen des Männlichen und des Weiblichen‘, bis hin zur ‚Einheit von Mensch und Natur‘ (eine Liste, die sich fortsetzen lässt). Auch wenn diese Essentialisierungen strategisch eingesetzt sein mögen, um die Dringlichkeit des eigenen Anliegens zu formulieren (Flaßpöhler 2021), so wirken sie doch systematisch moralisch distinktiv einerseits (indem die anderen Positionen abgewertet werden), andererseits totalisierend (da nur ein Weg zum Heil anerkannt wird; siehe auch: Marcuse 1984).

4.3   Sensibilitäten und die Erzeugung impliziter Ligaturen

Die Konflikte, die aus unterschiedlichen, zur Geschlossenheit neigenden Weltanschauungen untereinander, aber auch in Bezug auf die Offene Gesellschaft resultieren, basieren – wie gezeigt – weniger auf Sachfragen, sondern vollziehen sich auf der Ebene der Werte und Identitäten. Die zunehmende Ausprägung von weltanschaulichen und Identitätskonflikten lässt sich mit Svenja Flaßpöhler (2021), anschließend an Norbert Elias (1997 [1939]), als Ergebnis eines gesellschaftlichen Zivilisationsprozesses verstehen. Dieser basiert im Wesentlichen auf einer fortschreitenden Disziplinierung (etwa in Form von Essensmanieren), bei der Fremd- in Selbstzwänge umgewandelt werden, das Individuum also Anforderungen der Gesellschaft an ein ‚triebunterdrücktes‘ Verhalten als selbstverständlich akzeptiert und seinerseits eine grundsätzliche Bereitschaft zeigt, Abweichungen anderer von den ‚verfeinerten Regeln‘ des sozialen Umgangs zu sanktionieren. Dieser Prozess hat nicht zuletzt zur Folge, dass an die Stelle der ‚Innenleitung‘ jene der ‚Außenleitung‘ tritt (Riesman 1950), mit anderen Worten, in Anlehnung an die Terminologie von Ralf Dahrendorf (Alber 2009; Dahrendorf 1979): explizite

Ligaturen wurden in implizite Ligaturen umgewandelt. Dies bedeutet, dass Ligaturen nicht mehr explizit, wie etwa jene mit religiöser Bindung, im wöchentlichen Gottesdienst allgemein aktualisiert werden, sondern dass sie im Prozess der Sozialisation angelegt und habituell verankert werden. Mit der Implizierung erfolgt auch eine moralische Normalisierung. Eine Prüfung anhand ethischer Ligaturen erfolgt fortan lediglich dann, wenn ein Widerspruch zu den impliziten Ligaturen erfolgt, der nicht als ‚typische Abweichung' gerahmt werden kann, sondern eine bewusste Hinterfragung der Konstruktion von Normalität und gegebenenfalls deren moralische Absicherung notwendig macht (vgl. Goode 2019; Peuckert 2006). Die Implizierung hat aber auch eine andere Folge: Im Verein mit der angesprochenen Monadisierung (als einer Pluralisierung weitgehend geschlossener Mikro-Diskurse) wird die Außengeleitetheit ausgeklammert, moralische Urteile werden als Ausdruck eigener Authentizität verstanden und sozial kommuniziert. Den Drang nach Authentizität sieht Flaßpöhler (2021) in Anschluss an Helmuth Plessner (1924) insbesondere in Deutschland verbreitet, wo in der Frühen Neuzeit wirtschaftliche Krisen und konfessionelle Kriege den zivilisatorischen Aufschwung verhindert hätten, und in Deutschland somit bis heute daran ein Mangel herrsche: „Die Kultur des Höfischen, die Kunst der Maskerade und der Verstellung, fehlt den deutsche Authentizitätsfanatikern, die sich unentwegt ihrer Wurzeln versichern und das gemeinschaftliche Zusammenrücken als Errungenschaft feiern" (Flaßpöhler 2021, S. 111).

Diese Kunst der Maskerade und der Verstellung scheint demnach im Widerspruch zu einem Verständnis von Authentizität im Sinne von ‚Wahrhaftigkeit' zu stehen und über diese Konnotation sogar zum Begriff der ‚Wahrheit'. Das ‚Wahre' bzw. ‚Wahrheit' wird traditionell im Rahmen der ‚Korrespondenztheorie der Wahrheit' (vgl. exemplarisch Gloy 2004) als „Übereinstimmung der Erkenntnis mit ihrem Gegenstande" (Kant 1959 [1781], B 82) aufgefasst (s. Abschn. 3.3.6). Dieses Wahrheitsverständnis kann auch als ‚Richtigkeit' besagter Übereinstimmung bezeichnet werden (Hegel 1970 [1830]; Heidegger 1975). ‚Wahrheit' kann aber auch als „Übereinstimmung eines Inhalts mit sich selbst" (Hegel 1970, S. 85), d. h. als Übereinstimmung eines Gegenstandes mit seinem Begriff aufgefasst werden. So „spricht man z. B. von einem *wahren* Freund und versteht darunter einen solchen, dessen Handlungsweise dem Begriff der Freundschaft gemäß ist" (Hegel 1970 [1830], S. 85; Hervorhebung im Original), das heißt, im Sinne einer Idealvorstellung von etwas ‚Wahrem' oder ‚Wahrhaftigem', an der etwas faktisch Vorhandenes gemessen werden kann. So wird auch von einer ‚wahren Landschaft' (vgl. Kühne 2018f, S. 50) gesprochen, wenn eine faktisch vorhandene Landschaft beispielsweise an der traditionellen Idealvorstellung von ‚Arkadien' (vgl. Berr 2019b) gemessen wird (Berr 2020b). Dieses Vorgehen ist problematisch, weil es sich dabei um eine Verwechslung von „Objektivität und Wahrheit" (Habermas 1995b, S. 151–154) handelt. Im Falle der Wahrnehmung von ‚Landschaft' heißt das: „Landschaft wird als Gegenstand konstruiert. Durch diese gegenständliche Konstruktion wird die […] Zuschreibung als ‚wahr' möglich" (Kühne 2018f, S. 50). Gegen ein solches Maßnehmen der Wirklichkeit an Begriffssemantiken ist pauschal nichts einzuwenden, solange das Kriterium des Maßnehmens nicht als unveränderliche Merkmalskombination ‚wesentlicher' Eigenschaften, also ‚essentialistisch' aufgefasst wird (vgl. Kühne und Berr 2021, S. 69). Denn auch Begriffe unterliegen einem ständi gen Wandel, mit dem sich beispielsweise die ‚Historische Semantik' (vgl. Koselleck 1979; Müller und Schmieder 2016; Riecke 2011) beschäftigt.

Dieses Wahrheitsverständnis im Sinne der Übereinstimmung eines Gegenstandes mit seinem Begriff rückt die ‚wahre' Vorstellung von etwas zudem in die semantische Nähe zum Begriff ‚Authentizität' im Sinne von ‚Echtheit' oder ‚Wahrhaftigkeit'. Begriffsgeschichtlich leitet sich ‚authentisch' vom altgriechischen ‚aùthentes' ab, was so viel wie „Herr, Gewalthaber, jemand, der etwas mit eigener Hand, dann auch aus eigener Gewalt vollbringt, so auch Urheber" bedeutet (Röttgers und Fabian 2019, Spalte 691). Im 20. Jahrhundert gelangt der Begriff nach einigen Begriffsverschiebungen, vermittelt über Heideggers Begriff der ‚Eigentlichkeit' (Heidegger 1993 [1927]), in die Existenzphilosophie und wird hier synonym zu ‚eigentlich' verwendet – und zwar sowohl im Hinblick auf menschliche Haltungen als auch auf menschliche Produkte (Röttgers und Fabian 2019). Insofern kann von einem ‚authentischen Freund' und einer ‚authentischen Persönlichkeit' ebenso gesprochen werden wie von einem ‚wahren' (Hegel 1970) oder ‚authentischen Kunstwerk' (Marcuse 1968) oder einer ‚wahren Landschaft' (Berr 2020b; Dollinger 2013; Kühne 2018f).

Ähnlich wie die Existenzphilosophie stellt auch die gegenwärtig fortdauernde Renaissance der ‚Lebenskunst' ein autonomes Individuum in den Mittelpunkt, das nicht nur am Vorbild des ‚heroischen Individuums' sich selbst ‚erschaffen' kann (Kersting 2007, S. 15), sondern auch ‚authentisch' im Sinne von Originalität, identitätsorientierter Selbstfindung, Ungekünsteltheit oder Aufrichtigkeit sein soll. In diesem ‚existenzästhetischen' (Foucault 1988, 1989) Kontext kommt das harmonikale Schönheitsverständnis zum Vorschein (s. Abschn. 3.3.2), wonach das ‚Schöne' als das Harmonische auch das ‚Authentische' oder ‚Wahrhaftige' sein kann. Im Alltag werden etwa Menschen, die eine gewisse Authentizität oder Wahrhaftigkeit im angesprochenen Sinn ausstrahlen, als ‚schön' empfunden. Diese Bestimmung findet sich sinngemäß bei Habermas, der sie auf einen je möglichen „Sprecher" bezieht, der sie „für die Äußerung der ihm privilegiert zugänglichen subjektiven Erlebnisse beansprucht" (Habermas 1995a, S. 412) – und zwar als Zusammenstimmung von äußerem Auftreten und innerem Motiv (Habermas 1995a, S. 411). Daher ordnet Habermas ‚Wahrhaftigkeit' auch dem Handlungstypus des ‚dramaturgischen Handelns' mit ‚expressiver Grundeinstellung' zu (Habermas 1995a, S. 439) – also der ästhetischen Sphäre des Theaters und der Schauspieler. Diese Sphäre scheint im Übrigen der angemessene Kontext eines Verständnisses von ‚Authentizität' zu sein. Insbesondere mit Blick auf Selbstoptimierungszwänge in der Arbeitswelt, in Freizeit und privatem Umfeld (Duttweiler 2016; Felden 2020; Gugutzer 2013; Wagner 2017) wird immer deutlicher, dass und wie ein missverstandenes Verständnis von ‚Authentizität' in die Irre führen kann: „Von allen Seiten dazu angehalten, sich offen für die psychischen Impulse einer authentischen Selbstfindung zu zeigen, bleibt den Subjekten nur die Alternative zwischen vorgespielter Authentizität oder

Flucht in die depressive Erkrankung, zwischen aus strategischen Gründen inszenierter Originalität und krankhafter Verstummung" (Honneth 2002, S. 156).

Stattdessen kann und sollte Authentizität als *spielerische* Selbstdarstellung betrachtet werden, als eine der bewusst oder unbewusst angewendeten individuellen Strategien von Personen, sich selbst in sozialen Welten darzustellen und kommunikativ und interaktiv zu bestehen. Die simple Tatsache, dass wir alle ‚Theater spielen', hat mustergültig und wirkungsgeschichtlich nachhaltig Erving Goffmann exemplifiziert und theoretisch erklärt (Goffman 2011 [1959]). Zu diesem Spiel gehört auch das Spiel mit der traditionellen Unterscheidung von (‚wahrem') Sein und (‚falschem') Schein, die, angewendet auf ‚Authentizität', ebendieser ‚Echtheit', ‚Wahrhaftigkeit', ‚wahre' und ‚ehrliche' Gefühle, Empfindungen und Gesinnungen attestiert, der Verstellung, dem Schauspielern, der Täuschung hingegen Immoralität, Verworfenheit und Falschheit. Den „Aposteln unbedingter Wahrhaftigkeit" ist daher die „Freiheit des Scheins in der Verstellung" (Prange 2007, S. 17) ein Dorn im Auge. Sie erheben eine „unvermittelte Subjektivität", und zwar „das ‚Selbst' in seiner vermeintlichen Natürlichkeit zum Maßstab verbindlicher Orientierung", und erweisen sich damit als „eine Variante des Fundamentalismus" (Prange 2007, S. 18). Sie ignorieren den ‚schönen Schein' als „Möglichkeit zur Verstellung", der „die Freiheit erst möglich macht" (Prange 2007, S. 17). Lebenserfahrungen und die Geschichte kennen zahllose Beispiele für die ‚Freiheit des Scheins in der Verstellung', sie reichen von Höflichkeit, Komplimenten und Takt bis hin zu vielen Beispielen politischer Dissidenten im Umgang mit Herrschaft. Es sei daher – so Klaus Prange – „nicht auszudenken, was geschähe, würde der allenthalben grassierenden Sehnsucht nach Echtheit und Authentizität nachgegeben. Wir wären schutzlos den Gefühlen und Ansichten unserer Artgenossen ausgeliefert. Täuschung und Verstellung, nicht demonstrativ zur Schau gestellte Unerschütterlichkeit der Gesinnung, sind probate Mittel einer sozialverträglichen Freiheit" (Prange 2007, S. 17). Das Spiel lautet dann nicht ‚wahres Sein und falscher Schein', sondern gerade umgekehrt ‚Wahrer Schein und falsches Sein' (Prange 2007).

Wie beispielsweise ‚passive Sensibilität' diese ‚sozialverträgliche Freiheit' und damit eine Annäherung an gesellschaftliche Umwelt erschwert oder untergräbt, erweisen die weiteren Überlegungen von Flaßpöhler (2021). Die öffentliche identitätspolitische Kommunikation lässt sich als eine Kommunikation verstehen, die auf passive Sensibilitäten gründet. Während sich aktive Sensibilität „in einem moralischen Sinne empfindsam auf die Welt ausrichtet" (Flaßpöhler 2021, S. 16), also Mitmenschen im Besonderen, fühlenden Wesen im Allgemeinen, mit Empathie zu begegnen, reagiert passive Sensibilität auf die Außenwelt. Sie umfasst Rührung, wird aber überwiegend „im Sinne von Weinerlichkeit, Überspanntheit auch (etwa bei Thomas von Aquin) sexueller Willfährigkeit" (Flaßpöhler 2021, S. 17) verstanden. In aktuellen gesellschaftspolitischen Diskussionen wird auf der einen Seite also passiv-sensibel auf gesellschaftliche Transformationen (etwa bei gendergerechter Sprache) von „gezielter Hassrede oder auch konkreter physischer Gewalt" (Flaßpöhler 2021, S. 17) reagiert, während die andere Seite passiv-sensibel reagiert, „wenn ihre Vorstellung von gesellschaftlichem

Fortschritt hinterfragt wird, was mitunter zu systematischen Boykotts von Personen, gar zu Kündigungen führt" (Flaßpöhler 2021, S. 17). Beide passiven Sensibilitäten gründen dabei auf inversen Zuschreibungen von Utopie und Dystopie, wobei der eigenen Vorstellung jeweils nicht nur eine universelle Verallgemeinerung zugesprochen wird, sondern eine quasi unhintergehbare Evidenz und moralische Überlegenheit. Die Fokussierung der Kommunikation im Modus der passiven Sensibilität wiederum erschwert eine aktiv-sensible Annäherung an die gesellschaftliche Umwelt, schließlich bedeutet sie eine Infantilisierung, die nicht zuletzt – so Pfaller (2018) – mit einer Ent-solidarisierung der Gesellschaft verbunden ist: „Anstatt wie erwachsene Menschen das Allgemeine in Auge zu behalten und sich zusammenzuschließen, wollen die empfindlich Gemachten nur noch ihre eigenen Besorgnisse bevorzugt behandelt oder wertgeschätzt sehen" (Pfaller 2018, S. 10). Die Konstruktion von Sensibilitäten zwischen den Welten 2 und 3 variiert dabei mit dem Ausmaß der Bedrohung (eigens aus Welt 1): Je größer diese Bedrohung ist, desto größer wird auch die Toleranz gegenüber Gefahren, nimmt diese ab, schwindet auch die Toleranz. Dies hat zur Folge, dass „Menschen, je sicherer sie leben, desto ängstlicher auf Restrisiken reagieren" (Bolz 2020, S. 66), eine Beobachtung, die auf Alexis de Tocqueville zurückgeht: Je gleichberechtigter eine Gesellschaft ist, desto stärker nehmen ihre Sensibilitäten für (verbliebene) Unterschiede der Berechtigung zu (so genanntes „Tocqueville-Paradox"; Elster 2009; Flaßpöhler 2021), allgemeiner gefasst: die Trennung zwischen gerecht und ungerecht wie die Trennung zwischen Glück und Unglück, sind nicht natürlich gegeben, sondern politisch erzeugt (Shklar 1990). Dies bedeutet nichts anderes als die soziale und historische Kontextabhängigkeit der Konstruktion von Grausamkeit.

Da Gefahren außerhalb der Welt 2 verortet werden, diese Welt 2 als Kern des Authentischen auch hinsichtlich der (zumeist sozial präformierten) Definition von Deutungen, Kategorisierungen und Wertungen nicht hinterfragt wird, wird die Abwendung von Gefahren externalisiert. Sie wird in Form von externen moralischen Ligaturen anderen Menschen überantwortet, im Zweifel generalisiert ‚der Gesell-schaft' zugewiesen. Neben dieser Verallgemeinerung individueller oder monadischer, also diskursgemeinschaftlicher moralischer Erwartungen an die ganze Gesellschaft erfolgt auch deren zeitliche Überdehnung: Sie wird sowohl auf die Vergangenheit aus-gedehnt als auch auf die Zukunft (s. auch Berr 2022b und Abschn. 2.4). Die Ausdehnung auf die Vergangenheit hat zur Folge, dass das Handeln von Menschen nicht an den damaligen moralischen oder ethischen Standards bemessen wird, sondern den jeweils partikularen der Gegenwart. Als institutioneller Ausdruck dieser Überdehnung lässt sich das Bemühen um weitreichende Straßenumbenennungen verstehen, unabhängig von einer zeitlichen Kontextualisierung mit den moralischen Standards der Zeit des Lebens der namensgebenden Personen, aber auch der Zeit der Namensgebung der Straßen, ins-besondere aber der ursprünglichen Funktion des Systems von Straßennamen und Haus-nummern, nämlich der Erleichterung der Orientierung für Nicht-Ortsansässige und der eindeutigen Verortbarkeit von Gebäuden (Häußermann und Siebel 1996, 2004). Die zeit-liche Überdehnung externer moralischer Ligaturen in die Zukunft wiederum bedeutet nicht zuletzt eine Paternalisierung künftiger Generationen, schließlich wird implizit angenommen, aktuell den Höhepunkt moralischer Reife erlangt zu haben, der fürderhin dauerhaft gelten werde.

4.4   Intendierte und nichtintendierte Folgen und Implikationen der Bestrebungen der Schließung von Gesellschaften

Die im Vorangegangenen dargestellten Beispiele zeigen nicht zuletzt, wie deutlich Weltanschauungen, die nicht allein von der Offenen Gesellschaft abrücken, sondern sie sogar aktiv bekämpfen, die Schaffung eines ‚neuen Menschen‘ erstreben, in ihrer Umsetzbarkeit letztlich vom Erfolg dieser Bestrebungen abhängen. Bei diesen ‚neuen Menschen‘ handelt es sich dabei letztlich um ‚eindimensionale Menschen‘ (in Anlehnung an Marcuse 1964), die (nahezu ausschließlich) auf eine Funktion hin ausgerichtet sind, ob auf zweckrationale wirtschaftliche Optimierung (‚homo oeconomicus‘), Klimaneutralität (‚homo oecologicus‘), für den Sozialismus (‚neuer sozialistischer Mensch‘), religiösen Eifer (u. a. ‚Gotteskrieger‘), auf ‚Verteidigung der Einheit der Rasse‘ etc. Diese Eindimensionalität, auch zu verstehen als Totalität weniger moralischer Ligaturen, ist wiederum mit Nebenfolgen verbunden, etwa dem völligen Verlust an Optionen, damit auch an individueller Freiheit und Verantwortung, schließlich sind diese an eine abwägende Entscheidung zwischen Optionen gebunden. Mehrdimensionalität erzwingt, begründet zu entscheiden, zwischen Alternativen abzuwägen, Folgen und Nebenfolgen zu bedenken. Eindimensionalität ist aber noch mit weiteren Konsequenzen verbunden: Lustfeindlichkeit und Humorlosigkeit (Kühne et al. 2021), denn beides ist an Optionen und deren Reflexion gebunden. Die einzige Lust, die dem eindimensionalem Menschen bleibt, ist jene, die er aus der eigenen Reinheit und Überlegenheit ziehen kann, zum Lachen bringt ihn maximal die Schadenfreude, die aus dem Scheitern jener erwächst, die nicht den eigenen überlegenen Zustand erreicht haben (Kühne et al. 2021).

Weit verbreitet in Reihen jener, die die Offene Gesellschaft offen bekämpfen oder zumindest ihre Erosion billigend in Kauf nehmen, ist die Missbilligung von Expertise, was bemerkenswerterweise ‚linke‘ wie ‚rechte‘ Positionen eint, wenngleich das Niveau der Differenziertheit der Auseinandersetzung mit Expert~innentum deutlich wird: Wird auf der einen (eher ‚linken‘ Seite) die damit verbundene Möglichkeit der gesellschaftlichen Implementierung insbesondere ‚Daten setzender Macht‘ (Popitz 1992), häufig in Form der Kritik des Vertrauens in technische Lösungen von Herausforderungen (Bogner 2021), dekonstruiert und stattdessen eine umfassende Ermächtigung der ‚Mindermächtigen‘ (Paris 2005) gefordert (exemplarisch die ‚Kritische Kartographie‘: Crampton und Krygier 2005; Kim 2015), um diesen ‚Hoffnung‘ zu geben (exemplarisch: Blomley 2007), was den Widerspruch der eigenen Position als wissenschaftlich Gebildete in der Gesellschaft impliziert (das aber nur am Rande, ausführlicher, ebenfalls zur Kartographie: Kühne 2021a), beschränkt sich die andere (‚rechte‘) Seite weitgehend auf die Konstruktion und Verbreitung von Verschwörungstheorien, die durch den Verweis auf allseitige (außerhalb des eigenen Diskurses) Verschwörung gegen Falsifizierung immunisiert sind. Häufig ist diese Form der Expertenkritik nicht zuletzt auch „ein Aufstand gegen den Paternalismus, den die politischen und gesellschaftlichen Eliten gegenüber den vermeintlich unaufgeklärten Bürgern praktizieren" (Ackermann 2020, S. 131), eine Form der Setzung (moralischer) Ligaturen, die als Beschränkung der eigenen Lebenschancen wahrgenommen wird. Die vielgestaltige Leugnung der Gültigkeit von wissenschaftlichem Wissen und eines Konsenses darüber, dass dieses eine zentrale Grundlage gesellschaftlichen Handelns ist, lässt sich als „Aufstand gegen das rationalistische Weltbild" (Bogner 2021, S. 102) zugunsten einer Wahrheitskonstruktion verstehen, die sich auf das subjektiv Wahrgenommene und Konkrete stützt und letztlich schlechterdings bestenfalls eine anekdotische Evidenz aufweist. Diese Sehnsucht nach dem Vertrautem, dem Sicheren und Verlässlichen lässt sich als Reaktion auf die Herausforderungen ökonomischer, aber auch politischer, sozialer, kultureller wie auch – wie der anthropogene Klimawandel zeigt – ökologischer Globalisierung deuten, begleitet von dem Aufstieg eines „antikommunitaristische[n] Kosmopolitismus" (Nida-Rümelin 2020, S. 63), mit gleichzeitiger Wahrnehmung einer Entwertung des Nationalen, des Besonderen, des Lokalen, der heimatlichen Verwurzelung etc. (unter vielen: Bauman 1997; Beck 1997; Kühne und Spellerberg 2010; Nida-Rümelin 2020; Strenger 2019), repräsentiert durch eine ‚globale Klasse' (Dahrendorf 2000), ausgestattet mit einem hohen Bestand symbolischen Kapitals stets auf der Suche nach Optionen, aber einer geringen Bereitschaft, sich Ligaturen (welcher Art auch immer zu unterwerfen; Engler 2021). Verschwörungstheorien lassen sich auch als ‚dunkle Seite der Aufklärung' verstehen, sie kompensieren ein Sinndefizit, das durch die ‚Entzauberung der Welt' (Weber 1988) entstand (Popper 1963), indem an religiösen Erklärungsmustern die Rückführung auf einen ‚gelenkten Plan' vollzogen wird, verbunden mit dem Versuch der Vernichtung von Kontingenzen. Die Neigung, Verschwörungstheorien anzuhängen, findet sich bei einer Untersuchung in insgesamt 26 Staaten insbesondere bei Personen, die in Opposition zu der Regierung stehen, sie nimmt dabei zu den Extremen, hier eines bipolar gedachten politischen Spektrums zu, wenngleich die ‚Verschwörungsmentalität' auf der ‚rechten' Seite stärker als auf der ‚linken' Seite ausgeprägt ist (Imhoff et al. 2022). Dies bedeutet im Umkehrschluss: Da in jenen Staaten, die sich am Leitbild einer Offenen Gesellschaft orientieren, die Anhänger Geschlossener Gesellschaften in der Opposition sind, hier – jenseits der in den jeweiligen Weltanschauungen angelegten verschwörungstheoretischen Implikationen – eine besondere Neigung dazu herrscht, Verschwörungstheorien anzuhängen.

Der digitale Wandel der Öffentlichkeit kann zwar durch die weitgehende Abrufbarkeit (wissenschaftlichen Wissens, etwa durch Open Access) auch zur Überprüfung von eigenen Hypothesen herangezogen werden, sie hat allerdings auch „Deprofessionalisierungstendenzen in Gang gesetzt: Jeder kann und weiß alles, jeder ist Autor und bastelt sich sein Weltbild zusammen, das er sich in seiner Community permanent bestätigen lassen kann" (Ackermann 2020, S. 36; ähnlich auch: Nida-Rümelin 2020). Dieses

Ungemach der Echokammern mit den dort produzierten Weltbildern beschränkt sich nicht auf „rechtspopulistische Aktivisten, die Diskurse mit ihren Einlassungen vergiften und die Grenzen der Meinungsfreiheit sprengten" (Ackermann 2020, S. 46), sondern auch die Verletzung ‚linker Befindlichkeiten', die durchaus sorgsam kultiviert werden (Flaßpöhler 2021; Fourest 2020), kann zu einem ausgeprägten ‚Shitstorm' führen (Ackermann 2020), beides mit Folgen von Verengungen auf unverfängliche Themen (von denen es immer weniger gibt, denn selbst Wetter und Fußball unterliegen der Politisierung und Moralisierung), dem Rückzug ehemaliger oder der Zurückhaltung potenzieller ‚öffentlicher Intellektueller', die in der Lage sind, Zusammenhänge in einem weiteren Kontext einzuordnen, jenseits eines sehr begrenzten Fachgebietes und auch jenseits des Vortrags von ‚Fakten' (Ackermann 2016, 2020; Bogner 2021; Dahrendorf 2005, 2008; Meifort 2019). Der Weg in die harmonistische Utopie führt eben über den Weg der (moralisch Motivierten) Intoleranz gegenüber den aus der eigenen Weltanschauung heraus ‚Anderen' unter – zumindest Inkaufnahme – der Zunahme an Intensität und Brutalität von Konflikten, wobei eine Eskalation des Konfliktes durch die ‚Anderen' einer moralischen Verurteilung unterliegt (siehe in diesem Zusammenhang: Ackermann 2020; Bussemer 2011; Kühne 2020a; Reusswig et al. 2016; Reusswig 2019; Walter et al. 2013; Weber et al. 2018).

An die Stelle des Bemühens um Nachvollzug alternativer Sichtweisen und deren Akzeptanz erfolgt – wie oben angesprochen – deren moralische Unterordnung, Pathologisierung und letztlich der Ausschluss aus dem Diskurs. Diese Exklusion wiederum folgt der jeweiligen Eigenlogik des Diskurses: Bei sozialistischen Diskursen ist es das falsche Bewusstsein (ein Ausschluss, den auch Vertreter anderer sozialistischer Bekenntnisse treffen kann), beim religiösen Fundamentalismus gilt dies für den ‚Unglauben' (auch dies betrifft nicht nur Atheisten und Agnostiker, sondern auch Personen, die einer alternativen Deutung der eigenen Religion folgen), beim Ökologismus trifft es jene, die alternative Nachhaltigkeitsziele verfolgen (etwa Effizienz und Konsistenz statt Suffizienz) oder ihren Lebensstil nicht völlig ‚der guten Sache' angepasst haben (etwa Fleischkonsum verringert haben, aber nicht vegan leben), beim Ökonomismus/ Libertarianismus genügt es, Bedenken zu äußern, dass möglicherweise Marktregelungen unintendierte ökologische Nebenfolgen produzieren, dem Faschismus genügt eigentlich alles, was als ‚anders' etikettiert zum Ausschluss (von Hautfarbe bis ‚Schwäche'), jenen, die auf die Allmacht der Wissenschaft (gemeint ist dabei eine ‚reine' Naturwissenschaft, die nahe am Bild des Neopositivismus oder logischen Empirismus orientiert ist) vertrauen, sind bereits jene verdächtig, die auch qualitativen Methoden vertrauen (umgekehrt steht der Vorwurf des Szientifismus im Raum; vgl. Strohschneider 2020). Utopisten – welcher Richtung auch immer – ist mit ihrem Bekenntnispathos einer Überordnung von Moral über andere gesellschaftliche Logiken die Diskreditierung abweichender Verständnisse von Welt eigen: „Die Position der Moralisten ist nicht verhandelbar. Es wird nicht mehr über Inhalte debattiert, sondern ob die Argumente erlaubt sind oder nicht" (Luft 2019, S. 218). Und damit um die nach Exklusivität strebende Hoheit der Deutung über Welt (Kostner 2019b; Luft 2019). Dabei nimmt die eigene (totalisierende) Weltanschauung mittels moralischer Selbstüberhöhung häufig eine (quasi-)religiöse Bedeutung an, sie wird zum zentralen Bezugspunkt des eigenen Handelns und der verallgemeinerten Handlungserwartung an andere (im Sinne innen- und außengerichteter moralischer Ligaturen; vgl. auch Bolz 2020, 2021).

Die Kritik an der Demokratie, sie sei mit der Bewältigung der großen Herausforderungen der Gegenwart überfordert, ist ein Spiel mit den um ein vielfach höheren Risiken der Geschlossenen Gesellschaften (Müller-Salo 2020b). Dies gilt insbesondere deswegen, weil die in den vergangenen Jahrzehnten erprobten Geschlossenen Gesellschaftssystem den Nachweis schuldig geblieben sind, Herausforderungen von modernen Gesellschaften (und ihren Nebenfolgen) auch nur ansatzweise bewältigen zu können, dies betrifft nicht allein die Staaten, in denen der Sozialismus erprobt wurde, sondern auch Staaten, die sich an der Operationalisierung ‚göttlicher Gebote‘ versuchten. Alle diese Versuche enden (bzw. endeten) in einer De-Differenzierung der jeweiligen Gesellschaft und kosteten zahllosen Menschen das Leben, unterdrückten das ‚andere‘, ob jene, die ein ‚falsches Bewusstsein‘ haben oder hatten, das ‚falsche Geschlecht‘ oder ‚falsche sexuelle Orientierung‘ etc. (die Liste ließe sich fortsetzen).

4.5   Strukturelle Gemeinsamkeiten utopistischer Ideen

Die unterschiedlichen utopistischen, eine Offene Gesellschaft ablehnenden oder zumindest ihre Gefährdung in Kauf nehmenden Weltanschauungen haben zwar teilweise schwer vereinbare gesellschaftliche Zielvorstellungen, sie weisen allerdings strukturelle Ähnlichkeiten auf. Zum einen weisen sie eine ausgeprägte Asymmetrie hinsichtlich (unintendierter) Nebenfolgen auf, während diese in Bezug auf alternative Weltanschauungen und deren Umsetzungen (bzw. Umsetzungsversuchen) hochgradig sensibel sind, werden diese Nebenfolgen bei der eigenen Weltanschauung entweder ausgeblendet oder – sind diese nicht ausblendbar, wie etwa beim Realsozialismus – weltanschaulich externalisiert – wie beispielsweise der Realsozialismus diskursiv als ‚außersozialistisch‘ ausgeschlossen wird. Zum anderen ist für Weltanschauungen, die zur Geschlossenheit tendieren, für die Umsetzung ein Dreischritt charakteristisch:

- Schritt eins besteht in der Formierung einer ‚weltanschaulichen Elite‘, also jenen, die für sich in Anspruch nehmen, sie wüssten, wie die Zukunft der Gesellschaft gestaltet sein müsse, ob dies nun religiös in Form eines ‚Gottesstaates‘, einer kommunistischen ‚klassenlosen Gesellschaft‘ oder in anderer Weise besteht. Die Mitglieder der ‚weltanschaulichen Elite‘ fungieren in dieser Phase als ‚moral entrepreneurs‘ (Becker 1963), indem sie aktiv an der Änderung aktueller Normen arbeiten. In der Terminologie in Anschluss an Ralf Dahrendorf: in Abgrenzung zu bestehenden außengeleiteten moralischen Ligaturen werden neue (innengeleitete) Optionen formuliert. Da ein allgemeines Folgen erwartet wird, werden diese Ligaturen explizit vorgetragen

- Schritt zwei, die Optionen werden – zur Sicherung von Privilegien – in moralische Ligaturen überführt. Die von einer ‚weltanschaulichen Elite‘ vorgegebenen moralischen Ligaturen wirken nun in Form einer (erzwungenen) Katharsis der ‚weltanschaulich Fehlgeleiteten‘, also aller jener, die nicht der ‚weltanschaulichen Elite‘ angehören. Legitimiert wird dies moralisch in der Regel mit ‚Schuld‘, unabhängig davon, dass es „keine oder allenfalls sehr lose Kopplung zwischen persönlicher Verantwortung und eingeforderten Kompensationsleistungen gibt" (Kostner 2019b, S. 30; hier für das Beispiel linker Identitätspolitik, aber auch zutreffend für die meisten utopistischen Entwürfe, siehe auch Lotter 2019). Die ‚moral entrepreneurs‘ (Becker 1963) überwachen nun die Einhaltung der geänderten Normen. Auch in dieser Phase dominiert zur Verdeutlichung der ‚neuen Normalität‘ eine Explikation der Grenze zur Devianz von den durchzusetzenden moralischen Ligaturen.
- Schritt drei besteht – nach vollzogener allgemeiner Katharsis – in dem Erreichen der Utopie. Da in dieser Phase soziale Devianz durch vollständige Internalisierung von Normen geprägt sein sollte, entfielen die Aufgaben der ‚moral entrepreneurs‘ (Becker 1963). Explizite Ligaturen werden in implizite überführt, die ‚neue Normalität‘ ist durchgesetzt. Dieser utopistische Zustand wäre durch die Entdifferenzierung von moralischen und ethischen Ligaturen sowie Optionen geprägt. Jeder Mensch täte dies, was von ihm erwartet wird, ohne dies als Zwang zu empfinden, sondern vielmehr als Verwirklichung einer Option.

Diese beiden Muster sind der Offenen Gesellschaft fremd: Die Offene Gesellschaft ist konstitutiv an Selbstkritik gebunden, nur durch Selbstkritik ist sie in der Lage, neue und taugliche Lösungen für konkrete Herausforderungen zu finden. In anderen Worten: Sie verfügt über ethische Ligaturen mit denen die Angemessenheit moralischer Ligaturen hinterfragt werden kann und wird, um so Optionen zu wahren und zu ermöglichen. Durch ihr inkrementelles Vorgehen der ständigen Selbstevaluation, im Verein mit ihrem Verzicht auf ‚Finalitätsmythen‘, wird weder eine Katharsiserwartung an andere gerichtet, noch wird ein umfassender gesellschaftlicher Führungsanspruch einer ‚weltanschaulichen Elite‘ formuliert. Im Sinne einer Offenen Gesellschaft sind alle drei Schritte problematisch: Schritt eins, weil die Legitimation des Auftrags der ‚weltanschaulichen Eliten‘ sich nicht aus Partizipation der Bürgerinnen und Bürger ableitet, sondern auf der Utopie beruht, Schritt zwei, weil eine Katharsis ein individueller (und freiwilliger) Prozess ist, keine erzwungene Assimilation an eigentlich nicht akzeptierte oktroyierte Normen, zudem – hier wirken die empirischen Beispiele von Faschismus, Stalinismus und Dschihadismus besonders abschreckend – wird der Sinn der Katharsis (der anderen) mit Ausbleiben des Eintritts des utopischen Zustands kritisch hinterfragt, während die ‚weltanschauliche Elite‘ Geschmack an dem „berauschenden Gefühl der Allmacht" (Ignatow 1985, S. 15) findet und mit repressiver Härte gegen ‚Katharsisverweigerer‘ vorgeht. Der dritte Schritt der Umsetzung der Utopie – bislang noch nie erprobt, der Übergang zum Erreichen ‚der utopischen Situation‘ würde dann das moralische Gefälle und damit die distinktive Überordnung der ‚Eliten‘ untergraben – wird aus Sicht der Idee der Offenen Gesellschaft deswegen abgelehnt, weil die utopische Gesellschaft stets eine Gesellschaft ist, die sich nicht mehr entwickelt, weil sie den gesellschaftlichen Klimaxzustand nun erreicht hat. Die Tätigkeit der ‚moralischen entrepreneure‘ basiert dabei auf der Einschüchterung von Menschen, jenseits des Rahmens „bekannter und anerkannter Rechtsverfahren“ (Shklar 2020, S. 48), mit dem Ziel, diese Rechtsverfahren gemäß eigener moralischer Vorstellungen zu verändern, um so eine Anerkennung dieser Standards gesellschaftlich zu erzwingen. Dabei geht es gemeinhin weniger um eine Verschiebung der Grenze zwischen gerecht und ungerecht (Shklar 1990; ausführlicher: Walzer 2020), die historisch immer wieder vollzogen wurde (etwa im Kontext der Entkriminalisierung von Homosexualität), sondern durch deren Neudefinition (etwa das Ziel der Abschaffung des Rechts auf Eigentum an Produktionsmitteln).

Die kommunikative Verbreitung utopistischer Konstrukte bedient sich dabei häufig populistischer Argumentation. Populismen, gleich welcher Art, lassen sich mit Strohschneider (2020, S. 54) folgendermaßen bestimmen: Erstens, als „das antipluralistische Konzept eines ethnisch-kulturessentialistisch geschlossenen, homogenen Souveräns, zweitens [als] die Vorbehaltlosigkeit seines im populistischen Führer metonymisch manifesten Willens sowie drittens [als] dessen Befreiung aus konstitutioneller Bindung als Akt einer vermeintlich ‚wahren‘ Demokratisierung, die zugleich im Besitz höherer Wahrheit und deswegen substanziell gehaltvoll anstatt bloß prozedural legitimiert ist“. Diese drei Bestimmungen kommen – wie in diesem Kapitel deutlich wurde – in unterschiedlichen Intensitäten vor, so sind ‚rechtsgerichtet‘ eher die Sehnsucht nach Führung eigen, ‚linksgerichtet‘ eher die ‚wahre Demokratisierung‘. Insgesamt lässt sich dieses Verständnis aber auch den oben herausgearbeiteten Schritten der Utopismen differenziert zuordnen: Voraussetzung von Schritt 1 (Formierung der ‚weltanschaulichen Elite‘) ist die Konstruktion der ‚wahren Gemeinschaft‘ gegen die ‚moralisch verkommenen Privilegierten‘, auf dem Weg zu Schritt 3 (Umsetzung der Utopie, etwa der ‚wahren Demokratie‘), müssen ‚die weltanschaulichen Eliten‘ (oder ‚Führer‘) die Katharsis der ‚Unerleuchteten‘ gestalten. Ein Katharsis ist dabei an Entbehrungen gebunden, somit stehen utopistische Entwürfe „im puritanischen Kampf gegen alles, was das Leben genussvoll macht“ (Bolz 2021, S. 166). Die Selektivität der Verzichtserwartung, der vielfach die ‚weltanschauliche Elite‘ ausschließt, wurde bereits hinreichend thematisiert, nicht zuletzt eindrücklich in George Orwells Fabel ‚Animal Farm‘ (Orwell 2008 [1945]).

4.6 Der Weg der Offenen Gesellschaft zwischen den Verlockungen der Skylla der ‚totalen Öffentlichkeit‘ und der Charybdis der ‚Befreiung‘ von den Verschwörungen

Der Prozess des Projektes der Offenen Gesellschaft ist kein Selbstläufer: „Die meisten Freiheitstheoretiker sind davon ausgegangen, dass die Menschen von sich aus nach Freiheit streben. Sie haben nicht mit der Apathie der Menschen gerechnet“ (Dahrendorf 2007b, S. 37). Anstelle der Suche nach Optionen und der Verantwortung für Entscheidungen für und zwischen Optionen erscheint vielen Menschen Komplexitäts-reduktion mittels des Strebens nach Eindeutigkeit und Reinheit gefordert, verbunden mit der Inkaufnahme (vielleicht auch des Strebens) nach allgemeinverbindlichen moralischen Ligaturen (hierzu ausführlicher: Bauer 2018). Eine zunehmende Sehn-sucht nach Utopien (ob Sozialismus, Nationalismus oder Ökologismus) erzwingen moralischen Konformismus nach innen und – dies wirkt sehr viel problematischer – auch nach außen. Als ‚Finalitätsmythen' (Lyotard 1979) unterminieren sie die Möglichkeiten Offener Gesellschaften, nach tauglichen Regelungen für aktuelle Herausforderungen zu suchen (Kühne et al. 2021). Mit ihrer Teleologie und ihrem Ausschließlichkeitsanspruch werden sie, wie bereits angedeutet, zu ‚säkularen Religionen' (Aron 1985): „Ich schlage vor, 'säkulare Religionen' jene Lehren zu nennen, die den Platz des ver-schwundenen Glaubens in den Seelen unserer Zeitgenossen einnehmen und die das Heil der Menschheit hier auf der Erde, in ferner Zukunft, in Form einer zu schaffenden Gesellschaftsordnung ansiedeln" (Aron 1990, S. 926). Das Bewusstsein der Überlegen-heit der eigenen Moral genügt als hinreichende Grundlage für fundamentale Kritik: „Politische Religionen mit ihrem heiligen Buch, mit ihrem Teufel und ihren Heiligen, ihren historischen Interpretationen und ihren Prophezeiungen, sind nur scheinbar para-dox: Sie bringen die Revolte gegen ein nicht verstandenes Schicksal zum Ausdruck, sie sammeln Eifer ohne Gegenstand" (Aron 1946, S. 59–60; eigene Übersetzung; siehe auch Grau 2017). Die eigene Zugehörigkeit wird dabei mit Verbissenheit und Über-assimilation demonstriert, eine reflektierte Distanziertheit ist so unmöglich: „Distanz zeigt man durch Überbetonung der Rollenvorschriften, durch abrupte Wechsel in andere Rollen, durch Scherz, Satire, Ironie, schließlich den Rückzug in die Phantasie" (Sofsky 2007a, S. 49). Anderen, die die eigenen (quasi-)religiösen Grundsätze nicht teilen, wird stets unterstellt, die andere (falsche) Weltanschauung mit einer ähnlichen Rigorosität zu verfolgen, (Selbst-)Ironie und Satire irritieren bestenfalls. Schlimmerenfalls werden sie als dekadent diskreditiert, schlimmstenfalls verbal bis physisch bekämpft. Ein satirischer oder ironischer Zugriff auf die Vorgänge der Welt sei der Lage der Welt nicht angemessen, Selbstironie gilt als Schwäche. Gelacht wird bestenfalls zur distinktiven Erhebung über die Unwissenden/Ungläubigen, in Form des Sich-Mokierens (Christmann 1996; Dadlez 2011). Diese Fähigkeit, „Doppelbödigkeiten wahrnehmen zu können; nicht kindlich auf dem (gut) Gemeinten zu Verharren, sondern Abstand zu sich selbst zu gewinnen und das, was andere tatsächlich verstanden haben […] zu berücksichtigen" (Pfaller 2018, S. 11) ist eine wesentliche Voraussetzung einer Kontexte berück-sichtigenden Reflexion komplexer Zusammenhänge.

Eine Offene Gesellschaft setzt die Fähigkeit zur Ambivalenzentoleranz voraus, also „die Fähigkeit, Gegensätze richtig und kritisch zusammenzudenken" (Brunnhuber 2019, S. 10), sie setzt auch die Akzeptanz der Begrenztheit des eigenen Wissens voraus, die aus komplexen und nicht eindeutigen Verhältnissen entsteht. Und an deren Entstehung hat nicht zuletzt Wissenschaft einen bedeutenden Anteil: „Die fortschreitende Entzauberung der Welt durch die Wissenschaft resultiert in einer Wiederverrätselung der Welt durch Komplexitätssteigerung. Unter der ordnenden Kraft der Wissenschaft werden die Dinge und Zusammenhänge abstrakt, opak und kontrainduktiv" (Bogner 2021, S. 100). Die Sehnsucht nach rascher Verständlichkeit und Eindeutigkeit öffnet die Tür zu Deutungs- und Bewertungsmustern, die eine radikale Entkomplexisierung versprechen, die häufig aber entweder moralbasiert sind oder ihren Utopismus mittels Moralisierungen zu stützen trachten.

Allen kollektivistischen Weltanschauungen gemein ist das Bestreben nach De-Differenzierung der Gesellschaft eigen, dagegen verfolgt der Libertarismus das Ziel einer Hyper-Differenzierung des Gesellschaftlichen, eine Ausdifferenzierung der Gesellschaft in Monaden. Sowohl das eine wie das andere führt letztlich zur Zerstörung der Offenen Gesellschaft, jedoch in unterschiedlicher Weise: Während die kollektivistischen Weltanschauungen mittels der Vergrößerung moralischer Ligaturen in Zahl und Wirkmächtigkeit bei gleichzeitiger Verringerung von Optionen und ethischer Ligaturen auf den Begriffsteil des ‚Offenen' stark limitierend wirken, zielt die zerstörerische Wirkung des Libertarismus auf den zweiten Begriffsteil, die Gesellschaft, die sich in Monaden auflöst.

Die Offene Gesellschaft gibt es nur als Gesamtkonzept, nicht nur ökonomisch oder nur sozial oder nur politisch. Die Offene Gesellschaft bedeutet auch die Zurückhaltung des Staates, dessen Aufgaben darin bestehen, dieser Offenen Gesellschaft eine Basis aus innerer und äußerer Sicherheit, funktionsfähiger technischer und sozialer Infrastruktur in einem verlässlichen Rechtsrahmen zu bieten, kurz: Lebenschancen zu ermöglichen, nicht aber seinen Bürger~innen Glück zu garantieren (Baum 2021; Popper 1992a, b). Als Quintessenz bleibt, wie es Karl Popper im Vorwort zur siebten Ausgabe seiner ‚Offenen Gesellschaft' formulierte, die Offene Gesellschaft, mit ihrer Marktwirtschaft, wie er hervorhob, sei „bei weitem die beste, die freieste, die fairste und die gerechteste Gesellschaft, die es jemals in der Geschichte gab" (Popper 1992a, S. X). Zugleich hebt er den vorläufigen Charakter der Offenen Gesellschaft hervor und definiert als zentrale Aufgaben ihrer Weiterentwicklung: „Chancengleichheit und Gerechtigkeit für alle" (Popper 1992a, S. X). Die Arbeit an der Offenen Gesellschaft ist also ein unvollendetes, wahrscheinlich unvollendbares Projekt. Für die Offene Gesellschaft einzutreten bedeutet, das eigene Denken und Handeln an folgenden ethischen Ligaturen auszurichten (siehe auch Brunnhuber 2019): Unaufgeregt und in Übereinstimmung mit dem eigenen besten Wissen, kritisch gegenüber dem eigenen Wissen, im Bewusstsein von dessen Unvollkommenheit und offen für alternative, möglicherweise tauglichere Ideen zu sein. Diese Ausrichtung bedeutet auch, die intendierten Folgen des eigenen ‚Weltwollens' gegenüber den zu erwartenden unintendierten Nebenfolgen abzuwägen, die nicht zuletzt daraus entstehen, dass Welt 3 – und schon gar nicht die Vielzahl der Welten 2 – einheitlich strukturiert sind, sondern eine große Vielzahl und eine große Vielfalt an Widersprüchen aufweisen. Offenheit und die Bereitschaft Konflikte zu regeln, nicht auf der bedingungslosen Durchsetzung der eigenen Position zu beharren, stellen dabei durchaus einen evolutionären Vorteil dar, denn so gelingt es, die Brutalität von Konflikten in Grenzen zu halten. Nicht umsonst begreift Popper (1992a) Demokratie als Mechanismus, Herrschende ohne das Vergießen von Blut auszutauschen.

Dies impliziert auch, nicht gezwungen zu sein, „das Resultat einer demokratischen Abstimmung als einen autoritativen Akt dessen anzusehen, was Recht ist" (Popper 1992a, S. 150); wer das Prinzip der Demokratie annehme, „wird die Entscheidung der Majorität annehmen, um den demokratischen Institutionen die Arbeit zu ermöglichen. Es steht ihm aber frei, diese Entscheidung mit demokratischen Mitteln zu bekämpfen und auf ihre Revision hinzuarbeiten" (Popper 1992a, S. 150). Dieses Verständnis von Politik impliziert auch Weiteres: Einerseits die Differenzierung von Politik und übriger Gesellschaft und des Verständnisses von Politik als Prozess: „Politik entsteht nicht aus einem Gründungsakt, sondern aus der Distanznahme zu bestehenden sozialen Verhältnissen" (Möllers 2020, S. 68). Die De-Differenzierung von Politik und übriger Gesellschaft bedeutete entsprechend die Entstehung einer ‚totalen Öffentlichkeit', die ein wesentliches Element einer Offenen Gesellschaft ignoriert, „dass die Öffentlichkeit nicht aus einer Menge gleich motivierter und in gleicher Weise teilnahmeorientierter Individuen besteht" (Dahrendorf 1972, S. 229). Die Vorstellung einer Basisdemokratie lasse sich dem utopistischen Denken zuordnen, die „Innovationen enorm schwierig" (Dahrendorf 1983b, S. 68) mache. So lässt sich „Habermas' Sehnsucht nach einer Gesellschaft des ‚herrschaftsfreien Diskurses', des Konsenses durch freiwillige und permanente Kommunikation unter Gleichen" (Dahrendorf 2004, S. 21), nicht allein als „eine Idee des Ausstiegs aus der erfolgsorientierten Welt" (Dahrendorf 1994, S. 321) verstehen, sie sklerotisiert auch die Gesellschaft durch permanente zeitliche Inanspruchnahme. Dadurch verfehlt auch sie das Ziel, „das sie sich stellt: Den Menschen ihre Freiheit in einer Offenen Gesellschaft zu garantieren" (Dahrendorf 1969a, S. 4).

Kern der Ideen Geschlossener Gesellschaften bilden häufig – wie Popper (1992b) – ausführt, Verschwörungstheorien, denn „Menschen, die allen Ernstes zu wissen glauben, wie man den Himmel auf Erden errichtet, werden aller Wahrscheinlichkeit nach die Verschwörungstheorie übernehmen, und sie werden sich in eine Gegenverschwörung gegen nicht existierende Verschwörer verwickeln lassen. Denn die einzige Erklärung für das Fehlschlagen des Versuchs, den Himmel auf Erden zu errichten, sind die dunklen Pläne des Teufels, der ein uraltes Anrecht an der Hölle hat" (Popper 1992b, S. 112), wobei der Teufel ein Statthalter – je nach Ausrichtung der Idee der Geschlossenen Gesellschaft – der ‚Konterrevolutionäre', der ‚alten weißen Männer', der ‚Homosexuellen', ‚Juden', ‚Eliten', ‚Universalisten', ‚Migranten' etc. sein kann, gerne auch in Kombination, aber stets in Kollektividentität. Verschwörungstheorien ließen sich somit „kritisch als Verfallsformen des Religiösen betrachten, als säkulare Theologien des Bösen, in denen die von einem guten Schöpfergott verlassene Position von einer Clique bösartiger Drahtzieher und Verhüller eingenommen wurde" (Schneider 2020, S. 64). Dabei besteht – was ihre theoretische Struktur betrifft – „kein Unterschied zwischen dem moralischen Konservatismus, dem moralischen Modernismus und dem moralischen Futurismus" (Popper 1992b, S. 240), sie alle vernichten Optionen durch Maximierung moralischer Ligaturen in Zahl und Intensität und leiten zur Schließung der Gesellschaft über. Die Errichtung einer Geschlossenen Gesellschaft – Popper (1992a, S. 238) macht dies an der Rückkehr zu einem harmonischen Naturzustand deutlich – bedeutet, dass „wir den ganzen Weg gehen [müssen] – wir müssen wieder zu Bestien werden". Weiter führt er aus: „Aber wenn wir Menschen bleiben wollen, dann gibt es nur einen Weg, den Weg in die Offene Gesellschaft" (Popper 1992a, S. 239). Dabei ist die Offene Gesellschaft nicht als Zustand zu verstehen, sie ist konstitutiv an den Wandel gebunden, sie ist ein „unabschließbares Projekt" (Bogner 2021, S. 58), was sie von statischen utopistischen Klimaxvorstellungen fundamental unterscheidet.

Dieser Weg in die Offene Gesellschaft führt weder über die Auflösung der Gesellschaft in ‚Singularitäten' (Reckwitz 2017) noch in die Flucht kollektivistischer Mikrodiskurse, deren Optionsversprechen in die Zukunft verlegt werden und zugleich die Offenheit aktueller Gesellschaft mit der Überdehnung moralischer Ligaturen unterminieren und als Reaktion der Paternalisierten die völlige Auflösung der epistemologischen Basis der Gesellschaft zur Folge haben, was seinerseits zur Folge hat, dass noch nicht einmal Einigkeit über fundamentale ontologische Fragen besteht. Die umfassende Moralisierung sozialer Kommunikation hat also Nebenfolgen in so großer Zahl und in so großem Umfang produziert, dass in weiten Teilen der Gesellschaft nunmehr kaum noch Einigkeit herrscht, was als ‚Fakten' (im Sinne Poppers vielleicht eher unfalsifizierte Hypothesen) bezeichnet werden kann, wie diese ‚Fakten' gewonnen und in welchem Rahmen sie interpretiert werden (können), welche Fragen eindeutig wissenschaftlich, welche eindeutig politisch, ökonomisch, sozial etc. sind und wo es Überschneidungen gibt, mit denen wie verfahren werden kann (ausführlicher bei: Bogner 2021; Nida-Rümelin 2020; Schneider 2020). In systemtheoretischer Terminologie gesprochen, mangelt es an Vertrauen in die Funktionsfähigkeit gesellschaftlicher Teilsysteme, deren Funktionsweise und Strukturen nicht (mehr) offensichtlich sind und deren Interferenzen einen Grad an Komplexität angenommen haben, der sich schwerlich nachvollziehen lässt. Fundamentale Dissense erstecken sich aber auch auf Verfahrensfragen, die auch den „fundamentalen, demokratischen Grundkonsens" (Nida-Rümelin 2020, S. 144) in Frage stellen (siehe Textbox 2).

Textbox 2: Exkurs über die Moralisierung in alltagsweltlichen Kommunikationssituationen und ihre monadisierende Wirkung[1]
Die umfassende moralische Aufladung alltagsweltlicher Seinsbereiche hat nicht zuletzt auch die Konsequenz, dass die Thematisierung von Welt in einem weltanschauungserleichterten Kommunikationsmodus (vulgo: *small talk*) kaum mehr möglich ist: Das klassische small-talk-Thema Wetter wird schnell in den Kontext des Klimawandels gestellt, ebenso die (vormals insbesondere stereotyp Männern zugeschriebene) Thematik motorisierter Fahrzeuge. Auch eine weltanschauungserleichterte Kommunikation über Nahrungsmittel und deren Zubereitung verfängt sich rasch in der Frage: „Darf man das vor dem Hintergrund Tierwohl/

---

[1] Für sachdienliche Hinweise zu diesem Exkurs danken wir Sibylle Berger.

Klimawandel noch essen?". Besondere Fallstricke drohen, wenn diese Themen mit Fragen des Reisens (oder noch deutlicher: touristische Aktivitäten) verknüpft werden. Eine Aktualisierung des „Dürfens" erfolgt auch in Bezug auf Wohnort/ Wohnungsgröße, hier droht zusätzlich die Rahmung mit dem Kontext „Gentrifizierung" und auch Kleidung/Mode hat ihre kommunikative Unschuld verloren – hier wird neben dem ökologisch auch der sozial-moralische Bewertungsschirm aufgespannt. Die Liste lässt sich problemlos fortsetzen. Insofern besteht selbst bei ‚small-talk-Interessierten' die Anforderung der monadischen Orientierung, finden sie sich in fremden Monaden wieder, bleibt wenig als die Exit-Option, physisch oder durch Kommunikationsenthaltung – oder Fokusverschiebung, etwa auf das eigene Smartphone.

Moralisierung erschwert nicht nur Small-Talk, sondern schon die Herstellung einer Small-Talk-Situation: So wird bereits die Auswahl eines Gastgeschenks zu einem Orientierungslauf, schließlich unterliegt die Beurteilung auch von klassischen Geschenken bisweilen eng gezogener Sensibilitätstoleranzgrenzen: Blumen – sind sie aus regionaler Herstellung oder zumindest fair gehandelt und/ oder handelt es sich nicht um die Aktualisierung von Geschlechterstereotypen? Wein – der Konsum von Alkohol schadet dem Körper und via Sozialkassen der Allgemeinheit! Pralinen – das Deutungsmuster Alkohol findet äquivalent seine Anwendung. Toskanische Salami, mitgebracht vom letzten Forschungsaufenthalt – welch eine Ignoranz, nicht nur weil ich seit kurzem vegan lebe, sondern die verallgemeinerte Annahme, Wurst essen sei heute noch eine selbstverständliche Praxis! Kerzenständer – Nicht-Nahrungsmittel produzieren Müll und sind nicht nachhaltig (zu einer weiteren Eskalation kann der Produktionsort China führen)! So bleibt Besuchenden die Alternative der ausführlichen Informationsgewinnung über die Lebensführung der Besuchten (was wiederum auch als übergriffig gewertet werden kann) oder die Gefahr des Tappens in moralische Fettnäpfe. Oder mensch findet einen Vorwand, das Zusammentreffen zu umgehen – und damit die Monadisierung der Gesellschaft zu intensivieren. Systemtheoretisch gesprochen: eine positive Rückkopplung.

Der Weg in eine Offene Gesellschaft wird auch dadurch nicht geebnet, dass im Rahmen eines ‚ökonomischen Egalitarismus' Ergebnisgleichheit anstelle von Chancengleichheit (Kostner 2019b) gesetzt wird. Im Gegenteil, diese Ersetzung kann zu negativen gesellschaftlichen Folgen und schlimmstenfalls auf den Weg in eine Geschlossene Gesellschaft führen. Entscheidendes Motiv der angestrebten Ersetzung der Chancen- durch Ergebnisgleichheit ist wiederum der Vorgang der Moralisierung. Der US-amerikanische Philosoph Harry Gordon Frankfurt hat in seiner Studie ‚*Ungleichheit. Warum wir nicht alle gleich viel haben müssen*' dagegen argumentiert, die Beseitigung von Ungleichheit zum moralischen Prinzip zu erheben: „Ökonomische Ungleichheit als solche ist moralisch nicht verwerflich" (Frankfurt 2016, S. 8). Wie so oft gilt auch im Zusammenhang dieser Diskussion um ‚ökonomische Ungleichheit', dass diese „an und für sich moralisch unschuldig ist" (Frankfurt 2016, S. 8), die Moralisierung also eine zuerst einmal sachfremde Zuschreibung darstellt. Es sei daher ‚irregeleitet', sich dem „ökonomischen Egalitarismus als authentischem moralischen Ideal zu verschreiben" (Frankfurt 2016, S. 9). Irrig sei auch die Annahme, dass ein sinnvolles menschliches Leben davon abhänge, „wie unser ökonomischer Status im Vergleich zum ökonomischen Status anderer aussieht. Auf diese Weise trägt das Prinzip der Gleichheit zur moralischen Orientierungslosigkeit und Seichtigkeit unserer Zeit bei" (Frankfurt 2016, S. 23). Anstatt das ökonomische Glück zu maximieren und das Kriterium dieses Glück im Vergleich zu denen aufzusuchen, die besser gestellt sind, plädiert Frankfurt für den bescheideneren Anspruch, „sicherzustellen, dass die Menschen über hinreichend Mittel verfügen" (Frankfurt 2016, S. 9). ‚Gleich' bedeutet in diesem Sinne nicht zwangsläufig ‚gleich reich', sondern es kann schlimmstenfalls und in Konsequenz einer entsprechenden Umverteilungspolitik auch ‚gleich arm' bedeuten. Noch anders: Anstatt Ungleichheit als Reichtum einiger anderer zu beklagen und zu bekämpfen, sei es angemessener und zielführender für eine liberale und Offene Gesellschaft, Armut zu bekämpfen. Das entspricht mutatis mutandis einem Hinweis Poppers, demzufolge eine Offene Gesellschaft sich auch als eine Form des sozialen Zusammenlebens beschreiben lässt, die am besten dazu geeignet ist, Schmerzen (physische oder psychische) zu vermeiden (Popper 1965; Rorty 1997; Shklar 1990). In dieser Perspektive kommt es weniger darauf an, (utilitaristisch) das ‚größte Glück der größten Zahl' der eigenen Gruppe, Klasse, Nation, Nationengemeinschaft oder gar der gesamten Menschheit anzustreben oder als realisierbar zu behaupten, sondern vielmehr das kleinstmögliche Maß an Leid für diejenigen anzustreben, die auf unsere Hilfe angewiesen sind: Denn die „Hybris, die uns versuchen läßt, das Himmelreich auf Erden zu verwirklichen, verführt uns dazu, unsere gute Erde in eine Hölle zu verwandeln" (Popper 1965, S. VIII).

Irreführend im Hinblick auf die Bewahrung einer Offenen Gesellschaft ist des Weiteren der alte platonische Gedanke der Führung einer Gesellschaft durch ‚die Wissenschaft' (vgl. ausführlich Bogner 2021; Esfeld 2019). Dieser Gedanke widerspricht erstens der funktionalen Differenzierung moderner Gesellschaften in autonome soziale Teilsysteme mit je eigener Erkenntnis-, Entscheidungs- und Handlungslogik (Luhmann 1987), zweitens dem semantischen Umstand, dass aus deskriptiv feststellbaren Tatsachen nicht umstandslos Handlungsanleitungen für die gesellschaftliche Praxis abgeleitet werden können (Kühne und Berr 2021; Müller 2017; Sen 1966). Das heißt, aus wissenschaftlichem Wissen können nicht ohne Vermittlung mit gesellschaftlichen Normen, Werten und individuellen Überzeugungen einfachhin Handlungsvorschriften abgeleitet werden. Aus einer pandemischen Inzidenzzahl ergibt sich rein logisch zuerst einmal gar nichts. Erst dann, wenn diese Zahlen mit gesellschaftlichen und politischen Zielen und Zwecken vermittelt werden, lassen sich daraus Vorschriften, Regeln, Gesetze für die Praxis ableiten. In diesem Zusammenhang lauert zudem stets die Gefahr, dass Wissenschaft zum Medium von weltanschaulichen Interessen wird: Wissenschaftliche Ergebnisse werden dann genutzt, um vor einer Vermittlung mit sozialen und politischen Interessen, Zielen und Zwecken lediglich eigene private oder gruppenspezifische Interessen zu untermauern, also ein Privatinteresse als Allgemeininteresse zu tarnen. Mehr noch, in Teilen werden Untersuchungen nur deshalb mit wissenschaftlicher Methodik durchgeführt, um die eigene Weltsicht als legitim oder ‚wahr' erscheinen zu lassen, mit Bourdieu also eine Strategie der ‚Offizialisierung' (Bourdieu 1979 [frz. Original 1972]) verfolgen. Somit dient ‚Wissenschaft' weniger dem Interesse der Generierung von möglichst gesicherter Erkenntnis, sondern wird dem Interesse der Darlegung des ‚Karthasiserfordernisses' spezifischer weltanschaulicher Ziele untergeordnet. Einher geht ein solches Vorgehen dann auch mit der Beschränkung des herangezogenen Quellenmaterials hinsichtlich der Eignung, die eigene Anschauung zu unterstützen (siehe etwa: Demmel und Küppersbusch 2021; Diefenbach 2019; Kühne 2021a; Weichhart 2014).

4.7 Offene und Geschlossene Gesellschaften – ein prägnantes Resümee

Offene Gesellschaften sind durch einen Vorrat ethischer Ligaturen geprägt, auf deren Grundlage moralische Ligaturen hinsichtlich ihrer Angemessenheit in Bezug auf die Erhaltung oder Generierung von Lebenschancen geprüft werden können, die aus Optionen entstehen. Ethische Ligaturen stellen zudem eine Grundlage zur Verhinderung der Gerinnung von Optionen zu außengerichteten moralischen Ligaturen dar. Ethische Ligaturen bieten zudem die Möglichkeit, individuell zu prüfen, ob, inwiefern und welche moralischen Ligaturen akzeptiert und mit individuellem Sinn verbunden werden, also zu innengerichteten Ligaturen werden. Diese Prüfung ist Geschlossenen Gesellschaften fremd. Ihr Utopismus verlangt zunächst die vollständige Unterwerfung unter moralische Ligaturen, die wiederum aus dem Bestreben nach Sicherung von Privilegien der ‚moral entrepreneurs' (Becker 1963) entstanden sind, um dann die Differenzierung von ethischen, außen- und innengerichteten moralischen Ligaturen sowie Optionen in einem ‚Jeder-Mensch-will,-was-er-soll-und-soll,-was-er-Will' aufgehen zu lassen. Damit hat die Umwandlung expliziter in implizite Ligaturen und deren Totalisierung einen Endpunkt erreicht.

Landschaften als Folgen und Nebenfolgen der Feindschaft zur Offenen Gesellschaft

Landschaft 1 hat nicht zuletzt indikatorische Bedeutung für Landschaften 2 und 3 im Besonderen, für soziale und individuelle Verhältnisse im Allgemeinen (hierzu unter vielen: Bourdieu 1985, 1991; Hartke 1956; Kühne 2012a, 2015b; Weichhart 1993, 2018 [2020 erschienen], 2018; Werlen 2009). So formuliert Currid-Halkett (2021, S. 42) in Rückgriff auf Thorstein Veblen (2009 [1899]): „Materielle Güter bestimmen, wer wir sind und welchen Platz wir in der gesellschaftlichen Ordnung einnehmen". Dies impliziert auch das Nicht-Verfügen über Güter, ob unfreiwillig oder freiwillig (dann wieder als Distinktionsmerkmal), dies impliziert aber auch die materiellen, aber auch sozialen Folgen und Nebenfolgen der Produktion, Verteilung und nicht zuletzt Entsorgung von Gütern. Hier werden die ‚Rezeptoren' für moralische Ligaturen deutlich, was letztlich dazu führt, dass Moral nicht allein das soziale Leben, sondern auch das materielle durchdringt (Currid-Halkett 2021; Trentmann 2016).

Wie in Abschn. 4.2 ausgeführt wurde, ist der Drang zu Geschlossenen Gesellschaften ein Drang nach Einheitlichkeit, der nicht unwesentlich auch ein ästhetizistischer Drang ist. Dieser ästhetizistische Drang findet nicht zuletzt Ausdruck in teilgesellschaftlicher Landschaft 3. Wirken Landschaften in allen drei Dimensionen der Offenen Gesellschaft wie ein Pastiche oder ein Patchwork, mit einer Vielzahl an miteinander in Konkurrenz stehenden Theorien und Konzepten, aber auch *common sense*-Verständnissen (Landschaft 3), in denen sich das Individuum zurechtfinden und Maßstäbe zur Abwägung entwickeln muss. Es sieht sich aber auch mit einer physischen Manifestation unterschiedlicher Interessen und Eigenlogiken in Raum 1 konfrontiert. In Abhängigkeit von Theorien, Konzepten, common-sense-Verständnissen und individuellen Präferenzen wird dieser vielfältig als Landschaft gedeutet (ausführlicher hierzu: Kühne 2019b, 2021b; Kühne und Jenal 2021a, b). Dagegen streben Geschlossene Gesellschaften nach Ein-

© Der/die Autor(en), exklusiv lizenziert an Springer Fachmedien Wiesbaden GmbH, ein Teil von Springer Nature 2022

O. Kühne et al., *Die Geschlossene Gesellschaft und ihre Ligaturen – eine Kritik am Beispiel ‚Landschaft'*, RaumFragen: Stadt – Region – Landschaft, https://doi.org/10.1007/978-3-658-38583-5_5

heitlichkeit, in Bezug auf Raum 1, 2 und auch auf Raum 3. Wie diese Einheitlichkeit gestaltet ist, werden wir im Folgenden untersuchen.

5.1   Sozialistische Landschaft

Unabhängig von der exakten Traditionslinie strebt der Sozialismus eine Ergebnisgerechtigkeit in Form einer (weitgehenden) Gleichverteilung ökonomischen Kapitals und die Vorrangstellung des Gemeinschaftlichen vor dem Individuellen an. Dies hat erhebliche Implikationen auf die Räume 1 und 3, aber auch durch spezifische Bildungsprozesse auf Raum 2: Privatem Wohnraum wird eine geringe Priorität beigemessen, öffentlichen Gebäuden hingegen eine hohe. Ähnliches gilt für den Verkehr mit einer geringen Priorität für private Verkehre (in Form privaten motorisierten Individualverkehrs), einer hohen für öffentliche Verkehre. Mit der Kombination dieser Prioritätensetzung werden wesentliche Merkmale sozialistischer Raumvorstellungen im c-Modus deutlich: Eine verdichtete Wohnbebauung (möglichst mit großen Anteilen an gemeinsam genutzten Räumen), die eine Erschließung mit dem ÖPNV erleichtert, sowie eine insgesamt dominant gestaltete Architektur öffentlicher Gebäude. Da die sozialistische Gesellschaft (zumindest in ihren Grundzügen) mit einem gewissen Hang zur Normativität als Gesellschaft der Arbeiter, heute auch Arbeiterinnen, konzipiert ist, ergibt sich eine Priorisierung einerseits von Industriesiedlungen, andererseits aber auch einer Urbanisierung und Verstädterung ländlicher Räume. Die Norm der Industrialisierung wiederum hat die Rationalisierung der Landwirtschaft, also die Bewirtschaftung mittels großer Einheiten zur Folge, also Großschlägen in Ackerbau/Grünlandwirtschaft, großen Stallanlagen in der Viehhaltung.

Dass bei der Umsetzung dieser Prinzipien unintendierte Nebenwirkungen entstehen, zeigen Raumentwicklungen im Realsozialismus: Die Idee einer kollektiven Entscheidungsfindung in Betrieben wurde zugunsten einer zentralstaatlichen Verwaltung ebendieser zurückgestellt. Entsprechend ist dem staatssozialistischen Wirtschaftssystem der Aufbau großer Einheiten immanent, diese lassen sich weniger komplex einer zentralen Steuerung unterziehen als zahlreiche kleine Einheiten. Die materiellen Manifestationen staatssozialistischer Raumentwicklungsnormen ähneln dabei ironischerweise jenen eines fordistischen (also kapitalistischen) Raumentwicklungszugriffs (mit Ausnahme des Wohnungsbaus, hier führte das Streben nach Skalenvorteilen zu Großwohnsiedlungen und nicht zu Fertighaussuburbien; z. B. Domański 1997; Juchnowicz 1990; Lichtenberger 1995). Die Fokussierung der Wirtschaftsplanung auf Industriegroßbetriebe ermöglichte diesen wiederum die Durchsetzung ihrer spezifischen Interessen in der zentralen Wirtschaftsplanung, aber auch Raumplanung. Die Folge war unter anderem die Errichtung von Betriebssiedlungen für die eigenen Werktätigen, verbunden mit einem privilegierten Zugang zu Waren über unternehmenseigene Geschäfte, verbunden mit den Nebenfolgen eines Attraktivitätsgefälles zuungunsten kleinerer Betriebe (innerhalb und außerhalb des Industriellen Sektors; Domański

1997). Die bereits angesprochene Mangelwirtschaft (als unintendierte Nebenfolge des sozialistischen Gesellschaftssystems) wiederum manifestierte sich nicht allein in dem Mangel an Erhaltungs- und Ersatzinvestitionen (was sowohl Wohn-, öffentliche wie auch Wirtschaftsgebäude betraf), sondern auch in der Perpetuierung vor-sozialistischer wirtschaftsräumlicher Strukturen. So gelang es etwa Polen – des ausdrücklichen Bestrebens zum Trotz – nicht, die ökonomische Dominanz Oberschlesiens während der Zeit des Realsozialismus zu brechen (Buchhofer 1989; Kühne 2003a). Die Übersetzung der Utopie in sozialtechnische Maßnahmen in Form von Plänen bedeutet nichts anderes als eine Vulgarisierung des Utopischen. Mit diesen verbanden die ‚Vulgärutopien‘ auch das Problem des Ausschusses von Alternativen und des Festhaltens an einem einmal definierten Wegs: Flankiert von Planungsfehlern war ein asynchroner Ausbau von materiellen Strukturen der Daseinsgrundfunktionen verbreitet, so standen in Stadterweiterungen bereits bezogene Wohngebäude einer unzureichenden sozialen Infrastruktur gegenüber wie auch Lücken in der Versorgung mit Gütern des täglichen Bedarfs (siehe etwa: Domański 1997; Kühne 2001a, 2003b, 2010). Die Belastungen der Umwelt, die sich aufgrund der Ineffizienz des sozialistischen Wirtschaftssystems ergaben, wurden durch die geringe Innovationsfähigkeit weiter verschärft: Hochschulen waren unterfinanziert, mangelnde Wissenschaftsfreiheit setzte der Möglichkeit unter vielen alternativen Lösungen, die tauglichste herauszusuchen, enge Grenzen. Die (auch durch Devisenknappheit bedingte) Strategie der Autarkiemaximierung einerseits, und Arbeitsteilung zwischen den Staaten des ‚Rates für Gegenseitige Wirtschaftshilfe‘ andererseits zeitigte unintendierte Nebenfolgen für den Zustand der Umwelt. Autarkiebestrebungen forcierten die Nutzung heimischer fossiler Energieträger, im Falle der DDR etwa schwefelhaltiger Braunkohle, die internationale Arbeitsteilung bedeutete eine Steigerung des Transportbedarfs, auf zumeist überbeanspruchten technischen Infrastrukturen und hohen Transportverlusten (etwa durch Leckagen ebenso wie durch Diebstahl; Kühne 2000, 2001c). Im Ergebnis lassen sich die realsozialistische Raumzurichtungen als Ausdruck massiv verringerter Optionen beschreiben, während moralische Ligaturen – auch infolge der Omnipräsenz von sozialistischen Parolen im öffentlichen Raum – stets deutlich waren.

Zwar sind die sozialistischen Strömungen durchaus unterschiedlich, doch zeitigten die rund zwei Versuche der Umsetzung immer ähnliche Ergebnisse, auch in Bezug auf die Zurichtung von Räumen. Eine Ausnahme könnte hier das identitätslinke Projekt bilden. Da es weniger auf ökonomische Gleichheit ausgerichtet ist, sondern auf gleiche Repräsentanz von Identitätsgruppen, kann – wird dieses Prinzip auf Konfigurationen von Raum 1 übertragen – von einer monadischen Organisation von Raum ausgegangen werden. Die einzelnen Identitätsgruppen leben in einer Vielzahl räumlich separierter Einheiten, die sich – nach den jeweiligen Differenzkriterien – im Zustand gemeinschaftlicher ‚Reinheit‘ befinden. Inwiefern die Versorgung dieser Raummonaden mit Infrastruktur, Gütern und Dienstleistungen (jenseits dessen, was die ‚Gemeinschaft‘ selbst herzustellen vermag) gesichert werden kann, da sich auch die ‚Mehrheitsgesellschaft‘ in differenzierte Monaden aufgelöst haben wird, bleibt eine Herausforderung.

5.2   Faschistische bzw. nationalsozialistische Landschaft

Eine in weiten Teilen entgegengesetzte Stoßrichtung – und bei Umsetzungsversuchen ebenfalls in sich widersprüchlich – weisen faschistische bzw. im deutschen Kontext konkreter nationalsozialistische Raum- und Landschaftsvorstellungen (bzw. die Implikationen der Ideologie) auf. Zunächst einmal erhält Raum (1) eine konstitutive Bedeutung in seiner Verbindung mit dem darin und damit lebendem ‚Volk‘, mit dem es eine essentialistisch verstandene Einheit bildet (‚Blut und Boden‘). Somit stellt die ‚Erdverbundenheit‘ der Dorfbewohner – in Abgrenzung zum wurzellosen ‚Pöbel‘ der Großstadt – die zentrale Denkfigur der völkischen Soziologie dar. Die Dorfgemeinschaft wird zum Modell einer faschistisch vereinheitlichten Gesellschaft, dem sich auch Städte unterzuordnen haben (Ipsen 1992). Die andere Seite faschistisch/nationalsozialistischer Siedlungserzeugung besteht in einem ausgeprägten Hang zu Monumentalbauten, die aus ästhetischer Perspektive dem Niedlichkeitskitsch der historisierenden Dörflichkeit einen Erhabenheitskitsch großer Kubaturen entgegensetzen (Gelfert 2000). Ein anderer Widerspruch ergibt sich aus der Überhöhung der Natur (im Nationalsozialismus insbesondere des ‚deutschen Waldes‘; Urmersbach 2009; Zechner 2006), deren normativer Schutz sich zwar in die Blut-und-Bodenmystik integrieren ließ, sich aber nur unzureichend mit den Expansions- und Autarkiebestrebungen vereinbaren ließen, die massive Modernisierungen von Infrastrukturen (Autobahnbau), der Gewinnung nachwachsender (Rationalisierung von Land- und Forstwirtschaft), nicht-nachwachsender Rohstoffe (von der Gewinnung mineralischer Rohstoffe, etwa für den Infrastrukturausbau, über Erdöl bis hin zu Kohle und Eisenerz) wie auch der Industrie (nicht zuletzt für die Rüstung) standen im strikten Widerspruch zur Sakralisierung von Dörflichkeit und Natur, die mit dem Bestreben, etwa Autobahnen in die ‚Landschaft zu integrieren‘ oder die Grüntarnung des Westwalls einen Versuch des Ausgleichs erfuhr (Franke 2015; Lekan und Zeller 2005; Radkau und Uekötter 2003; Schmoll 2011). Von diesen Widersprüchen unbenommen, wurden landschaftsästhetische Deutungsmuster als Begründung für die Ostkolonisation reklamiert: So erfuhr in der Zeit des Nationalsozialismus die Verbindung der Begriffe ‚grün‘ und ‚deutsch‘/‚deutsche Heimat‘ eine maximale Intensität: „‚deutsch und blühend‘ im Gegensatz zur slawischen ‚Wüste‘ oder ‚Wildnis‘“ (Blackbourn 2007, S. 17) fand seine ideologische Analogie in ‚männlichen‘ und ‚tätigen‘ Deutschen gegenüber dem ‚untätigen‘ und ‚weiblichen Slawen‘ (Blackbourn 2007). Aus dieser moralisierten Dichotomisierung wurde die Schaffung sogenannter ‚deutscher Wehrlandschaften‘ in Ostmittel- und Osteuropa durch den Generalplan Ost abgeleitet (Franke 2017; Wolschke-Bulmahn und Gröning 2003), die sich in einer Implementierung der Gliederung zentraler Orte, der ‚germanischen‘ Struktur von Siedlungen und landwirtschaftlichen Flächen äußerte (Blackbourn 2007) und auch eine entsprechend Modifikation der Landschaftskonstruktion des b- durch den c-Modus durch affirmative Aufnahme dieser Bemühungen in den schulischen Kontext anstrebte (Fehn 2002, 2007).

5.3 Ökologistische Landschaft

Ähnlich dem historischen Materialismus enthält auch ein Ökologismus, wie wir ihn in Anschluss an Dobson (2007), siehe Abschn. 4.2, verstehen, neben analytischen Bestandteilen auch utopistische Gehalte, in Form der Bildung harmonischer Einheiten von Mensch und Natur, wie sie etwa in Form der deep-ecology-Idee deutlich wird (Naess 1973). Die sich für die ‚Mehrheitsgesellschaft' daraus ergebende Katharsis folgt der Suffizienzstrategie. Das (ausreichende) Leben soll also an den ökologischen Grenzen ausgerichtet werden, an die Stelle der Definition von Wohlstand als Konsum, sollen nur die ‚wirklich' vorhandenen Bedürfnisse befriedigt werden, die Strategie zielt also nicht darauf, Güter und Dienstleistungen effizienter herzustellen und damit Ressourcen zu sparen und Emissionen zu verringern (Effizienzstrategie), oder durch Innovationen Dienstleistungen und Güter durch weniger ressourcen- und emissions-intensive zu ersetzen (klassisch: E- oder H-Auto vs. Ölproduktverbrenner), vielmehr zielt die Suffizienzstrategie (normativ) auf Bewusstseins- und Verhaltensveränderung der individuellen und kollektiven Lebensführung (Nertinger 2015; siehe in diesem Kontext ausführlicher: Ekardt 2005; Ott 2009, 2016; Pufé 2017). Ist die Entscheidung zu einer suffizienten Lebensweise (als innengerichtete moralische Ligatur) das Ergebnis eines Reflexionsprozesses unter Einbeziehung ethischer Ligaturen, ist sie geeignet, einen Beitrag zu einem individuellen sinnorientierten Handeln zu leisten. Erfolgt jedoch eine Außenrichtung mittels moralischer Ligaturen, verbunden mit einer Katharsis-erwartung an andere, ist eine Grenze zwischen Privatutopie und universeller Utopie überschritten. Spätestens an dieser Grenze ist nach den räumlichen und landschaftlichen Folgen und Nebenfolgen des Ökologismus zu fragen, nicht zuletzt um Individuen, an die Katharsiserwartungen gerichtet werden, Anregungen zu umfangreichen Reflexionen zu geben, bevor sie den Erwartungen folgen oder sie zurückweisen. Mit einigen dieser landschaftlichen und räumlichen Folgen und Nebenfolgen werden wir uns (keineswegs erschöpfend) befassen.

Eine an der Suffizienz ausgerichtete Lebensweise ist mit einer Bescheidung (um nicht von Verzicht zu reden) in wesentlichen Bereichen des individuellen Lebens verbunden, besonders prägnant im Mobilitätsverhalten (lokales Leben, fuß- oder fahrradzentriert), Wohnverhalten (geringe Wohnfläche), Ernährungsverhalten (regional, ökologisch und zumindest weitgehend ohne tierische Produkte) und Verhalten des Konsums von Gütern des längerfristigen Bedarfs (langlebige Produkte, Kaskadennutzung). Im Verkehr ver-bunden ist intendierte Nebenfolge der Umwidmung von Verkehrsflächen innerhalb des Verkehrssektors (Fuß- und Radwege statt Straßen für Autos), Rückbau mit dem Ziel der Entsiegelung von nicht mehr benötigten Verkehrsflächen bzw. die Umnutzung von nicht mehr benötigten Gebäuden der verkehrlichen Nutzung (etwa von Flughäfen). Die Ver-ringerung der individuell verfügbaren Wohnfläche wiederum steigert die Einwohner-dichte in besiedelten Bereichen. Gemeinsam bedeutet dies eine Kompaktierung von Siedlungen, verbunden mit einem steigenden Nutzungsdruck auf öffentliche Räume, insbesondere öffentliche Grünanlagen (das Einfamilienhaus mit eigenem Garten gilt nicht als Präferenz), aber auch wohnortnaher Bereiche, die eher am ruralen Pol der Stadtlandhybridität angesiedelt sind. Auch diese stärker rural geprägten Räume unterliegen bei Fokussierung auf die Umsetzung der Suffizienzstrategie einer größeren Transformation. Die Ausrichtung auf ökologische Landwirtschaft (bei gleichzeitiger Verminderung von Effizienz- und Konsistenzausrichtung) fördert (intendiert) eine kleinteilige, arbeitskräfteintensive (technikextensive) Landwirtschaft. Unintendiert ist die Umstellung von Weide- und Wiesenflächen (und dem damit einhergehenden Verlust spezifischer Ökosysteme) auf (extensiven) Ackerbau infolge der (weitgehenden) Einstellung der Viehhaltung (ohne das kein betriebliches Erfordernis der Bewirtschaftung von Wiesen und Weiden besteht), wie auch dem Verlust (auch traditioneller) Nutztierarten und dem Verlust an Düngemitteln für den Ackerbau. Auch wird die Nutzung der Grenzen der Ökumene (etwa Almen oder Dornsavanne) ohne Viehwirtschaft bis zur Aufgabe erschwert. Die Fokussierung auf wenige und langlebige Konsumgüter bedeutet – im Verein mit der Regionalisierung der Produktion – intendiert eine stärkere Diversifizierung der Produktion in kleineren Betriebseinheiten (mit entsprechenden Folgen für Raum 1), unintendiert sind Effizienzverluste (in Bezug auf Rohstoffnutzung und Emissionen) durch Verzicht auf Skalenvorteile, aber auch ein Redundanzverlust durch die Globalisierung (d. h. die Abhängigkeit von regionaler Produktion, die etwa bei – durch den Klimawandel induziert verstärkten – Naturereignissen auch ausfallen kann, mit entsprechenden Folgen für die regionale Versorgungssicherheit). Redundanz- und Effizienzverluste stehen auch bei einer regionalisierten Energieversorgung zu befürchten, wenn etwa überregionale Stromnetze durch regionale Speicher ersetzt werden müssen, um Überproduktion und Überbedarfe auszugleichen, die Erzeugung von (elektrischer) Energie wiederum ist verbunden mit einer verstärkten Repräsentanz technischer Artefakte (Windkraftanlagen, Fotovoltaikanlagen, Stromspeicher) in Räumen (1), die für verbreitete Vorstellungen (auch im Kontext des Ökologismus) der Landschaft 3a, b und c eine Herausforderung darstellen (in diesem Kontext: Aschenbrand und Grebe 2018; Brücher 2009; Chilla et al. 2016; Kölsche 2015; Kühne 2011a; Linke 2018; Mose 2019; Nischwitz 2007; Plieninger et al. 2006; Stotten 2019b). Diese intendierten und unintenderten räumlichen Folgen stellen nicht nur Anhänger einer forcierten Umsetzung der Suffizienzstrategie vor (ästhetische, ökologische und lebensweltliche) Herausforderungen, insbesondere jene, an die sich die Katharsiserwartungen richten. So sind die Erfolge der Reduktion der Emission von Treibhausgasen in Form der Begrenzung des Anstiegs der Erderwärmung eher lang-, denn mittel- oder gar kurzfristig zu erwarten. Entsprechend ist davon auszugehen, dass die Auswirkungen des anthropogenen Klimawandels (insbesondere die Zunahme von Extremwitterungsereignissen) – auch bei strikter Verfolgung der Suffizienzstrategie – (zunehmend) präsent sein werden, was wiederum die Neigung derjenigen, an die die Katharsiserwartungen gerichtet werden, den moralischen Ligaturen Folge zu leisten, verringern dürfte. Auch vor dem Hintergrund eher halbherziger Bemühungen um die Reduktion von Treibhausgasemissionen bei den Hauptemittentenvolkswirtschaften (China, USA, Indien) erscheint diese

Ableitung aus historischen Erfahrungen des Katharsispfads wahrscheinlich (siehe Ausführungen zum Realsozialismus weiter vorne).

Auch die weniger radikale Interpretation ökologistischer Lebensweisen weist ihre Landschaft-1-Manifestationen auf: In Bezug auf Verteilung von Produkten sind – wie Currid-Halkett (2021) ausführt – die Zunahme an Biomärkten, Bauernmärkten, Märkten für handwerkliche Produkte ebenso wie von Cafés, wo aufstiegsorientierte Personen mit einer gehobenen Ausstattung kulturellen, zumeist auch ökonomischen Kapitals ihren nachhaltigen Konsum im Besonderen und Lebensstil im Allgemeinen demonstrieren können, verbunden mit einer distinktiven Abgrenzung gegenüber Personen, die in Ermangelung an symbolischem Kapital hierzu nicht in der Lage sind. Diese Art divergierender Konsummuster erzeugt einerseits Nachfrage nach biologisch angebauten Nahrungsmitteln, fair produzierten und gehandelten Kleidern, handwerklich gebauten Möbeln aus nachhaltig erzeugtem, wenn nicht gar wiederverwendetem Holz, und hat damit Fernwirkungen in Bezug auf Landschaft 1, die wiederum idyllischen Idealen von Landschaft 3 entgegenkommen. Die distinktive Funktion dieses Konsums ist jedoch konstitutiv andererseits auf das Vorhandensein nicht-nachhaltiger Konsummuster angewiesen (das sie ansonsten ihr distinktives Potenzial ausschöpfen könnte, es also kein Ziel der nach außen gerichteten moralischen Ligaturen gäbe). Sollten sich nachhaltige Konsummuster hingegen verbreiten (wie dies im Kontext von Handeln geschieht, das auf Distinktionsgewinne ausgerichtet ist), wird der ‚legitime Geschmack‘ neue Distinktionsmuster entwickeln (ausführlicher: Bourdieu 1984; Diaz-Bone 2010, siehe in Bezug auf Landschaft: Aschenbrand 2016; Kühne 2006b, 2008a). Diese müssen nicht an einem Leitbild nachhaltiger Entwicklung ausgerichtet sein. Vielmehr ist es auch möglich, dass die Trägerinnen und Träger des ‚legitimen Geschmacks‘ angesichts ausbleibender für sie rasch erfahrbarer Erfolge im Klimaschutz (der eine mehrere Generationen übergreifende Aufgabe ist), Distinktionsmuster entwickeln, die hedonistisch ausgerichtet sind, um sich so distinktiv von dem verbreiteten Bemühen um nachhaltigen Lebensstil abzusetzen. Aber auch andere Entwicklungen sind möglich. Die Zukunft ist offen.

5.4   Landschaft des religiösen Fundamentalismus

Da die Nebenfolgenbehaftetheit zur Schließung neigender utopistischer Weltanschauungen deutlich geworden sein sollte, werden wir dem religiösen Fundamentalismus nur wenige Sätze widmen. Die Fokussierung von Religionen auf das Nicht-Weltliche bedeutet auch eine geringe Präsenz von Raum 3-Vorstellungen. Raum 1 entwickelt sich entsprechend – jenseits der Einschreibung von religiösen Praktiken, in Form von Tempeln, Moscheen, Kirchen, Wegekreuzen etc. oder der Definition heiliger Orte (etwa Quellen) mit der Anlage von Besuchsinfrastruktur – eher als Nebenfolge nicht-relriöser Aktivitäten. Der traditionellen Verhaftetheit der meisten Religionen folgend, dominieren auch eher traditionelle Raumnutzungsstrukturen. Eine Ausnahme bildet der Protestanismus, dem Max Weber folgend (2010 [1904/1905]), der Drang nach Fortschritt (und ökonomischem Erfolg) eigen ist.

5.5   Ökonomistische Landschaft

Wir verlassen nun das Themenfeld der Utopien, die einen mehr oder minder klar umrissenen Zustand einer Klimaxgesellschaft bzw. eines Klimaxverhältnisses von Mensch und Natur formulieren, und widmen uns einer Weltanschauung, deren Leitvorstellung eher auf Verfahrensfragen gerichtet ist, die aber auch als ein Versuch gedeutet werden kann, die ‚Offene Gesellschaft‘ einseitig, nämlich dominant ökonomisch zu interpretieren. Diese Interpretation nennen wir ‚Ökonomismus‘. Hierbei liegt die Norm einer möglichst effizienten Allokation von Produktionsfaktoren zugrunde. Hieraus folge für Raum 1 eine den jeweils aktuellen ökonomischen Interessen gemäße – teilweise durchaus intensive und kurzfristige – Transformation in Abhängigkeit von der sich verändernden Nachfrage nach Gütern und Dienstleistungen. Raum 1 ist also eine Nebenfolge ökonomischer Verwertungsinteressen, ob in Bezug auf Nahrungsmittelproduktion, aber auch in Bezug der Produktion von Industriegütern, wie auch deren Verteilung. Präferenzen von Landschaft 3, insbesondere in b-Modus, werden lediglich dann berücksichtigt, wenn eine monetär verwertbare Nachfrage danach besteht, etwa im Tourismus. Unterbleibt eine ökonomische Inwertsetzung von Raum 1, wird dieser zur nicht weiter beachteten Restkategorie (etwa in Form von Abfalllandschaft, etwa bei unrestaurierten Tagebauen) oder anders ausgedrückt: Was nicht unmittelbar ökonomisch verwertbar ist (etwa Altindustrie), dafür bleibt nur eine ästhetische Vermittlung zur Wiederinwertsetzung. Die an ökonomischen Interessen ausgerichtete Raum-1-Nutzung folgt dabei zunächst dem Kalkül der Nutzung von Skalenvorteilen, große Einheiten dominieren, ob in der Land- der Forstwirtschaft, der Industrie, aber auch der Verteilung von Gütern und Dienstleistungen. Eine Ausnahme wird hier wiederum nur dann gebildet, wenn ästhetische Präferenzen mit ihren Inwertsetzungsansprüchen dagegenstehen (und eine höhere Wertschöpfung erwarten lassen). Eine Raumnutzung in dieser Art ist wiederum mit unintendierten Nebenfolgen verbunden, diese reichen von einer polarisierten Gesellschaft und ihren physischen Manifestationen (von Elendsquartieren bis hin zu Exklaven des Reichtums) über ‚Abfalllandschaften‘ bis hin zur Akzeptanz massiver Umweltbeeinträchtigungen (durch externe Effekte). Polarisierte Räume stellen entsprechend eine Nebenfolge ökonomischer Polarisierung dar. Diese wiederum ist gegründet auf Chancen- und Ergebnisungleichheit sowie auf der Umsetzung des Prinzip der (rein ökonomisch verstandenen) Leistungsgerechtigkeit (Chilla et al. 2016; Ipsen 2006; Kühne 2015a).

5.6   Landschaft und Geschlossene Gesellschaft

Utopistische Weltanschauungen neigen – wie festgestellt – zur zeitlichen und räumlichen Universalisierung. Ihre Vorstellungen von Welt – insbesondere von Gesellschaft – werden zum Maßstab der Bewertung, unabhängig von zeitlichen und räumlichen

Kontexten. Landschaften 3 im Allgemeinen und Räume 3 anderer Weltanschauungen sowie ihrer materiellen Manifestationen werden entsprechend abgelehnt. Diese Ablehnung äußert sich im Bestreben, die materiellen Manifestationen dessen zu vernichten bzw. revidieren, was nicht der eigenen Weltanschauung entspricht, dies kann das Bemühen des Realsozialismus umfassen, die baulichen Strukturen des ‚bürgerlichen Kapitalismus' zu beseitigen (was infolge der mangelnden wirtschaftlichen Leistungsfähigkeit nicht gelang, zumindest überließ man entsprechende Quartiere aber dem sukzessiven Verfall), dies kann die physisch-räumlichen Strukturen von Räumen betreffen, die infolge von Krieg besetzt wurden (etwa die Versuche der Nationalsozialisten, Räume 1 in Ostmitteleuropa zu ‚Germanisieren'), aber auch die Zerstörung historischer Stätten durch Anhänger des ‚Islamischen Staates' im Irak. Diese Versuche sind Ausdruck des Bestrebens der De-Differenzierung der Gesellschaft, mit dem Ziel, der raumzeitlichen Universalität der eigenen Weltanschauung Ausdruck zu verleihen. Die Räume und Landschaften utopistischer Weltanschauungen sind entsprechend auch vereinheitlichte Räume und Landschaften, da nur *eine* Interpretation von Welt als zulässig verstanden wird. Diese Räume sind Ausdruck des Strebens nach exklusivistischer Reinheit, denn utopistisches Denken verlangt Einheitlichkeit – individuell, national und global, wie auch überzeitlich. Das Problem Geschlossener Gesellschaften und ihrer Räume und Landschaften ist dabei auch ein Redundanzverzicht, sollten unintendierte Nebenfolgen im gemäß der 3c-Vorstellungen zugerichteten Raum 1 auftreten, verbietet die Exklusivität des eigenen Weltverständnisses das Zulassen alternativer Raum 3-Vorstellungen bzw. deren Raum 1-Implementierung, da dies den eigenen Universalitätsanspruch unterminiert, schließlich würde eine Revision Zweifel an der utopistischen Basis, auf Grundlage derer die Katharsiserwartung, die an die Mehrheitsgesellschaft gerichtet ist, in deren Augen delegitimieren. So laufen jene, die eine Schließung der Gesellschaft praktizieren, Gefahr, Nebenfolgen der Versuche des Bemühens um Umsetzung der eigenen Utopie zu ignorieren, die der eigentlichen Intention ihres Handelns entgegenwirken, wie die Perpetuierung oder Schaffung neuer wirtschaftsräumlicher Disparitäten im Realsozialismus, die dem Ziel der (räumlichen) Gleichheit entgegensteht. Das Prinzip der räumlichen Universalität von Utopien sieht sich aber auch mit der Unhintergehbarkeit der Verschiedenartigkeit außergesellschaftlicher Voraussetzungen von Raum 1 konfrontiert: Die ‚natürlichen' Voraussetzungen für Einschreibungen von Raum 3- und 2-Vorstellungen variieren nach Höhen- und Breitenlage, nach Entfernung zu großen Meeresflächen, nach Relief, Böden, Verfügbarkeit von Wasser etc. Auch das Ziel gesellschaftlicher De-Differenzierung utopistischer Vorstellungen ist mit Konsequenzen der Organisation von Raum 1 verbunden, da letztlich die materiellen Manifestationen der Erzeugung und Verteilung spezialisierter Güter und Dienstleistungen, aber auch alternativer Lebensweisen entfallen.

…und dann wohl doch die Offene Gesellschaft mit ihren Landschaften

6

Wie gezeigt, neigen Utopien zur Totalisierung. Mit dieser Totalisierung verbunden ist der diskursive Ausschluss nicht allein alternativer Deutungen und Bewertungen, sondern auch möglicher Reaktionen auf Herausforderungen. Angesichts der Herausforderungen, die mit dem Begriff des ,Anthropozäns' verbunden werden, erscheint ein solches Vorgehen des Ausschlusses von Reaktionsalternativen als fahrlässig. Klimawandel, Artenverlust, globale Migrationsbewegungen etc. sind Herausforderungen, bei denen es nicht opportun erscheint, Strategien des Umgangs nur deshalb von vornherein zu unterdrücken, weil sie dem jeweils gruppenspezifischen, identitär abgesicherten utopistischen Denken widersprechen.

6.1 Landschaften der Offenen Gesellschaft

Die Vielfalt der Landschaften (auf allen Dimensionen) der Offenen Gesellschaft mag verwirrend und irritierend sein. Sie bietet aber auch einerseits die Möglichkeit der kritischen Auseinandersetzung der Logiken von Entwicklung von Landschaft, sie bietet andererseits aber auch in ihrer Vielfalt die Möglichkeit der Erprobung und Auswahl von räumlich und zeitlich tauglichen Problemlösungen. Dies ist den Landschaften der Geschlossenen Gesellschaften verwehrt. Sie verfolgen ein Konzept (Landschaft 3) der Gestaltung von Landschaft 1, und zwar ein ästhetisches Konzept, das moralisch aufgeladen wird, das sich – sofern es sich als das tauglichste erweist – den pluralen Landschaften der Offenen Gesellschaft als überlegen erweist. Jedoch sind die Irrtumswahrscheinlichkeit einerseits, und die Risiken zahlreicher unintendierter Nebenfolgen andererseits hoch, unabhängig davon, ob es sich um religiös, in unterschiedlicher Weise sozialistisch, nationalistisch, ökologistisch, ökonomistisch oder wie auch immer

© Der/die Autor(en), exklusiv lizenziert an Springer Fachmedien Wiesbaden GmbH, ein Teil von Springer Nature 2022
O. Kühne et al., *Die Geschlossene Gesellschaft und ihre Ligaturen – eine Kritik am Beispiel ,Landschaft'*, RaumFragen: Stadt – Region – Landschaft, https://doi.org/10.1007/978-3-658-38583-5_6

motivierte Gestaltungsvorstellungen von Landschaft und ihre physische Manifestation handelt.

Lebenschancen – das wird nicht zuletzt aus der unseren Überlegungen zugrunde liegenden Drei-Welten-Theorie Karl Poppers deutlich – sind nicht allein an geistige oder soziale Prozesse gebunden, sondern konstitutiv an körperliche. Die Konsequenz daraus ist eine doppelte: die Notwendigkeit öffentlicher wie privater Räume. Öffentliche Räume bieten die Chance, sich frei im Raum 1 bewegen zu können, private Räume bieten die Chance, Raum 1 auch nach eigenen Vorstellungen verändern zu können, die eigene Wirksamkeit erfahren zu können, ohne etwa auf externe Moralisierungen zurückgreifen zu müssen. Allein die Polarität von öffentlichen und privaten Räumen 1 ermöglicht es dem Menschen, sich in seiner sozialen Kontextualisiertheit zu erfahren, wie auch seinen Drang nach materieller Wirkung umzusetzen, ohne dass dies von langwierigen vorgelagerten Aushandlungs- und nachgelagerten Rechtfertigungsprozessen begleitet würde. Dem entsprechend bedeutete die umfassende Privatisierung öffentlicher Räume den Verlust an Lebenschancen, der sich durch soziale Interaktion und körperliche Zugänglichkeit von Raum 1 ergibt, die Vergemeinschaftung privater Räume bedeutete einen Verlust an Lebenschancen, der dadurch zustande kommt, dass sich der Mensch zwischen der Skylla dauerkonfliktärer Auseinandersetzungen über die moralische Angemessenheit seiner Welt 1-bezogenen Bedürfnisse oder der Charybdis der Wahl der Exitoption der Unterdrückung dieser Bedürfnisse wählt.

6.2 Die Maximierung von Lebenschancen als Ausdruck und Bedingung der Offenen Gesellschaft

Lebenschancen sind aber auch, dies wurde bereits an verschiedenen Stellen herausgestellt, an einen freien Zugang zu und an Aneignung von Bildung gebunden. Das betrifft insbesondere die individuelle Befähigung zum kritischen Umgang mit Ligaturen, indem Ligaturen nicht als selbstverständlich hingenommen werden (müssen), sondern hinsichtlich ihrer Tauglichkeit für das eigene Leben reflektiert werden können. Auf diese Weise wird zugleich die Bildung *ethischer* Ligaturen ermöglicht, damit die Fähigkeit der freien Abwägung und Reflexion moralischer Ligaturen, aber auch ethischer Ligaturen selbst. Ermöglicht wird durch Bildung also eine rationale Entscheidung, welche moralischen Ligaturen in welcher Intensität zu akzeptieren sind, aber auch, wie die Revision moralischer Ligaturen auf Grundlage von Reflexionen vor dem Hintergrund ethischer Ligaturen angestrebt werden kann (Kühne et al. 2021). Eine Offene Gesellschaft ist daher inkommensurabel mit gesellschaftlichen Ungleichverteilungen von Lebenschancen, etwa durch eine systematische Benachteiligung von Teilen der Bevölkerung im Zugang zu Bildung.

Bildung wird allzu schnell auf ein Verfügungswissen im Sinne eines stets abrufbaren und anwendbaren Wissens verstanden, das insbesondere im beruflichen Alltag einsetzbar ist. In den wissenschaftlichen Diskursen zum Bildungsbegriff wird allerdings auf

ein umfassenderes Verständnis von ‚Bildung' hingewiesen, das nicht nur auf beruf-
liches Wissen, sondern auf ein reflektiertes Verhältnis von Personen zu sich selbst
(physisch: Welt 1 und psychisch: Welt2), zu anderen (physisch: Welt 1, psychisch: Welt
2 und sozial: Welt 3) und zur physischen wie auch soziopolitischen und kulturellen
Welt (Welten 1 und 3) abzielt. In diesem Sinne hat beispielsweise Wolfgang Klafki
(2007, S. 19) Bildung als „Befähigung zu vernünftiger Selbstbestimmung" bezeichnet.
Eine solche ‚vernünftige Selbstbestimmung' kann ein Individuum dazu befähigen, sich
von heteronomen Fremdbestimmungen und Vorgaben anderer zu emanzipieren und
dadurch auch eigene moralische oder ethische Bindungen (mit Dahrendorf: Ligaturen)
einzugehen. Bildung in diesem Verständnis einer Reflexionskompetenz ist daher
durch Begriffe wie „Selbstbestimmung, *Freiheit*, Emanzipation, *Autonomie, Mündigkeit, Vernunft, Selbsttätigkeit*" charakterisiert (Klafki 2007, S. 19; Hervorhebung im
Original). Allerdings weist Klafki auch darauf hin, dass Bildung keineswegs etwas
ausschließlich Individuelles oder subjektiv Persönliches sei. Sondern Bildung ist stets
auch Auseinandersetzung mit den – im Popperschen Sinne – drei Welten. Das heißt,
die qua Bildung anzueignenden Inhalte sind bereits kulturell ‚vorgegeben' und müssen
individuell angeeignet und in die eigenen Orientierungen eingebunden werden bzw.
umgekehrt sind eigene Orientierungen in Auseinandersetzung mit diesen Inhalten
im Rahmen einer individuellen Selbstverortung in den drei Welten zu gewinnen.
Solche Inhalte sind beispielsweise „zivilisatorische Errungenschaften der Bedürfnis-
befriedigung, Erkenntnisse über die Natur und die menschliche Welt, politische Ver-
fassungen und Aktionen, sittliche Ordnungen, Normsysteme und sittliches Handeln,
soziale Lebensformen, ästhetische Produkte bzw. Kunstwerke, Sinndeutungen der
menschlichen Existenz in Philosophien, Religion, Weltanschauungen" (Klafki 2007,
S. 21). Das heißt, Bildung als formale Fähigkeit der Selbstverortung, Orientierung und
Weltauseinandersetzung eines Individuums setzt sich stets mit in den unterschiedlichen
Welten begegnenden inhaltlichen Vorgaben auseinander, was verschiedene weitere Teil-
fähigkeiten verlangt. Dazu gehören neben der bereits angesprochenen Transkulturalitäts-
und Hybridisierungstoleranz (s. Abschn. 4.2) und Ambivalenztoleranz (s. Abschn. 4.6)
auch Ambiguitätstoleranz (Krappmann 1969), Kontingenz- und Komplexitätstoleranz
sowie Risikoakzeptanz.

6.3   Die Offene Gesellschaft und die Grenzen ihrer Toleranz

Ambiguitätstoleranz ist eine persönlichkeitsbezogene Variante der Ambivalenztoleranz
im Hinblick auf mögliche ‚Rollenkonflikte' (Dahrendorf 1971 [1958]) und ist daher als
die Fähigkeit eines Individuums zu verstehen, einen Konflikt zwischen gesellschaftlichen Rollenerwartungen und persönlicher Autonomiebestrebung auszuhalten und so
für sich selbst zu ‚regeln', dass das Individuum nicht zwischen der Skylla der Selbst-
aufgabe einer blinden Rollen- und Normenentsprechung einerseits, und der Charybdis
eines bindungslosen pseudoautonomistischen Individualismus, der „die soziale

Verfasstheit des Menschen und den damit gegebenen Interessenkonflikt ignoriert und dadurch illusionär wirkt" (Krämer 1998, S. 94), zerrieben wird. Auch und gerade im Falle von Rollenkonflikten hilft die bereits angesprochene Theatermetaphorik weiter, die Menschen in ihren sozialen Rollen ebenfalls als ‚Schauspieler' (s. Abschn. 4.3) betrachtet, die alle ‚Theater spielen' (Goffman 2011 [1959]). Wortgeschichtlich entstammt das altgriechische Wort ‚persona' der Theaterwelt und bezeichnet die Maske, durch die hindurch (‚per': durch) die Stimme des Schauspielers ertönt (‚sona': tönen). Die ‚persona' ist also gerade nicht eine vermeintlich ‚authentische' Person, sondern die *Maske,* durch die eine Person (der Schauspieler) überhaupt erst zum Sprechen und Agieren kommt (vgl. auch Dahrendorf 1971 [1958]): Der „rollenlose Mensch ist für Gesellschaft und Soziologie ein nicht existierendes Wesen" (Dahrendorf 1971 [1958], S. 57–58). Das Theaterspielen und Schauspielern verweist zudem auf die Bedeutungskomponente des ‚Spiels' (Berr 2022a), damit auf ein spielerisches Moment persönlicher Gratwanderungen zwischen sozialen Erwartungen und individuellen Autonomiebemühungen. Dem entsprechend zeichnet es eine gebildete Persönlichkeit, die sich weder sozialen Erwartungen blind unterwirft noch in vermeintlicher bindungslosgelöster Pseudoautonomie das eigene ‚Ich' und dessen moralische Standards und Sensibilitäten zum Maßstab der Bewertung anderer Menschen und sozialer Strukturen erhebt, aus, sich in ironischer (Selbst)Distanz, gleichsam ‚wider den tierischen Ernst' (Weichhart 2006), in eine Rollendistanz und in eine Distanz zu sich selbst zu setzen. Diese Fähigkeit zur Rollen- und Selbstdistanzierung – ein Kennzeichen gelungener Bildung – ist auch erforderlich im Hinblick auf soziale Konflikte und eine erforderliche Distanznahme zu eigenen Überzeugungen, Sensibilitäten, Wertannahmen und Weltanschauungen. Der mehrfach beschriebene Vorgang der Moralisierung im Verbund mit der Unfähigkeit, die Positionen, Gefühle, Meinungen, Anschauungen und Wertungen anderer Personen oder Personengruppen in Auseinandersetzungen zu akzeptieren, führt unweigerlich zum Scheitern von Verständigungs- und Konfliktregelungsbemühungen, im Extremfall zur gewaltsamen Eskalation. Carl Schmitt hat als Kriterium des Politischen die vieldiskutierte und hoch umstrittene Freund-Feind-Dichotomie genannt (Mouffe 2007, 2014; vgl. Ottmann 2010, S. 240–248; Schmitt 1933). Das Politische in diesem Sinne markiert für Schmitt kein spezifisches Gebiet, sondern einen „Intensitätsgrad" (Schmitt 1933, S. 27). Das heißt, „wo immer Menschen sich intensiv assoziieren oder dissoziieren, kommt das Politische ans Licht. Ökonomische Auseinandersetzungen etwa sind noch nicht eo ipso politisch. Sie werden es, wenn sich die Intensität des Streits zum Klassenkampf steigert" – so ist der Feind „nicht moralisch zu verurteilen, er ist nicht zu verhässlichen, er ist nicht einmal ökonomisch zu bekämpfen. Der Feind muss nicht böse, hässlich oder unnütz sein" (Ottmann 2010, S. 244), er ist eher als existenzielle Figur zu verstehen (Schmitt 1933, S. 28). Entscheidend ist für Schmitt, dass der Feind „nicht der private Gegner, den man unter Antipathiegefühlen haßt", ist, sondern „Feind ist nur der öffentliche Feind" (Schmitt 1933, S. 29). Schmitt gibt daher selbst ausdrücklich einen bemerkenswerten Hinweis: „Den Feind im politischen Sinne braucht man nicht persönlich zu hassen, und erst in der Sphäre des Privaten hat es einen Sinn, seinen ‚Feind', d. h. seinen Gegner, zu lieben" (Schmitt 1933, S. 29–30). Das heißt, in Konflikten, die in Schmitts Sinn ‚politisch' geworden sind, kommt es unweigerlich dazu, dass unterschiedliche politische Positionen ‚öffentlicher' Gegner feindlich aufeinanderprallen. Dies einmal als plausibel unterstellt, bedeutet dies aber nicht, den politischen Gegner hassen oder persönlich angreifen, aber auch nicht, ihn im biblischen Sinne ‚lieben' zu müssen. Worauf es stattdessen ankommt, ist, – und hier hilft ein erneuter Rückgriff auf Dahrendorfs Konflikttheorie – den oder die Gegner trotz der unausweichlichen politischen Feindschaft nicht persönlich zu diskreditieren oder anzugreifen. Politischen Gegnern ist ungeachtet unausweichlicher politischer Feindschaft mit Respekt, Toleranz und Achtung zu begegnen. Politischen Kontrahenten ist daher die Zumutung abzuverlangen, das Freund-Feind-Schema im politischen Streit und Diskussion gleichsam ‚einzuklammern' und im Sinne Dahrendorfs entsprechende Konflikte friedlich und ohne psychische oder physische Gewalt zu regeln. Dass dies ein hohes Maß an Ambivalenzen-, Ambiguitäts- und Frustrationstoleranz verlangt, ist offensichtlich. Ebenso offensichtlich ist es dann auch, dass diese Toleranzen ein hohes Maß an Bildung im beschriebenen Sinn voraussetzen und eine entsprechende Debattenkultur verlangen (Berr und Kühne 2019b). Gerade Auseinandersetzungen über Wert- und Normfragen können nur „im Rahmen der wechselseitigen Anerkennung als Menschen" (Schnädelbach 2004, S. 264) geführt werden. Das verlangt von den Konfliktkontrahenten, sowohl über den eigenen Schatten ihrer Überzeugungen, Werthaltungen und Ansichten springen und diese in ihrem Geltungsanspruch als „Relatively Absolute Absolutes" (Buchanan 1989) ansehen zu können als auch die anderen Akteure *und* ihre Positionen als gleichberechtigt *anzuerkennen, ohne in Feindseligkeit* zu erstarren. Erforderlich ist demnach die Fähigkeit einer diskursiven Auseinandersetzung unter der strukturellen Bedingung politischer Feindschaft ohne persönliche Feindseligkeit. Dieses scheinbar paradoxe Verhalten erfordert offenkundig ein hohes Maß der Fähigkeit zur Selbstreflexion und ‚Selbstorientierung' (Hubig 2015) im Sinne „richtiger Überlegung" eines „Umsichtigen" (Aristoteles 2001 [ca. 335–322 v. u. Z.], S. 1106b), der Entscheidungen idealiter auf rationale Überlegungen ohne Absolutheitsanspruch und ohne daraus resultierende Feindseligkeit gründet. Begründet werden kann diese paradoxe Einstellung allein mit dem erneuten Hinweis darauf, dass Menschen niemals über ein absolut gewisses Wissen und absolut gerechtfertigte Handlungsorientierungen verfügen können und daher niemand sicher sein kann, richtig zu liegen. Jede und jeder kann sich jederzeit und in jeder Hinsicht irren. Offene Gesellschaften setzen auf genau diese Einsicht, und darauf, den Raum der Ansichten und Meinungen offen zu halten in der Hoffnung auf praxisbewährte taugliche Lösungen.

Toleranz hat allerdings auch ihre Grenzen, und zwar in Gestalt einer Toleranz gegenüber einer Intoleranz durch Andere (Konfliktkontrahent*innen, politische Gegner*innen, Fremde etc.) gegenüber eigenen Überzeugungen und Orientierungen. Diese Art der Toleranz kann nicht funktionieren, dies würde in das von Karl Popper beschriebene *‚Paradox der Toleranz'* führen: „Uneingeschränkte Toleranz führt mit Notwendigkeit zum Verschwinden der Toleranz. Denn wenn wir die uneingeschränkte Toleranz sogar

auf die Intoleranten ausdehnen, wenn wir nicht bereit sind, eine tolerante Gesellschaftsordnung gegen die Angriffe der Intoleranz zu verteidigen, dann werden die Toleranten
vernichtet werden und die Toleranz mit ihnen" (Popper 1992a, S. 332–333). Popper
betont selbst, dies sei keineswegs ein Plädoyer für eine grundsätzliche Unterdrückung
der Intoleranten, sondern er plädiert lediglich für einen Notwehrmechanismus, im
Notfall und „im Namen der Toleranz das Recht für uns in Anspruch [zu] nehmen, die
Intoleranten nicht zu dulden" (Popper 1992a, S. 333). Eine Gesellschaft, die dieses Recht
nicht für sich in Anspruch nehmen will, droht von Intoleranten gewaltsam überwältigt zu
werden.

Gerade die Betonung der Vermeidung von Feindseligkeit verweist auf einen weiteren
Aspekt von Bildung, der allerdings nicht auf kognitive und moralische, sondern auf
einen emotionalen und sittlichen Aspekt abzielt und am besten mit dem altmodischen
Begriff der ‚Herzensbildung' umschrieben werden kann. Um das angemessen einordnen
zu können, sei ein extremes Beispiel angeführt. Bekanntlich waren SS-Offiziere des
NS-Regimes keineswegs ungebildet, sie waren mehrheitlich akademisch ausgebildet
und nach damals üblichen Maßstäben intelligent. Diese Bildung und Intelligenz haben
sie aber nicht daran gehindert, tagsüber ihren mörderischen Tätigkeiten nachzukommen
und abends, nach getaner ‚Arbeit', Mozartplatten aufzulegen und sich einem klassischen
‚gebildeten' Kunstgenuss hinzugeben. Angesprochen ist damit das schwierige Thema
‚sittlicher Bildung', die nicht kognitiv erlernt, sondern nur in der Praxis des Zusammenlebens von Menschen an entsprechenden Vorbildern abgeschaut und über Übungs- und
Gewöhnungseffekte habitualisiert werden kann (Aristoteles 2001 [ca. 335–322 v. u. Z.],
2009). Allerdings gibt es für eine solche Habitualisierung sittlicher und emotionaler
Kompetenz keine Garantie. Entscheidend ist aber, diesen Aspekt nicht aus dem Blick zu
verlieren, wenn adäquat über Bildung gesprochen werden soll.

In dem hier weiterentwickelten Verständnis der Dahrendorfschen Ligaturen lässt
sich dies folgendermaßen fassen: Toleranz ist in Bezug auf unterschiedliche moralische
innengerichtete Ligaturen geboten. Es ist die freie Entscheidung des Individuums,
welchen Moralen es einen Sinn für sich zuschreibt. In Bezug auf außengerichtete
moralische Ligaturen endet die Toleranz, wenn mit ihnen die Gefährdung der Lebenschancen anderer Menschen verbunden ist. Ethische Ligaturen bilden die Voraussetzung
zur Entwicklung von Lebenschancen, sie bilden die Klammer einer nach Lebenschancen
strebenden Gesellschaft, insofern ist der Angriff auf diese nicht tolerabel.

6.4 Umgang mit Ungewissheit

Die ganze Angelegenheit wird noch komplizierter, wenn mit Popper und Dahrendorf
der Umstand zu berücksichtigen ist, dass menschliches Erkennen und Handeln stets
und unhintergehbar einer ‚prinzipiellen Ungewissheit' darüber ausgesetzt sind, nie
genau zu wissen, ob die gewonnenen Erkenntnisse ‚wahr' und die vollzogenen Handlungen ‚richtig' oder ‚gerecht' sind. Aus diesem Umstand zieht Dahrendorf eine auch

für potenzielle landschaftsbezogene Auseinandersetzungen und Weltanschauungen wegweisende Folgerung: „Aus der Annahme der Ungewißheit folgen nun aber ganz bestimmte moralische Maximen: Konventionen der Wissenschaft, Spielregeln der politischen Ordnung, generell Maximen des privaten und öffentlichen Verhaltens" (Dahrendorf 1972, S. 313). Er fordert daher eine „Ethik der Ungewissheit", die zugleich eine „Ethik der Freiheit" ist (Dahrendorf 1972, S. 313), unter der ein aufgeklärter Umgang mit epistemischer und moralischer Ungewissheit zu verstehen ist. Das Argument lässt sich auf folgende Weise rekonstruieren: Ungewissheit ist eine Voraussetzung der Freiheit, denn Ungewissheit zwingt zur kritischen (Über)Prüfung und kritische (Über)Prüfung wendet sich per se gegen jede Form des Dogmatismus (Berr 2019c). Das alles hat zur Folge, den eigenen Standpunkt klar im Wissen darum zu vertreten, dass er falsch und die Position des anderen richtig sein könnte, also die eigene Irrtumsmöglichkeit stets mit einberechnet werden muss. Noch komplizierter wird die Lage, wenn darüber hinaus berücksichtigt wird, dass die Zuschreibungen ‚richtig' und ‚falsch' keine überhistorischen oder dekontextualisierten Maßstäbe, sondern historisch und kontextuell situiert sind. Das wiederum erfordert ein historisches und kontextsensitives Denken, das seinerseits Bildung erforderlich macht. Schließlich sind solche Ungewissheit und Kritikbedürftigkeit mit permanenter Konfliktträchtigkeit verbunden: „Die Ethik der Freiheit ist ihrerseits eine Ethik des Konfliktes, des ertragenen und gebändigten Antagonismus" (Dahrendorf 1972, S. 313–314). Ob in „Wissenschaft und Politik" oder anderen sozialen Systemen und Lebensbereichen – Menschen brauchen stets „die lebendige Auseinandersetzung" (Dahrendorf 1972, S. 315).

Wenn, wie in diesem Buch mehrfach geschehen, Weltanschauungen oder Positionen von ihren Konsequenzen her durchdacht und beurteilt werden, also die Frage gestellt wird, was aus welchen Annahmen und Vorhaben folgt, ergibt sich eine weitere Schwierigkeit. Wir haben die landschaftlichen und andere Folgen des Sozialismus, Ökologismus, Ökonomismus etc. herausgearbeitet und diese auch bewertet. Unser Maßstab ist der einer Bewahrung und Steigerung von Lebenschancen für möglichst viele Menschen. Diesen Maßstab haben wir in Anlehnung an insbesondere Popper und Dahrendorf ausgewiesen und plausibilisiert – und wir sind auch von dessen Relevanz, Tragfähigkeit und Reichweite überzeugt. Allerdings können wir auf Grundlage der von uns beanspruchten Theorien und unserer wissenschaftlichen Grundüberzeugungen kein Metakriterium unseres Beurteilungsmaßstabes bemühen, das über allgemein anerkannte wissenschaftstheoretische Regeln wie beispielsweise Konsistenz der Annahmen und Aussagen sowie Forderungen nach einem ‚minimalen Realismus und Empirismus', nach Anerkennung der Fallibilität und das ‚Streben nach Objektivität' und logischer Klarheit (Schurz 2014) hinausginge. Das heißt aber auch, dass der von uns beanspruchte Beurteilungsmaßstab einer Bewahrung und Steigerung von Lebenschancen für die Beurteilung landschaftlicher Folgen und Nebenfolgen räumlicher Eingriffe sich auf kein absolutes Fundament stützen kann. Auch dieser Maßstab ist und bleibt fallibel und hat sich stets aufs Neue in Anwendung auf Welt und derer aktuellen Problemlagen zu bewähren. In dieser Position eines wissenschaftlichen ‚Denkens ohne Geländer'

(Arendt 2019) kommen Wissenschaftler~innen bei Begründungs- oder Rechtfertigungs-
versuchen ihrer Positionen unweigerlich an einen Punkt, an dem sie nicht tiefer nach
weiteren Fundamenten für ihre Theorien graben können: „Habe ich die Begründungen
erschöpft, so bin ich nun auf dem harten Felsen angelangt, und mein Spaten biegt sich
zurück. Ich bin dann geneigt zu sagen: ‚So handle ich eben'" (Wittgenstein 1995 [1953],
S. 350). In diesem Sinn ist jede(r) Wissenschaftler~in nicht auf ein letztes Fundament,
sondern auf eine letzte eigene Entscheidung verwiesen, die nicht ‚absolut' begründbar
ist. Dieser unausgesprochene Dezisionismus (vgl. Werner 2006) zeigt sich am deut-
lichsten in der Frage der Begründung von politischen und moralischen Überzeugungen,
die in politischen Theorien enthalten und von Menschen in Konflikten vorausgesetzt
sind und nach Möglichkeit durchgesetzt werden sollen. Nicht nur gibt es eine Pluralität
moralischer Orientierungen, sondern auch eine Pluralität ethischer Theorien, die unterschiedliche ethische Beurteilungskriterien moralischen Handelns und entsprechender
Haltungen und Orientierungen entwickelt haben. Die Folge ist, es gibt keinen allgemein-
gültigen Maßstab der Beurteilung politischer oder moralischer Überzeugungen und ihrer
Handlungsfolgen; es gibt keine ‚bessere' oder ‚richtigere' Überzeugung oder Haltung.
Theoretisch bedeutet dies, auf Letztbegründungs- oder Rechtfertigungsansprüche, in
Debatten und Konflikten, auf moralisierende, totalisierende oder absolute Geltungs-
ansprüche zu verzichten.

6.5   Lebenswelt und Ligaturen

Ein weiteres Problem betrifft die Kluft zwischen vorwissenschaftlicher alltags- bzw.
lebensweltlicher, an Werten, Überzeugungen und Gewohnheiten gebundener Sitte und
Moral einerseits, und wissenschaftlicher Reflexion oder sogar normativer Ethik am
Maßstab des ‚Richtigen' oder ‚Guten' andererseits. Denn das Grundproblem bei einer
Anwendung ethischer Theorie auf gewachsene Lebenswelten ist, „wie Moralprinzipien
oder Grundkonzeptionen von Ethik auf spezifische Sektoren sozialer Praxis bezogen
werden können, die ihrerseits bereits geregelt sind" (Ott 1996, S. 70). Darin impliziert
ist die grundlegende Frage, was eine Moralphilosophie oder Ethik Menschen zumuten
kann. Als ein Charakteristikum der Ethik kann genau diese Frage der Zumutbarkeit von
Normen betrachtet werden (Bayertz 2004; Gethmann und Sander 2004). In der Terminologie von Dahrendorf: Welche Ligaturen sind zumutbar? Noch schärfer formuliert: Ist
es grundsätzlich zumutbar, dass Menschen außengerichtete Ligaturen zugemutet werden
können?

In diesen Zusammenhang der Frage nach der Zumutbarkeit moralischer Normen
gehört auch die Frage nach der Zumutbarkeit unnötiger ‚moralischer Aufladung' von
Sachfragen, Diskursen oder Diskussionen, die besser ohne Moral auskommen können
und deren Unnötigkeit auch als ‚Moralisierung' aufgefasst werden kann. Angesprochen
ist damit die Notwendigkeit einer Unterscheidung zwischen einer deplatzierten über-
flüssigen Moralisierung und solchen Fällen, in denen Moral möglicherweise angebracht,

nützlich oder notwendig ist (Neuhäuser und Seidel 2020). Auf diese Unterscheidung hat auch der Schriftsteller, Jurist und Rechtsphilosoph Bernhard Schlink in zwei Interviews aufmerksam gemacht (Sternstunde Philosophie 2020; Strehle und Schlink 2022). Schlink warnt davor, Moral, die nicht per se deplatziert sei, nicht zu ‚verplempern‘ für Fragen nach Fleischkonsum, Autoverkehr, Klima etc., die sich im Zuge politischer Aushandlungen und unter Einsatz von Technik und teils auch dem Recht anders, eleganter und effektiver regeln (z. B. mit Dahrendorf) ließen (Sternstunde Philosophie 2020). Es müsse stattdessen darum gehen, die Moral dort, wo sie gebraucht wird und sinnvoll ist, wieder ernst zu nehmen und deren Potenzial nicht unnötig mit zu kleiner Münze für unangebrachte Fälle zu vergeuden (Strehle und Schlink 2022).

Sämtliche Ausführungen zu ‚Moral‘ und ‚Moralisierung‘, die in diesem Buch zu finden sind, treffen selbstverständlich auch auf die Autoren dieses Buches zu. Konkret bedeutet dies, die eigene, in diesem Buch vertretene Position nicht selbst moralisch zu überhöhen. Wir erheben keinen moralischen, sondern einen wissenschaftlichen Anspruch, das heißt, wir argumentieren entlang der begrifflich zu erfassenden Sachfragen, zeigen Folgen und mögliche Nebenfolgen (die Kosten) von Positionen auf und machen einen begründeten Vorschlag, wie man mit strittigen Fragen und Sachproblemen umgehen kann, zeigen die Vorzüge eines solchen Vorschlags (den Gewinn an Lebenschancen) und stellen diesen Vorschlag zur Diskussion. Nicht mehr und nicht weniger.

6.6   Darum eine Offene Gesellschaft!

Die Offene Gesellschaft ist nicht die beste aller vorstellbaren Gesellschaften, sie ist aber diejenige, die uns vor den Fehlbarkeiten und Irrungen einzelner Menschen bis hin zu ganzen Gesellschaften nach menschlichem Maß schützen kann. Ihre unintendierten Nebenfolgen sind – Reflexions- und Kritikfähigkeit vorausgesetzt – immer wieder korrigierbar. Auf das Beispiel des Sozialismus bezogen bedeutet dies kurz gesagt: „Der Kapitalismus ist dem Sozialismus nicht deswegen überlegen, weil wir nicht altruistisch genug sind, sondern weil wir nicht genug wissen, um eine Volkswirtschaft zu steuern und zu planen" (Niemietz 2021, S. 57). Die nötigen Kompromisse und Konfliktregelungen in einer Offenen Gesellschaft bedeuten zwar, dass niemals ‚die reine Lehre‘ durchgesetzt wird, sie bedeuten aber auch, dass die potenziell größeren unintendierten Nebenfolgen dieser Lehren lediglich mit eingeschränkter Vehemenz auftreten. So hat die im Popperschen Sinne kritisch-rationale Person „gelernt, auch Kompromisse zu akzeptieren" (Alt 1995, S. 51). Unabhängig von der verminderten Fähigkeit Geschlossener Gesellschaften, die Tauglichkeit der eigenen Maßnahmen kritisch zu überprüfen und gegebenenfalls Korrekturen vorzunehmen, bedeutet eine Verbindlichkeit erlangende Adressierung von moralischen Ligaturen an andere eine Verringerung von deren Optionen. Die Steigerung der eigenen Optionen wird mit der Verringerung der Optionen vieler anderer bezahlt. Was im Einzelfall reizvoll erscheint, verliert diesen Reiz dann, wenn die eigene Unterordnung, das Wollen eines individuellen Strebens einem überindividuellen Sollen eines behaupteten Allgemeinwohls untergeordnet wird, also unter verallgemeinerte moralische Ligaturen von anderen erzwungen wird (s. Abschn. 2.8). Um es kurz und prägnant zu sagen: Eine Geschlossene Gesellschaft ist nur dann (vorläufig) eine ‚feine Sache‘, wenn es die eigene Geschlossene Gesellschaft ist, sonst ist diese Sache recht unerfreulich. Denn der „Hiat zwischen Gemeinwohl und Eigeninteresse ist prinzipiell nicht überbrückbar" (Krämer 1992, S. 40). Die Vorläufigkeit der ‚Gutheit‘ der ‚guten Sache‘ wiederum, um derentwillen Freiheiten eingeschränkt werden sollen, resultiert aus den unintendierten sozialen oder auch ökologischen Nebenfolgen einer Geschlossenen Gesellschaft, von Absentismus bis offenen Widerstand, von Wohlfahrtsverzichten bei gleichzeitiger Zunahme der Belastung der Umwelt bis zum Risiko der Verarmung weiter Bevölkerungskreise ohne jedwede erhoffte positive Folge.

Zudem führt – pragmatisch gesehen – die moralische Verurteilung einer Person, die nicht den moralischen Erwartungen der (bewussten oder unbewussten) Anhänger Geschlossener Gesellschaften entsprechen – auch zu einem (vermeintlich) guten Zweck –, nur selten zu dem unmittelbar damit verbundenen Ziel von deren Verhaltensänderung. So sind beispielsweise deren Exit-Optionen mannigfach, etwa in Form der Zurückweisung des Moralstandards oder der Umkehrung der Moralisierung aufgrund eines alternativen Moralstandards. Selbst die (erzwungene) Unterordnung unter nicht akzeptierte Moralen ist problematisch, birgt diese doch die Gefahr eines Rückfalls in alte Handlungsmuster, wenn der verhaltens- und handlungskonformierende Moralisierungsdruck nachlässt. Anstelle des Rückgriffs auf Moralisierung als Grundlage zum Vollzug alternativer Handlungsmuster, die aus allgemeinen und abstrakten Herausforderungen resultieren, erscheint daher eine Kommunikation sinnvoll, die alltagsweltlich anschlussfähig ist, wie etwa die (am aktuellen Stand der Wissenschaft ausgerichtete) Darstellung der Veränderung vertrauter Landschaften, Stadtteilen oder Gärten (Müller-Salo 2020b). Auch Handlungsänderungen sollten sich daher durch eine gewisse Pragmatik auszeichnen, nicht durch einen an Maximalforderungen ausgerichteten Fundamentalismus.

Alles in allem hoffen wir gezeigt zu haben, enthält die Offene Gesellschaft zwar – auch wenn sie infolge des ständigen Ringens um taugliche Lösungen fragiler erscheint als Geschlossene Gesellschaften (Brunnhuber 2019) – zahlreiche Zumutungen durch Kritik und Kritikfähigkeit und ist wahrscheinlich nicht die ideale Gesellschaft. Aber sie ist unserer Ansicht nach, was in diesem Buch zu zeigen war, diejenige Gesellschaftsform, die am robustesten gegenüber Entwicklungen ist, die sich ex post als bedrohlich für die Freiheit und das Wohlergehen der Menschen herausstellen könnten. Typische Mechanismen der Gefährdung der Offenen Gesellschaft haben wir daher in diesem Buch vorgestellt, wie beispielsweise unreflektierte und bedingungslos übernommene moralische Ligaturen, Formen unterschiedlicher Paternalismen, die Bildung exklusivistischer kollektiver Identitäten und Essentialisierungen, Kontingenzintoleranz, Ironieabstinenz und der Wille zur Eindeutigkeit, Vollkommenheit, Harmonie und Totalität – häufig in sich wechselseitig verstärkender Kombination. Als außengerichtete Ligaturen verstanden, sind sie darauf gerichtet, Außenzwänge in Innenzwänge zu verwandeln, wodurch die Versuche von ‚moral entrepreneurs‘, neue, in diesem Falls restriktivere Moralen für allgemeinverbindlich zu erklären, wirkungsvoll und erfolgreich waren, was in eklatantem Widerspruch zu dem Gebot Offener Gesellschaften steht: „Du sollst die Freiheit eines Ich nicht unnütz beschränken" (Marcuse 1984, S. 356).

Daher mag auch die Vorstellung einer Offenen Gesellschaft als offener Entwicklungsprozess für Anhänger~innen ‚Großer Erzählungen' (Lyotard 1979) kaum akzeptabel erscheinen. Denn die Befürworter einer Offenen Gesellschaft vertreten ein Geschichtsverständnis, das, „anders als Hegelianer und Marxisten glauben, nicht von ehernen Gesetzen geprägt [ist], sondern von den erratischen Entscheidungen, Präferenzen und Einschätzungen menschlicher Akteure" (Nida-Rümelin 2020, S. 199), und die somit, auf den thematischen Fokus dieses Buches bezogen, unter anderem Landschaft 1 und Landschaft 3 prägen. Die Landschaft 3 ist auf diese Weise geprägt von unterschiedlichen Vorstellungen, gebildet aus dem a-, b- und c-Modus, wobei gerade der c-Modus zahlreiche, sich teilweise widersprechende, kaum vereinbare, von unterschiedlichen Reichweiten charakterisierten Theorien geprägt wird. In Landschaft 1 wiederum sind individuelle wie auch über-individuelle Präferenzen eingeschrieben, wie auch die räumlichen Ansprüche der unterschiedlichen gesellschaftlichen Teilsysteme. Und auch Landschaften 2 sind in sich nicht widerspruchsfrei, da a-Modusvorstellungen jenen des b-Modus widersprechen können, ganz zu schweigen von den expertenhaften Sonderwissensbeständen von Experten (hierzu empirisch: Kühne 2006a).

6.7   Die Offene Gesellschaft und ihre Unterschiede

Was das Individuum als Referenzpunkt unterschiedlicher Akteure in einer Offenen Gesellschaft anbelangt, ist dieses durch eine spezifische mikrosoziologische Nebenfolge möglicher Entwicklungen hin zu einer Geschlossenen Gesellschaft betroffen. Die radikale Entkomplexisierung der Welt durch die Kultivierung individueller oder teilgesellschaftlicher (monadischer) passiver Sensibilitäten erschwert nämlich einen empathischen (also aktiv-sensiblen) Umgang mit Menschen, die nicht der eigenen Weltanschauung und der damit zumeist einhergehenden moralischen Selbsterhöhung folgen. Aus Perspektive der soziologischen Rollentheorie lässt sich dies als Entdifferenzierung der Trennung von Rolle und Person verstehen, was letztlich mit einer Essentialisierung der notwendigerweise von Personen zu übernehmenden Rollen als unintendierte Nebenfolge verbunden ist: Ein Mensch hat nicht mehr verschiedene Rollen, denen er (konfliktbehaftet) Rechnung tragen muss, sondern er ‚ist' vermeintlich diese Rollen, weil die Rollen Ausdruck seines Wesens (ob nun als ‚Rechter', ‚Muslima', ‚Neoliberaler' oder ‚Mensch mit unreflektierten Klasseninteressen') sind. Das heißt, eine Person wird nun mit ihren Rollen, die sie in der Gesellschaft übernehmen muss, wesenhaft (essentialistisch) *identifiziert*. Eine solche Essentialisierung erschwert aber nicht allein einen empathischen aktiv-sensiblen Umgang mit anderen Personen, sondern beinhaltet grundsätzlich die Gefahr der Totalität, schließlich muss die ‚Welt' in dieser totalitären Perspektive von ihrer Unvollkommenheit ‚geheilt' werden (siehe auch Grau 2017;

Scheller 2021). Zudem wird auf diese Weise ein positiver Effekt von Rollen aufgegeben: Sie haben nicht allein die Funktion der Koordinierung der Gesellschaft, sie gewährleisten auch einen Schutz der Person, schließlich erfordert einerseits nicht jede soziale Situation eine persönliche Bezugnahme (etwa das Bezahlen im Supermarkt), andererseits bieten Rollen den Schutz, nicht jeden inneren Konflikt, Selbstzweifel oder auch Glücksmoment jedermensch offenbaren zu müssen (ausführlicher: Dahrendorf 1959; Turner 1956). Die von Anhängern der Geschlossenen Gesellschaft aus unterschiedlichen Gründen (bewusst oder unbewusst) angestrebte Totalität resultiert insbesondere aus den Prozessen der Überdehnung und Verallgemeinerung: Verallgemeinerung der eigenen monadischen Weltanschauung auf die übrige Gesellschaft (und darüber hinaus) (Möllers 2020) mittels außengerichteter Ligaturen, und Überdehnung im Sinne einer Anwendung dieser monadischen Weltanschauuung nicht nur auf aktuelle soziale Kontexte, sondern auch auf historische und künftige (Berr 2022b; Kühne et al. 2022; Pietsch 2022).

Menschen in ihrer Individualität sind zudem unterschiedlich, etwa hinsichtlich ihrer Körpergröße, ihres biologischen Geschlechts, ihrer Begabungen etc., und entziehen sich dadurch einer allumfassenden, sprich: totalitären Gleichmacherei. Ungleichheiten zwischen Menschen sind unter dieser Voraussetzung generell unvermeidlich, spezifische Ungleichheit ist allerdings keineswegs zwangsläufig in jedem Fall tolerierbar oder gut zu heißen, sondern Ungleichheit ist dann und nur dann tolerierbar, wenn sie der gesamten Gesellschaft zugutekommt (Rawls 1971). Beispielsweise können unterschiedliche Begabungen dazu führen, dass Menschen unterschiedliche gesellschaftliche Funktionen ohne inneren Abscheu erfüllen. Nicht tolerierbar sind Ungleichheiten, wenn sie zu einer systematischen Vorenthaltung von Lebenschancen führen, tolerierbar sind sie hingegen, wenn sie dynamisch verfasst sind, also Personen im Rahmen solcher Ungleichheiten die Chance haben, ihren sozialen Status durch Eigenleistung (oder den Verzicht darauf) zu verändern (Möllers 2020). Ob Lebenschancen ergriffen werden, liegt also in der Selbstverantwortung der einzelnen Menschen. Unabhängig von der *Bereitschaft,* Lebenschancen zu ergreifen, unterminiert ein unbegrenzter sozialer Abstieg nicht allein die Wahrnehmung gleicher politischer Grundrechte, er vernichtet auch die *Fähigkeit,* Lebenschancen zu ergreifen. Insofern fungiert beispielsweise ein bedingungsloses Grundeinkommen als eine Lebenschancengarantie (aus liberaler Perspektive: Brunnhuber 2019; Dahrendorf 1986, 2010; Möllers 2020; Peranic 2020). Das utopistische Bemühen um Ergebnisgleichheit, insbesondere mittels externer moralischer Ligaturen, vermittelt auch durch staatliche Institutionen, produziert weniger die intendierte Solidarität (diese ist letztlich eine freiwillige Entscheidung und nicht das Ergebnis einer Verordnung; Rorty 1997), sondern produziert durch die Entbindung des Menschen aus der Verantwortung für sich selbst (und andere) die Nebenfolge einer Infantilisierung der Gesellschaft (Flaßpöhler 2021; Kissler 2020). Diese Infantilisierung wiederum geht einher mit den ,säkularen Religionen' (Aron 1946), in denen nicht kritische (im Sinne der Aufklärung) Distanz von der Gesellschaft gefordert wird, sondern kindlicher Glaube an das Gute (Bolz 2020).

Eine Stärkung des Individuums in seiner Eigenverantwortung und damit Resilienz gegen solche Infantilisierung ist möglich am Leitfaden einiger grundsätzlicher Einstellungen und Reflexionsformen. Erstens kann die Prüfung und Orientierung an ethischen Ligaturen Personen befähigen und darin stärken, moralische Ligaturen in ihrem teils generellen oder sogar universalen Geltungsanspruch zu hinterfragen und zu prüfen und auf dieser Basis moralische und ethische Ligaturen reflektiert, bewusst und eigenverantwortlich in ihrer Bindungskraft anzuerkennen und anzunehmen. Zweitens kann auf dieser Grundlage auch die individuelle Fähigkeit und Bereitschaft gestärkt werden, die Würde des Einzelnen (insbesondere jenseits einer gruppenidentitären Selbst- und Fremdpositionierung) und dessen Meinungen, Überzeugungen, Entscheidungen und Urteile unvoreingenommen anzuerkennen. Drittens wird mit diesen grundsätzlichen Reflexions- und (Eigen)Verantwortungsformen ein Rahmen eröffnet, auf Moral oder Moralisierung weitgehend verzichten zu können und Moral weitgehend auf die Lebensbereiche und Handlungssituationen zu beschränken, wohin sie gehört, nämlich in den Bereich der Regelung persönlicher und privater Beziehungen im eigenen persönlichen Lebensumfeld.

6.8   Die Offene Gesellschaft als Rahmen für die Vermeidung von Schmerz

Die Offene Gesellschaft lässt sich nach allem Gesagten auch als jene Form des sozialen Zusammenlebens beschreiben, die am besten dazu geeignet ist, Schmerzen (physische oder psychische) zu vermeiden (Popper 1965; Rorty 1997; Shklar 1990). Diese Fähigkeit hat jedoch auch die Nebenfolge, dass Schmerz in zivilisierten Gesellschaften, die zur Offenheit tendieren, primär in verinnerlichter Form anzutreffen ist, da die Quellen physischen Schmerzes weitgehend zurückgedrängt sind (etwa durch Krieg, Straßenkämpfe, Folter, aber auch durch unfallvermeidende Technologien bei Verkehrsmitteln) oder unvermeidlicher Schmerz (etwa bei Krankheit) mittels medizinischer Maßnahmen eingedämmt ist oder stark gelindert werden kann. Der Erfolg von zur Offenheit tendierender Gesellschaften, Schmerzen zu vermeiden, führt allerdings – und das ist die Kehrseite – zu einer Verschiebung der Toleranzschwelle für Schmerzen (Bolz 2020; Elster 2009; Flaßpöhler 2021). Dadurch werden die zur Offenheit tendierenden Gesellschaften vor die Herausforderung gestellt, einer Konfrontation mit verminderter Schmerztoleranz einerseits, und utopistischen Schmerzbefreiungsansprüchen andererseits angemessen begegnen zu können. Der bereits beschriebene utopistische Fehlschluss, der Menschen der *Zukunft* mit moralischen Maßstäben der *Gegenwart* bevormundet, sowie der ‚futuristische Fehlschluss‘ (Thies 2021, S. 49), der aus der Perspektive einer wie auch immer antizipierten *Zukunft* Prognosen sowie Werturteile für die *Gegenwart* abgibt (Abschn. 2.4), sind stets auch mit dem Versprechen verbunden, das Glück der Menschen oder die allgemeine Wohlfahrt zu steigern. Wie gezeigt, entpuppt sich in der historischen Rückschau dieses Heilsversprechen bislang stets als faktisches

Unheilsszenario. Stattdessen kommt es im Sinne von Popper darauf an, erstens den von Freud in der Schrift ‚*Das Unbehagen in der Kultur*‘ formulierten Gedanken zu ertragen, „die Absicht, dass der Mensch ‚glücklich‘ sei, ist im Plan der ‚Schöpfung‘ nicht enthalten" (Freud 1988 [1930], S. 75), Schmerz zum Leben dazugehört und Glücksversprechungen jedweder Couleur skeptisch zu betrachten sind. Zweitens kommt es daher weniger darauf an, (utilitaristisch) das ‚größte Glück der größten Zahl‘ der eigenen Gruppe, Klasse, Nation, Nationengemeinschaft oder gar der gesamten Menschheit anzustreben oder als realisierbar zu behaupten, sondern vielmehr das kleinstmögliche Maß an Leid für diejenigen anzustreben, die auf unsere Hilfe angewiesen sind: „Die Hybris, die uns versuchen läßt, das Himmelreich auf Erden zu verwirklichen, verführt uns dazu, unsere gute Erde in eine Hölle zu verwandeln" (Popper 1965, S. VIII). Das alles hört sich vielleicht nach wenig an, allerdings sind die großen Heilsversprechungen bislang sämtlich gescheitert und allzu oft in Katastrophen gemündet. Auch im Sinne von Popper wäre aus diesen Fehlern zu lernen.

Die Offene Gesellschaft und ihre Lebenschancen – ein Kondensat als Fazit

Um den Unterschied zwischen Offenen und Geschlossenen Gesellschaften noch einmal pointiert zusammenzufassen: In Offenen Gesellschaften dienen ethische Ligaturen dazu, innen- und außengerichtete moralische Ligaturen vor dem Hintergrund zu prüfen, ob sie der Erhaltung oder Erweiterung von Lebenschancen dienlich sind, also Optionen ermöglichen. Die Entwicklung zu Geschlossenen Gesellschaften ist mit einem utopistischen Optionsversprechen verbunden, zu dessen Erreichung jedoch eine Expansion moralischer Ligaturen, unter Einschränkung von Optionen und der Diskreditierung ethischer Ligaturen erfolgt. Dies dient nicht zuletzt der Sicherung der Privilegien der ‚moral entrepreneurs' (Becker 1963). Der utopistische Zustand ist letztlich von einer Entdifferenzierung von ethischen und moralischen Ligaturen sowie Optionen geprägt, die Welt 2 geht in den Vorgaben der Welt 3 auf und versteht dies als Ergreifen von in Überfülle vorhandener Optionen. Die Landschaft 1, die so entstünde, wäre von ‚Harmonie' und ‚Schönheit' geprägt, anders als der ‚Flickenteppich' der Landschaften 1 Offener Gesellschaft. Diese Sehnsucht nach ‚Harmonie' und ‚Schönheit' ist jedoch – Popper folgend – nichts anderes als Ausdruck von Romantizismus und Ästhetizismus. Der Preis der für eine solche ‚Überdehnung der Gegenwart in die Zukunft', die sich – drastischer ausgedrückt – auch als ‚Kolonisierung der Zukunft' begreifen lässt, gezahlt werden muss, ist jener der Kontingenzvernichtung und der Entkomplexisierung. Dies wiederum führt zur Resilienzminimierung, da Alternativen nicht mehr auf Tauglichkeit geprüft werden, sondern häufig nicht entstehen können. Der Prozess der Totalisierung expliziter in implizite moralische Ligaturen hat damit einen Abschluss gefunden. Auch wenn der hier vertretene Ansatz der Maximierung von Lebenschancen auf Toleranz gegenüber unterschiedlichen Alternativen der Weltdeutung, -bewertung und Zukunftsentwürfen beruht, endet diese Toleranz bei Angriffen auf ethische Ligaturen, die den Rahmen der Offenen Gesellschaft bilden. Toleranz hingegen ist unbedingt geboten

© Der/die Autor(en), exklusiv lizenziert an Springer Fachmedien Wiesbaden GmbH, ein Teil von Springer Nature 2022
O. Kühne et al., *Die Geschlossene Gesellschaft und ihre Ligaturen – eine Kritik am Beispiel ‚Landschaft'*, RaumFragen: Stadt – Region – Landschaft, https://doi.org/10.1007/978-3-658-38583-5_7

gegenüber innengerichteten moralischen Ligaturen, die dem Individuum (Welt 2) Sinn für die Entwicklung und Nutzung von Optionen geben. Die Toleranz gegenüber außengerichteten moralischen Ligaturen endet dagegen dann, wenn Lebenschancen anderer Menschen durch sie eingeschränkt werden.

Literatur

Ach, J. S., Bayertz, K. & Siep, L. (Hrsg.). (2008). *Grundkurs Ethik*. Paderborn: Mentis.

Ackermann, U. (Hrsg.). (2007). *Welche Freiheit. Plädoyers für eine offene Gesellschaft*. Berlin: Matthes & Seitz.

Ackermann, U. (2016). Ralf Dahrendorf: Gesellschaft und Freiheit. Zur soziologischen Analyse der Gegenwart, R. Piper & Co Verlag: München 1961, 455 S. In S. Salzborn (Hrsg.), *Klassiker der Sozialwissenschaften. 100 Schlüsselwerke im Portrait* (2. Auflage, S. 217–220). Wiesbaden: Springer VS.

Ackermann, U. (2020). *Das Schweigen der Mitte. Wege aus der Polarisierungsfalle*. Darmstadt: WBG.

Adorno, T. W. (1970). *Gesammelte Schriften. Band 6. Negative Dialektik. Jargon der Eigentlichkeit*. Frankfurt (Main): Suhrkamp.

Alber, J. (2009). Die Ligaturen der Gesellschaft. In memoriam Ralf Dahrendorf – ein persönlicher Rückblick. *WZB-Mitteilungen 125* (September), 46–49. https://bibliothek.wzb.eu/artikel/2009/f-14809.pdf. Zugegriffen: 30. August 2017.

Alt, J. A. (1995). *Karl R. Popper* (2. Aufl.). Frankfurt: Campus-Verlag.

Anderson, B. (2006). „Transcending Without Transcendence". Utopianism and an Ethos of Hope. *Antipode 38* (4), 691–710. https://doi.org/10.1111/j.1467-8330.2006.00472.x.

Anter, A. (2012). *Theorien der Macht zur Einführung*. Hamburg: Junius Verlag.

Arendt, H. (1970). *Macht und Gewalt*. München: Piper.

Arendt, H. (2019). *Denken ohne Geländer. Texte und Briefe* (10. Auflage). München: Piper.

Aristoteles. (1991 [348–345 v.u.Z.]). *Metaphysik. Schriften zur ersten Philosophie*. Stuttgart: Reclam.

Aristoteles. (2001 [ca. 335 – 322 v.u.Z.]). *Die Nikomachische Ethik. Griechisch-deutsch*. Düsseldorf: Artemis & Winkler (Übersetzt von Olof Gigon, neu herausgegeben von Rainer Nickel).

Aristoteles. (2009). *Politik. Neuausgabe*. Reinbek bei Hamburg: Rowohlt (Nach der Übersetzung von Franz Susemihl mit Einleitung, Bibliographie und zusätzlichen Anmerkungen von Wolfgang Kullmann).

Aron, R. (1946). *L'homme contre les tyrans*. Paris: Gallimard.

Aron, R. (1985). *Raymond 1905–1983. Histoire et politique. Textes et témoignages*. Paris: Julliard.

Aron, R. (1990). *Chroniques de guerre. La France libre, 1940–1945* (Édition revue et annotée). Paris: Gallimard.

Aschenbrand, E. (2016). Einsamkeit im Paradies. Touristische Distinktionspraktiken bei der Aneignung von Landschaft. *Berichte. Geographie und Landeskunde 90* (3), 219–234.

© Der/die Herausgeber bzw. der/die Autor(en), exklusiv lizenziert an Springer Fachmedien Wiesbaden GmbH, ein Teil von Springer Nature 2022
O. Kühne et al., *Die Geschlossene Gesellschaft und ihre Ligaturen – eine Kritik am Beispiel ‚Landschaft'*, RaumFragen: Stadt – Region – Landschaft, https://doi.org/10.1007/978-3-658-38583-5

Aschenbrand, E. (2017). *Die Landschaft des Tourismus. Wie Landschaft von Reiseveranstaltern inszeniert und von Touristen konsumiert wird*. Wiesbaden: Springer VS.

Aschenbrand, E. & Grebe, C. (2018). Erneuerbare Energie und ‚intakte' Landschaft: Wie Naturtourismus und Energiewende zusammenpassen. In O. Kühne & F. Weber (Hrsg.), *Bausteine der Energiewende* (S. 523–538). Wiesbaden: Springer VS.

Aschenbrand, E., Kühne, O. & Weber, F. (2017). Steinharter Widerstand? Bürgerinitiativen und die Akzeptanz der Rohstoffgewinnung. *GesteinsPerspektiven* (2/2017), 8–12. http://webkiosk. stein-verlaggmbh.de/gp-02-17/57998424. Zugegriffen: 27. April 2019.

Ash, T. G. (2016). *Free Speech. Ten Principles for a Connected World*. New Haven: Yale University Press.

Assunto, R. (1963). *Die Theorie des Schönen im Mittelalter*. Köln: DuMont.

Bagoly-Simó, P. M. (2020). Landscape in Geography Textbooks. In D. Edler, C. Jenal & O. Kühne (Hrsg.), *Modern Approaches to the Visualization of Landscapes* (S. 371–385). Wiesbaden: Springer VS.

Bajohr, H. (2020). „Am Leben zu sein heißt Furcht zu haben". Judith Shklars negative Anthropologie des Liberalismus. In H. Bajohr (Hrsg.), *Judith N. Shklar. Der Liberalismus der Furcht* (3. Auflage, S. 131–167). Berlin: Matthes & Seitz.

Barkun, M. (2013). *A Culture of Conspiracy. Apocalyptic Visions in Contemporary Americ*. Berkeley: University of California Press.

Bärsch, C.-E. (1981). Sozialismus. In J. H. Schoeps, J. H. Knoll & C.-E. Bärsch (Hrsg.), *Konservativismus, Liberalismus, Sozialismus. Einführung, Texte, Bibliographien* (Uni-Taschenbücher Politologie, Neuere Geschichte, Soziologie, Bd. 1032, S. 140–249). München: Fink.

Bätzing, W. (2000). Postmoderne Ästhetisierung von Natur versus „schöne Landschaft" als Ganzheitserfahrung – Von der Kompensation der „Einheit der Natur" zur Inszenierung von Natur als Erlebnis. In A. Arndt, K. Bal & H. Ottmann (Hrsg.), *Hegels Ästhetik. Die Kunst der Politik – Die Politik der Kunst*. Zweiter Teil (S. 196–202). Berlin: Akademie-Verlag.

Bauer, T. (2018). *Die Vereindeutigung der Welt. Über den Verlust an Mehrdeutigkeit und Vielfalt* (Was bedeutet das alles?, Bd. 19492, 3., erneut durchgesehene Auflage). Ditzingen: Reclam.

Baum, G. (2021). *Freiheit. Ein Appell*. München: Benevento.

Bauman, Z. (1997). *Flaneure, Spieler und Touristen. Essays zu postmodernen Lebensformen*. Hamburg: Hamburger Edition.

Baumgarten, A. G. (2009 [1750–1758]). *Ästhetik* (Philosophische Bibliothek, 572a/b, 2 Bände). Hamburg: Meiner.

Bayertz, K. (1991). *Praktische Philosophie. Grundorientierungen angewandter Ethik* (Rowohlts Enzyklopädie, Bd. 522). Reinbek bei Hamburg: Rowohlt.

Bayertz, K. (2004). Zur Selbstaufklärung der angewandten Ethik. In H. Friesen & K. Berr (Hrsg.), *Angewandte Ethik im Spannungsfeld von Begründung und Anwendung* (S. 51–73). Frankfurt (Main): Peter Lang.

Bayertz, K. (2008). Was ist angewandte Ethik? In J. S. Ach, K. Bayertz & L. Siep (Hrsg.), *Grundkurs Ethik* (S. 165–179). Paderborn: Mentis.

Beck, U. (1997). *Was ist Globalisierung? Irrtümer des Globalismus – Antworten auf Globalisierung* (Edition Zweite Moderne, 1. Aufl.). Frankfurt (Main): Suhrkamp.

Becker, H. S. (1963). *Outsiders. Studies in the Sociology of Deviance*. New York: The Free Press.

Becker, S. & Naumann, M. (2018). Energiekonflikte erkennen und nutzen. In O. Kühne & F. Weber (Hrsg.), *Bausteine der Energiewende* (S. 509–522). Wiesbaden: Springer VS.

Benevolo, L. (1999). *Die Stadt in der europäischen Geschichte* (Europa bauen, Bd. 4021, Limitierte Sonderaufl.). München: Beck.

Berger, P. L. (2017 [1963]). *Einladung zur Soziologie. Eine humanistische Perspektive* (UTB Soziologie, Bd. 3495, 2., ergänzte Auflage). Konstanz: UVK Verlagsgesellschaft mbH; UVK/ Lucius. (Originalarbeit erschienen 1963).

Berr, K. (2005). Landschaft – Die Rehabilitierung des verschmähten Naturschönen in der Kunst. In U. Franke & A. Gethmann-Siefert (Hrsg.), *Kulturpolitik und Kunstgeschichte. Perspektiven der Hegelschen Ästhetik.* Sonderheft der Zeitschrift für Ästhetik und Allgemeine Kunstwissenschaft (S. 119–142). Hamburg: Meiner.

Berr, K. (2008). Carus und Hegel über Landschaftsmalerei. Landschaftsästhetik nach dem „Ende" der Landschaftsmalerei. In A. Gethmann-Siefert & B. Collenberg-Plotnikov (Hrsg.), *Zwischen Philosophie und Kunstgeschichte. Beiträge zur Begründung der Kunstgeschichtsforschung bei Hegel und im Hegelianismus* (S. 243–256). München: Fink.

Berr, K. (2009a). „Schöne Natur". Zu Hegels ästhetischer Natur-Deutung. In A. Gethmann-Siefert & E. Weisser-Lohmann (Hrsg.), *Wege zur Wahrheit. Festschrift für Otto Pöggeler zum 80. Geburtstag* (S. 239–260). Paderborn: Fink.

Berr, K. (2009b). *Hegels Bestimmung des Naturschönen. Zur Betrachtung und Darstellung schöner Natur und Landschaft.* Saarbrücken: Südwestdeutscher Verlag für Hochschulschriften.

Berr, K. (2014). Zum ethischen Gehalt des Gebauten und Gestalteten. *Ausdruck und Gebrauch – Dresdner wissenschaftliche Halbjahreshefte für Architektur Wohnen Umwelt* (12), 30–56.

Berr, K. (2017). Zur Moral des Bauens, Wohnens und Gebauten. In K. Berr (Hrsg.), *Architektur- und Planungsethik. Zugänge, Perspektiven, Standpunkte* (S. 111–138). Wiesbaden: Springer VS.

Berr, K. (2018a). Ethische Aspekte der Energiewende. In O. Kühne & F. Weber (Hrsg.), *Bausteine der Energiewende* (S. 57–74). Wiesbaden: Springer VS.

Berr, K. (2018b). Zur architektonischen Differenz von Herstellung und Gebrauch. In S. Ammon, C. Baumberger, C. Neubert & C. A. Petrow (Hrsg.), *Architektur im Gebrauch. Gebaute Umwelt als Lebenswelt* (Forum Architekturwissenschaft, Bd. 2, S. 48–71). Berlin: Universitätsverlag Technische Universität Berlin.

Berr, K. (2019a). Heimat und Landschaft im Streit der Weltanschauungen. In M. Hülz, O. Kühne & F. Weber (Hrsg.), *Heimat. Ein vielfältiges Konstrukt* (S. 27–51). Wiesbaden: Springer VS.

Berr, K. (2019b). Klassiker der Landschaftsforschung und ihre gegenwärtige Wirkung. In O. Kühne, F. Weber, K. Berr & C. Jenal (Hrsg.), *Handbuch Landschaft* (S. 39–53). Wiesbaden: Springer VS.

Berr, K. (2019c). Konflikt und Ethik. In K. Berr & C. Jenal (Hrsg.), *Landschaftskonflikte* (S. 109–129). Wiesbaden: Springer VS.

Berr, K. (2020a). Visuality, Aesthetics and Landscape. For the enlightenment and self-enlightenment of constructivist landscape research. In D. Edler, C. Jenal & O. Kühne (Hrsg.), *Modern Approaches to the Visualization of Landscapes* (S. 189–215). Wiesbaden: Springer VS.

Berr, K. (2020b). Vom Wahren, Schönen und Guten. Philosophische Zugänge zu Landschaftsprozessen. In R. Duttmann, O. Kühne & F. Weber (Hrsg.), *Landschaft als Prozess* (S. 83–117). Wiesbaden: Springer VS.

Berr, K. (2022a). Philosophical and cultural-theoretical approaches to play/playing. In D. Edler, O. Kühne & C. Jenal (Hrsg.), *The Social Construction of Landscape in Games* (S. xx). Wiesbaden: Springer.

Berr, K. (2022b). Zur (Un)Hintergehbarkeit der Gegenwart. Eine geschichtsphilosophische Einordnung im Hinblick auf Raumverständnisse. *Berichte. Geographie und Landeskunde 96,* in Veröffentlichung. Themenheft 'Unhintergehbarkeit der Gegenwart'.

Berr, K. & Jenal, C. (Hrsg.). (2019). *Landschaftskonflikte*. Wiesbaden: Springer VS.

Berr, K. & Jenal, C. (2021). Wald-Ästhetiken. Empirische Ergebnisse im Licht theoretischer Reflexionen über Natur und Landschaft. In K. Berr & C. Jenal (Hrsg.), *Wald in der Vielfalt möglicher Perspektiven. Von der Pluralität lebensweltlicher Bezüge und wissenschaftlichen Thematisierungen* (S. 53–98). Wiesbaden: Springer VS.

Berr, K., Jenal, C., Kühne, O. & Weber, F. (2019). *Landschaftsgovernance. Ein Überblick zu Theorie und Praxis.* Wiesbaden: Springer VS.

Berr, K. & Kühne, O. (2019a). Moral und Ethik von Landschaft. In O. Kühne, F. Weber, K. Berr & C. Jenal (Hrsg.), *Handbuch Landschaft* (S. 351–365). Wiesbaden: Springer VS.

Berr, K. & Kühne, O. (2019b). Werte und Werthaltungen in Landschaftskonflikten. In K. Berr & C. Jenal (Hrsg.), *Landschaftskonflikte* (S. 65–88). Wiesbaden: Springer VS.

Bertram, G. W. (Hrsg.). (2012). *Philosophische Gedankenexperimente. Ein Lese- und Studienbuch* (Reclam-Taschenbuch, Bd. 20262). Stuttgart: Reclam.

Betzler, M. (2020). Moralismus und die Tugend der Aufgeschlossenheit. In C. Neuhäuser & C. Seidel (Hrsg.), *Kritik des Moralismus* (S. 106–133). Berlin: Suhrkamp.

Betzler, M. & Nida-Rümelin, J. (1998). *Ästhetik und Kunstphilosophie. Von der Antike bis zur Gegenwart in Einzeldarstellungen.* Stuttgart: Kröner.

Bishop, J. (2014). Representations of 'trolls' in mass media communication: a review of media-texts and moral panics relating to 'internet trolling'. *International Journal of Web Based Communities 10* (1), 7–24. https://doi.org/10.1504/IJWBC.2014.058384.

Blackbourn, D. (2007). *Die Eroberung der Natur. Eine Geschichte der deutschen Landschaft.* München: Random House.

Blomley, N. (2007). Critical geography. Anger and hope. *Progress in Human Geography 31* (1), 53–65. https://doi.org/10.1177/0309132507073535.

Blumenberg, H. (1957). Nachahmung der Natur. Zur Vorgeschichte der Idee des schöpferischen Menschen. *Studium Generale 10* (5), 266–283.

Bogner, A. (2005). Moralische Expertise? Zur Produktionsweise von Kommissionsethik. In A. Bogner & H. Torgersen (Hrsg.), *Wozu Experten? Ambivalenzen der Beziehung von Wissenschaft und Politik* (S. 172–193). Wiesbaden: VS Verlag für Sozialwissenschaften.

Bogner, A. (2021). *Die Epistemisierung des Politischen. Wie die Macht des Wissens die Demokratie gefährdet.* Ditzingen: Reclam.

Bolz, N. (2020). *Die Avantgarde der Angst* (Fröhliche Wissenschaft, Bd. 170). Berlin: Matthes & Seitz Berlin.

Bolz, N. (2021). *Keine Macht der Moral! Politik jenseits von Gut und Böse* (Fröhliche Wissenschafft, Bd. 196, Erste Auflage). Berlin: Matthes & Seitz Berlin Verlag.

Bonacker, T. (Hrsg.). (1996). *Konflikttheorien. Eine sozialwissenschaftliche Einführung mit Quellen* (Friedens- und Konfliktforschung, Bd. 2). Opladen: Leske+Budrich.

Bonacker, T. (2009). Konflikttheorien. In G. Kneer & M. Schroer (Hrsg.), *Handbuch Soziologische Theorien* (S. 179–197). Wiesbaden: VS Verlag für Sozialwissenschaften.

Borchers, D. (2019). „Ich mach' mir die Welt, wie sie mir gefällt…". Das identitätslinke Kultur- und Identitätsverständnis als Kern eines anti-liberalen Projekts. In S. Kostner (Hrsg.), *Identitätslinke Läuterungsagenda. Eine Debatte zu ihren Folgen für Migrationsgesellschaften* (S. 89–124). Stuttgart: Ibidem-Verlag.

Bourassa, S. C. (1991). *The Aesthetics of Landscape.* London: Belhaven Press.

Bourdieu, P. (1979 [frz. Original 1972]). *Entwurf einer Theorie der Praxis auf der ethnologischen Grundlage der kabylischen Gesellschaft.* Frankfurt (Main): Suhrkamp.

Bourdieu, P. (1984). *Distinction. A Social Critique of the Judgement of Taste.* Cambridge MA: Harvard University Press.

Bourdieu, P. (1985). *Sozialer Raum und „Klassen". Leçon sur la leçon; 2 Vorlesungen.* Frankfurt am Main: Suhrkamp.

Bourdieu, P. (1991). Physischer, sozialer und angeeigneter physischer Raum. In M. Wentz (Hrsg.), *Stadt-Räume* (S. 25–34). Frankfurt (Main): Campus-Verlag.

Bourdieu, P. (1998). *Der Einzige und sein Eigenheim*. Hamburg: VSA.

Bourdieu, P. (2005 [1983]). Ökonomisches Kapital – Kulturelles Kapital – Soziales Kapital. In P. Bourdieu (Hrsg.), *Die verborgenen Mechanismen der Macht* (S. 49–80). Hamburg: VSA.

Bovone, L. (1982). Libertà e utopia in Marcuse e Dahrendorf. *Studi di Sociologia 20* (3/4), 273–296.

Boyer, A. (2017 [1994]). *Introduction à la lecture de Karl Popper*. Paris: Éditions Rue d'Ulm.

Brodbeck, K.-H. (2014). *Die fragwürdigen Grundlagen der Ökonomie. Eine philosophische Kritik der modernen Wirtschaftswissenschaften* (6. Auflage). Darmstadt: WBG.

Brücher, W. (2009). *Energiegeographie. Wechselwirkungen zwischen Ressourcen, Raum und Politik* (Studienbücher der Geographie). Berlin: Gebrüder Borntraeger Verlagsbuchhandlung.

Brüggemeier, F.-J. & Rommelspacher, T. (Hrsg.). (1989). *Besiegte Natur. Geschichte der Umwelt im 19. und 20. Jahrhundert*. München: C.H. Beck.

Bruggisser, B. (2021). *Geplante Unregelmässigkeit. Das Phänomen der tanzenden Gassen in mittelalterlichen Städten*. Norderstedt: Books on Demand (Der hochmittelalterliche Städtebau im Spiegel historischer, religiöser, philosophischer und ästhetischer Aspekte).

Brunnhuber, S. (2019). *Die offene Gesellschaft. Ein Plädoyer für Freiheit und Ordnung im 21. Jahrhundert*. München: oecom.

Bruns, D. (2016). Kulturell diverse Raumaneignung. In F. Weber & O. Kühne (Hrsg.), *Fraktale Metropolen. Stadtentwicklung zwischen Devianz, Polarisierung und Hybridisierung* (S. 231–240). Wiesbaden: Springer VS.

Bruns, D. & Kühne, O. (2013). Landschaft im Diskurs. Konstruktivistische Landschaftstheorie als Perspektive für künftigen Umgang mit Landschaft. *Naturschutz und Landschaftsplanung 45* (3), 83–88.

Bruns, D. & Kühne, O. (2015a). Gesellschaftliche Transformation und die Entwicklung von Landschaft. Eine Betrachtung aus der Perspektive der sozialkonstruktivistischen Landschaftstheorie. In O. Kühne, K. Gawroński & J. Hernik (Hrsg.), *Transformation und Landschaft. Die Folgen sozialer Wandlungsprozesse auf Landschaft* (S. 17–34). Wiesbaden: Springer VS.

Bruns, D. & Kühne, O. (2015b). Zur kulturell differenzierten Konstruktion von Räumen und Landschaften als Herausforderungen für die räumliche Planung im Kontext von Globalisierung. In B. Nienaber & U. Roos (Hrsg.), *Internationalisierung der Gesellschaft und die Auswirkungen auf die Raumentwicklung. Beispiele aus Hessen, Rheinland-Pfalz und dem Saarland* (Arbeitsberichte der ARL, Bd. 13, S. 18–29). Hannover: Selbstverlag. https://shop.arl-net.de/media/direct/pdf/ab/ab_013/ab_013_02.pdf. Zugegriffen: 26. November 2018.

Buchanan, J. M. (1989). The Relatively Absolute Absolutes. In J. M. Buchanan (Hrsg.), *Essays on the political economy* (S. 32–46). Honolulu, Hawaii: University of Hawaii Press.

Buchhofer, E. (1989). *Das Oberschlesische Industrierevier (GOP)*. Köln: Aulis-Verlag Deubner.

Bude, H. (2014). *Gesellschaft der Angst*. Hamburg: Hamburger Edition.

Buhr, M. (1966). Entfremdung – philosophische Anthropologie – Marx-Kritik. *Deutsche Zeitschrift für Philosophie 14* (7), 806–834. https://doi.org/10.1524/dzph.1966.14.7.806.

Burckhardt, J. (1976 [1859]). *Die Kultur der Renaissance in Italien. Ein Versuch*. Stuttgart: Kröner.

Burckhardt, L. (2004). *Wer plant die Planung? Architektur, Politik und Mensch*. Berlin: Martin Schmitz Verlag.

Burckhardt, L. (2006). Ästhetik der Landschaft (1991). In M. Ritter & M. Schmitz (Hrsg.), *Warum ist Landschaft schön? Die Spaziergangswissenschaft* (S. 82–90). Kassel: Martin Schmitz Verlag.

Bussemer, T. (2011). *Die erregte Republik. Wutbürger und die Macht der Medien*. Stuttgart: Klett-Cotta.

Butter, M. (2018). *„Nichts ist, wie es scheint". Über Verschwörungstheorien*. Berlin: Suhrkamp Verlag.

Büttner, S. (2006). *Antike Ästhetik. Eine Einführung in die Prinzipien des Schönen.* München: Beck.

Cansier, D. (1996). *Umweltökonomie* (2., neubearbeitete Auflage). Stuttgart: Lucius & Lucius.

Chilla, T., Kühne, O. & Neufeld, M. (2016). *Regionalentwicklung* (UTB, Bd. 4566). Stuttgart: Ulmer.

Christmann, G. B. (1996). Die Aktivität des 'Sich-Mokierens' als konversationelle Satire. Wie sich Umweltschützer/innen über den 'Otto-Normalverbraucher' mokieren. In H. Kotthoff (Hrsg.), *Scherzkommunikation. Beiträge aus der empirischen Gesprächsforschung* (S. 49–80). Wiesbaden: Springer Fachmedien.

Corvi, R. (2005 [1997]). *An introduction to the thought of Karl Popper.* London: Routledge.

Crampton, J. & Krygier, J. (2005). An Introduction to Critical Cartography. *ACME: An International Journal for Critical Geographies 4* (1), 11–33.

Crossey, N., Roßmeier, A. & Weber, F. (2019). Zwischen der Erreichung von Biodiversitätszielen und befürchteten Nutzungseinschränkungen – (Landschafts)Konflikte um das europäische Schutzgebietsnetz Natura 2000 in Bayern. In K. Berr & C. Jenal (Hrsg.), *Landschaftskonflikte* (S. 269–290). Wiesbaden: Springer VS.

Crouch, C. (2011). *Das befremdliche Überleben des Neoliberalismus. Postdemokratie II.* Berlin: Suhrkamp.

Crutzen, P. J. (2006). The "Anthropocene". In E. Ehlers & T. Krafft (Hrsg.), *Earth System Science in the Anthropocene* (S. 13–18). Berlin, Heidelberg: Springer.

Currid-Halkett, E. (2021). *Fair gehandelt? Wie unser Konsumverhalten die Gesellschaft spaltet.* München: btb.

Curtius, E. R. (1954 [1948]). *Europäische Literatur und lateinisches Mittelalter* (Zweite, durchgesehene Auflage). Bern: Francke.

Czepczyński, M. (2008). *Cultural Landscapes of Post-Socialist Cities. Representation of Powers and Needs.* Hampshire: Ashgate.

Dadlez, E. M. (2011). Truly Funny: Humor, Irony, and Satire as Moral Criticism. *The Journal of Aesthetic Education 45* (1), 1–17.

Dahrendorf, R. (1952). *Marx in Perspektive. Die Idee des Gerechten im Denken von Karl Marx.* Hannover: Dietz.

Dahrendorf, R. (1957). *Soziale Klassen und Klassenkonflikt in der industriellen Gesellschaft.* Stuttgart: Enke.

Dahrendorf, R. (1959). *Homo Sociologicus. Ein Versuch zur Geschichte, Bedeutung und Kritik der Kategorie der sozialen Rolle.* Köln: Westdeutscher Verlag.

Dahrendorf, R. (1961). *Gesellschaft und Freiheit. Zur soziologischen Analyse der Gegenwart.* München: Piper.

Dahrendorf, R. (1965). *Gesellschaft und Demokratie in Deutschland.* München: Piper.

Dahrendorf, R. (1968). *Pfade aus Utopia. Arbeiten zur Theorie und Methode der Soziologie.* München: Piper.

Dahrendorf, R. (1969a). Aktive und passive Öffentlichkeit. Über Teilnahme und Initiative im politischen Prozeß moderner Gesellschaften. In M. Löffler (Hrsg.), *Das Publikum* (S. 1–12). München: C.H. Beck.

Dahrendorf, R. (1969b). Sozialer Konflikt. In W. Bernsdorf (Hrsg.), *Wörterbuch der Soziologie* (S. 1006–1009). Stuttgart: Ferdinand Enke Verlag.

Dahrendorf, R. (1969c). Zu einer Theorie des sozialen Konflikts [1958 erstveröffentlicht]. In W. Zapf (Hrsg.), *Theorien des sozialen Wandels* (S. 108–123). Köln: Kiepenheuer & Witsch.

Dahrendorf, R. (1971 [1958]). *Homo Sociologicus. Ein Versuch zur Geschichte, Bedeutung und Kritik der Kategorie der sozialen Rolle* (UTB Uni-Taschenbücher, 10. Auflage). Opladen: Westdeutscher Verlag.

Dahrendorf, R. (1972). *Konflikt und Freiheit. Auf dem Weg zur Dienstklassengesellschaft.* München: Piper.

Dahrendorf, R. (1979). *Lebenschancen. Anläufe zur sozialen und politischen Theorie* (Suhrkamp-Taschenbuch, Bd. 559). Frankfurt (Main): Suhrkamp.

Dahrendorf, R. (1980a). Im Entschwinden der Arbeitsgesellschaft. Wandlungen in der sozialen Konstruktion des menschlichen Lebens. *Merkur – Deutsche Zeitschrift für europäisches Denken 34* (7), 749–760.

Dahrendorf, R. (1980b). *Der Liberalismus und Europa. Fragen von Vincenzo Ferrari.* München: Piper.

Dahrendorf, R. (1980c). *Die neue Freiheit. Überleben und Gerechtigkeit in einer veränderten Welt.* Frankfurt (Main): Suhrkamp.

Dahrendorf, R. (1983a). *Die Chancen der Krise. Über die Zukunft des Liberalismus.* Stuttgart: Deutsche Verlags-Anstalt DVA.

Dahrendorf, R. (1983b). Gespräch mit Ralf Dahrendorf. In F. Kreuzer (Hrsg.), *Markt, Plan, Freiheit. Franz Kreuzer im Gespräch mit Friedrich von Hayek und Ralf Dahrendorf.* Wien: Deuticke.

Dahrendorf, R. (1984). *Reisen nach innen und außen. Aspekte der Zeit.* Stuttgart: Deutsche Verlags-Anstalt DVA.

Dahrendorf, R. (1986). Ein garantiertes Mindesteinkommen als konstitutionelles Anrecht. In T. Schmid (Hrsg.), *Befreiung von falscher Arbeit. Thesen zum garantierten Mindesteinkommen* (Wagenbachs Taschenbücherei, Bd. 109, 2., erheblich veränderte Auflage). Berlin: Wagenbach.

Dahrendorf, R. (1987). *Fragmente eines neuen Liberalismus.* Stuttgart: Deutsche Verlags-Anstalt DVA.

Dahrendorf, R. (1990). *Betrachtungen über die Revolution in Europa in einem Brief, der an einen Herrn in Warschau gerichtet ist.* Stuttgart: Deutsche Verlags-Anstalt DVA.

Dahrendorf, R. (1991). Liberalism. In J. Eatwell (Hrsg.), *The New Palgrave Dictionary of Economics* (S. 385–389). London: Macmillan.

Dahrendorf, R. (1992). *Der moderne soziale Konflikt. Essay zur Politik der Freiheit.* Stuttgart: Deutsche Verlags-Anstalt DVA.

Dahrendorf, R. (1994). *Der moderne soziale Konflikt. Essay zur Politik der Freiheit.* München: dtv.

Dahrendorf, R. (1997). *After 1989. Morals, Revolution and Civil Society.* Basingstoke: Macmillan.

Dahrendorf, R. (2000). Die globale Klasse und die neue Ungleichheit. *Merkur – Deutsche Zeitschrift für europäisches Denken 54* (11), 1057–1068.

Dahrendorf, R. (2002). *Über Grenzen. Lebenserinnerungen.* München: C.H. Beck.

Dahrendorf, R. (2003). *Auf der Suche nach einer neuen Ordnung. Vorlesungen zur Politik der Freiheit im 21. Jahrhundert* (Krupp-Vorlesungen zu Politik und Geschichte am Kulturwissenschaftlichen Institut im Wissenschaftszentrum Nordrhein-Westfalen, Bd. 3). München: C.H. Beck.

Dahrendorf, R. (2004). *Der Wiederbeginn der Geschichte. Vom Fall der Mauer zum Krieg im Irak.* München: C.H. Beck.

Dahrendorf, R. (2005). *Engagierte Beobachter. Die Intellektuellen und die Versuchungen der Zeit.* Wien: Passagen-Verlag.

Dahrendorf, R. (2006). *Versuchungen der Unfreiheit. Die Intellektuellen in Zeiten der Prüfung.* München: C.H. Beck.

Dahrendorf, R. (2007a). *Auf der Suche nach einer neuen Ordnung. Vorlesungen zur Politik der Freiheit im 21. Jahrhundert* (Krupp-Vorlesungen zu Politik und Geschichte am Kulturwissenschaftlichen Institut im Wissenschaftszentrum Nordrhein-Westfalen, Bd. 3, 4. Auflage). München: C.H. Beck.

Dahrendorf, R. (2007b). Freiheit – eine Definition. In U. Ackermann (Hrsg.), *Welche Freiheit. Plädoyers für eine offene Gesellschaft* (S. 26–39). Berlin: Matthes & Seitz.

Dahrendorf, R. (2008). *Versuchungen der Unfreiheit. Die Intellektuellen in Zeiten der Prüfung* (Beck'sche Reihe, Bd. 1875). München: C.H. Beck.

Dahrendorf, R. (2010). Bürgerrechte privatisieren? Der Staat muss Mindeststandards garantieren, aber viele Wahlchancen eröffnen [2006]. In T. Hauser & C. Hodeige (Hrsg.), *Der Zeitungsmensch. Auf den Spuren von Ralf Dahrendorf in Südbaden* (S. 114–115). Freiburg im Breisgau: Rombach.

Demmel, H. & Küppersbusch, F. (2021). *Anderswelt. Ein Selbstversuch mit rechten Medien.* München: Verlag Antje Kunstmann.

Descartes, R. (1990 [1637]). *Discours de la méthode. Französisch – Deutsch* (Philosophische Bibliothek, Bd. 261, Unveränderter Nachdruck). Hamburg: Meiner (Von der Methode des richtigen Vernunftgebrauchs und der wissenschaftlichen Forschung. Übersetzt und herausgegeben von Lüder Gäbe).

Diaz-Bone, R. (2010). *Kulturwelt, Diskurs und Lebensstil. Eine diskurstheoretische Erweiterung der Bourdieuschen Distinktionstheorie* (2., erweiterte Auflage). Wiesbaden: VS Verlag für Sozialwissenschaften.

Diefenbach, H. (2019). Konstruierte Gruppenidentitäten als Grundlage identitätspolitischen Gedankenguts. Eine Replik aus statistisch-empirischer Sicht. In S. Kostner (Hrsg.), *Identitätslinke Läuterungsagenda. Eine Debatte zu ihren Folgen für Migrationsgesellschaften* (S. 125–142). Stuttgart: Ibidem-Verlag.

Dobson, A. (2007). *Green Political Thought* (4th edition). London: Routledge.

Doktor, W. (1975). *Die Kritik der Empfindsamkeit* (Regensburger Beiträge zur deutschen Sprach- und Literaturwissenschaft Reihe B, Untersuchungen 5). Bern: Lang.

Dollinger, F. (2013). Schutzgut „Landschaft" – wie unterscheidet man die „Wahre Landschaft" von der „Ware Landschaft"? *Raumplanung aktuell. Die Zeitschrift für die Salzburger Raumentwicklung. Heft 9*, 13–29.

Domański, B. (1997). *Industrial control over the socialist town: Benevolence or exploitation?* Westport, London: Praeger Publishers.

Duttweiler, S. (2016). Alltägliche (Selbst)Optimierung in neoliberalen Gesellschaften. *APuZ – Aus Politik und Zeitgeschichte 66* (37–38), 27–32.

Düwell, M., Hübenthal, C. & Werner, M. H. (2011a). Einleitung. Ethik: Begriff – Geschichte – Theorie – Applikation. In M. Düwell, C. Hübenthal & M. H. Werner (Hrsg.), *Handbuch Ethik* (3., aktualisierte Auflage, S. 1–23). Stuttgart: J.B. Metzler.

Düwell, M., Hübenthal, C. & Werner, M. H. (Hrsg.). (2011b). *Handbuch Ethik* (3., aktualisierte Auflage). Stuttgart: J.B. Metzler.

Edler, D. (2020). Where Spatial Visualization Meets Landscape Research and "Pinballology": Examples of Landscape Construction in Pinball Games. *KN – Journal of Cartography and Geographic Information online first.* https://doi.org/10.1007/s42489-020-00044-1.

Edler, D. & Kühne, O. (2022). Deviant Cartographies: A Contribution to Post-critical Cartography. *KN – Journal of Cartography and Geographic Information,* 1–14. https://doi.org/10.1007/s42489-022-00110-w.

Edler, D., Kühne, O. & Jenal, C. (Hrsg.). (2022). *The Social Construction of Landscape in Games.* Wiesbaden: Springer.

Eichenauer, E., Reusswig, F., Meyer-Ohlendorf, L. & Lass, W. (2018). Bürgerinitiativen gegen Windkraftanlagen und der Aufschwung rechtspopulistischer Bewegungen. In O. Kühne & F. Weber (Hrsg.), *Bausteine der Energiewende* (S. 633–651). Wiesbaden: Springer VS.

Ekardt, F. (2005). *Das Prinzip Nachhaltigkeit. Generationengerechtigkeit und globale Gerechtigkeit.* München: Beck.

Elias, N. (1997 [1939]). *Über den Prozeß der Zivilisation. Soziogenetische und psychogenetische Untersuchungen* (Suhrkamp-Taschenbuch Wissenschaft, 158/159, 20., neu durchgesehene und erweitere Auflage). Frankfurt (Main): Suhrkamp.

Elster, J. (2009). *Alexis de Tocqueville. The first social scientist* (1. publ). Cambridge: Cambridge Univ. Press.

Engels, F. (2017 [1877]). *Herrn Eugen Dührings Umwälzung der Wissenschaft. (»Anti-Dühring«)*. Köln: Hofenberg. (Originalarbeit erschienen 1878).

Engels, J. I. (2010). Machtfragen. Aktuelle Entwicklungen und Perspektiven der Infrastrukturgeschichte. *Neue politische Literatur 55*, 51–70.

Engler, W. (2021). *Die offene Gesellschaft und ihre Grenzen*. Berlin: Matthes & Seitz.

Esfeld, M. (2019). *Wissenschaft und Freiheit. Das naturwissenschaftliche Weltbild und der Status von Personen*. Berlin: Suhrkamp Verlag.

Fainstein, S. S. (2010). *The just city*. Ithaca New York: Cornell University Press.

Fehn, K. (2002). Ideologie und Kulturlandschaft. „Artgemäße deutsche Kulturlandschaft" – das nationalsozia-listische Projekt einer Neugestaltung Ostmitteleuropas. *Siedlungsforschung 20* (1), 103–209.

Fehn, K. (2007). Naturschutz und Landschaftspflege im ‚Dritten Reich‘. Zur Terminologie der ‚artgemäßen Landschaftsgestaltung‘. In B. Busch (Hrsg.), *Jetzt ist die Landschaft ein Katalog voller Wörter. Beiträge zur Sprache der Ökologie* (Valerio, Bd. 5, S. 42–50). Göttingen: Wallstein.

Felden, H. von. (2020). Selbstoptimierung als gesellschaftlicher Zwang zum Selbstzwang. In H. von Felden (Hrsg.), *Selbstoptimierung und Ambivalenz. Gesellschaftliche Appelle und ambivalente Rezeptionen* (Lernweltforschung, Bd. 31, S. 3–14). Wiesbaden: Springer VS.

Fernández, A., Iván, P. & Buchroithner, M. F. (2014). *Paradigms in Cartography. An Epistemological Review of the 20th and 21st Centuries*. Berlin: Springer.

Flaßpöhler, S. (2021). *Sensibel. Über moderne Empfindlichkeit und die Grenzen des Zumutbaren*. Stuttgart: Klett-Cotta.

Fontaine, D. (2019). Landschaft in Schulbüchern. In O. Kühne, F. Weber, K. Berr & C. Jenal (Hrsg.), *Handbuch Landschaft* (S. 641–650). Wiesbaden: Springer VS.

Fontaine, D. (2020). Landscape in Computer Games – The Examples of GTA V and Watch Dogs 2. In D. Edler, C. Jenal & O. Kühne (Hrsg.), *Modern Approaches to the Visualization of Landscapes* (S. 293–306). Wiesbaden: Springer VS.

Fontaine, D. (2021). Wald im Schulbuch. In K. Berr & C. Jenal (Hrsg.), *Wald in der Vielfalt möglicher Perspektiven. Von der Pluralität lebensweltlicher Bezüge und wissenschaftlichen Thematisierungen* (S. 395–411). Wiesbaden: Springer VS.

Foucault, M. (1977). *Überwachen und Strafen. Die Geburt des Gefängnisses* (Suhrkamp-Taschenbuch Wissenschaft, Bd. 184). Frankfurt am Main: Suhrkamp.

Foucault, M. (1988). Technologies of the Self. In L. H. Martin, H. Gutman & P. H. Hutton (Hrsg.), *Technologies of the Self. A Seminar with Michel Foucault* (S. 16–49). Amherst: University of Massachusetts Press.

Foucault, M. (1989). *Der Gebrauch der Lüste. Sexualität und Wahrheit 2* (Suhrkamp-Taschenbuch Wissenschaft, Bd. 717). Frankfurt am Main: Suhrkamp.

Fourest, C. (2020). *Generation Beleidigt. Von der Sprachpolizei zur Gedankenpolizei. Über den wachsenden Einfluss linker Identitärer*. Berlin: Edition TIAMAT.

Franco, G. (Hrsg.). (2019). *Handbuch Karl Popper* (Living reference work). Wiesbaden: Springer Reference Geisteswissenschaften.

Franke, N. (2015). *Der Westwall in der Landschaft. Aktivitäten des Naturschutzes in der Zeit des Nationalsozialismus und seine Akteure*. Mainz: Ministerium für Umwelt Landwirtschaft Ernährung Weinbau und Forsten.

Franke, N. M. (2017). *Naturschutz – Landschaft – Heimat. Romantik als eine Grundlage des Naturschutzes in Deutschland*. Wiesbaden: Springer VS.

Frankfurt, H. G. (2016). *Ungleichheit. Warum wir nicht alle gleich viel haben müssen*. Berlin: Suhrkamp Verlag.

Freud, S. (1988 [1930]). *Abriß der Psychoanalyse. Das Unbehagen in der Kultur*. Frankfurt a. M.: Fischer Taschenbuch Verlag.

Frischmann, B. (2021). Romantik. In H. J. Sandkühler (Hrsg.), *Enzyklopädie Philosophie. In 3 Bänden* (Band 3: Q – Z, S. 2344–2350). Hamburg: Meiner.

Fukuyama, F. (2000). The End of History? In P. O'Meara, H. D. Mehlinger & M. Krain (Hrsg.), *Globalization and the Challenges of a New Century. A Reader* (S. 161–180). Bloomington: Indiana University Press.

Furedi, F. (2018). Die verborgene Geschichte der Identitätspolitik. In J. Richardt (Hrsg.), *Die sortierte Gesellschaft. Zur Kritik der Identitätspolitik* (S. 13–25). Frankfurt am Main: Novo Argumente Verlag GmbH.

Gadamer, H.-G. (1975). *Wahrheit und Methode. Grundzüge einer philosophischen Hermeneutik*. Tübingen: Mohr Siebeck.

Gailing, L. (2014). *Kulturlandschaftspolitik. Die gesellschaftliche Konstituierung von Kulturlandschaft durch Institutionen und Governance* (Planungswissenschaftliche Studien zu Raumordnung und Regionalentwicklung, Bd. 4). Detmold: Rohn.

Gailing, L. & Leibenath, M. (2017). Political landscapes between manifestations and democracy, identities and power. *Landscape Research 42* (4), 1–12. https://doi.org/10.1080/01426397.2017.1290225.

Gehlen, A. (2016). *Moral und Hypermoral. Eine pluralistische Ethik*. Frankfurt (Main): Klostermann.

Gelfert, H.-D. (2000). *Was ist Kitsch?* (Kleine Reihe V und R, Bd. 4024). Göttingen: Vandenhoeck & Ruprecht.

Gerhardt, V. (1995). *Friedrich Nietzsche* (Beck'sche Reihe Denker, Bd. 522, 2., unveränderte Auflage). München: C.H. Beck.

Gethmann, C. F. (Europäische Akademie zur Erforschung von Folgen wissenschaftlich-technischer Entwicklungen, Hrsg.). (2009). Untersteht alle Forschung dem Prinzip des Fallibilismus, nur die Klimaforschung nicht? Akademie-Brief: 87. https://www.ea-aw.de/fileadmin/downloads/Newsletter/NL_0087_022009.pdf. Zugegriffen: 29. Oktober 2019.

Gethmann, C. F. & Sander, T. (2004). Rechtfertigungsdiskurse. In H. Friesen & K. Berr (Hrsg.), *Angewandte Ethik im Spannungsfeld von Begründung und Anwendung* (S. 111–158). Frankfurt (Main): Peter Lang.

Gethmann-Siefert, A. (1995). *Einführung in die Ästhetik* (UTB, Bd. 1875). München: Fink.

Gilbert, K. E. & Kuhn, H. (1953). *A history of esthetics*. Bloomington: Indiana University Press.

Gloy, K. (2004). *Wahrheitstheorien. Eine Einführung*. Tübingen: Francke.

Goffman, E. (2011 [1959]). *Wir alle spielen Theater. Die Selbstdarstellung im Alltag*. München: Piper.

Gohl, C. (2021). John Dewey's Economics: A Liberal Critique of Ordoliberalism. In M. G. Festl (Hrsg.), *Pragmatism and social philosophy. Exploring a stream of ideas from America to Europe* (Routledge studies in American philosophy, First edition, S. 265–286). New York, NY: Routledge.

Goode, E. (2019). *Deviant Behavior* (12. Auflage). New York, London: Routledge.

Goodman, N. & Elgin, C. Z. (1993). *Revisionen. Philosophie und andere Künste und Wissenschaften*. Frankfurt am Main: Suhrkamp.

Grassi, E. (1962). *Die Theorie des Schönen in der Antike* (Geschichte der Ästhetik, Bd. 1). Köln: DuMont Schauberg.

Grassi, E. (1980). *Die Theorie des Schönen in der Antike* (DuMont Taschenbücher, Bd. 90, Überarbeitete Neuausgabe). Köln: DuMont.

Grau, A. (2017). *Hypermoral. Die neue Lust an der Empörung* (2. Auflage). München: Claudius.

Grau, A. (2019). Säkularisierung und Selbsterlösung. Die identitätslinke Läuterungsagenda als Religionsderivat. In S. Kostner (Hrsg.), *Identitätslinke Läuterungsagenda. Eine Debatte zu ihren Folgen für Migrationsgesellschaften* (S. 143–150). Stuttgart: Ibidem-Verlag.

Gryl, I. (2022). Spaces, Landscapes and Games: the Case of (Geography) Education using the Example of Spatial Citizenship and Education for Innovativeness. In D. Edler, O. Kühne & C. Jenal (Hrsg.), *The Social Construction of Landscape in Games* (S. xx). Wiesbaden: Springer.

Gugutzer, R. (2013). Der Kult um den Körper. Idealtypische Körperpraktiken der Selbstoptimierung. *Erwachsenenbildung: Vierteljahresschrift für Theorie und Praxis 59* (2), 67–70.

Gumbrecht, H. U. (2010). *Unsere breite Gegenwart.* Frankfurt am Main: Suhrkamp.

Habermas, J. (1995a). *Theorie des kommunikativen Handelns. Band I. Handlungsrationalität und gesellschaftliche Rationalisierung.* Frankfurt (Main): Suhrkamp.

Habermas, J. (1995b). *Vorstudien und Ergänzungen zur Theorie des kommunikativen Handelns.* Frankfurt am Main: Suhrkamp.

Habermas, J. (1981). *Theorie des kommunikativen Handelns.* Frankfurt (Main): Suhrkamp.

Hadot, P. (2005). *Philosophie als Lebensform. Antike und moderne Exerzitien der Weisheit* (2. Auflage, ungekürzte deutsche Neuauflage). Frankfurt am Main: Fischer Taschenbuch Verlag.

Haeckel, E. (2004 [1904]). *Kunstformen der Natur. Hundert Illustrationstafeln mit beschreibendem Text; allgemeine Erläuterung und systematische Übersicht* (neu gesetzte und überarbeitete Ausgabe nach der Originalausgabe Leipzig, 1904). Wiesbaden [Leipzig]: Marixverlag (MIt einem Prolog von Jochen Martins).

Halder, A. (2019). Ästhetizismus. In J. Ritter (Hrsg.), *Historisches Wörterbuch der Philosophie. Band 1: A–C* (Sonderausgabe, Spalte 581–582). Darmstadt: WBG – Wissenschaftliche Buchgesellschaft.

Hallich, O. (2020). Was ist Moralismus? Ein Explikationsvorschlag. In C. Neuhäuser & C. Seidel (Hrsg.), *Kritik des Moralismus* (S. 61–80). Berlin: Suhrkamp.

Hank, R. (2007). Der deutsche Schotte – Wilhelm von Humboldts Grenzziehung staatlicher Wirksamkeit. In U. Ackermann (Hrsg.), *Welche Freiheit. Plädoyers für eine offene Gesellschaft* (S. 141–155). Berlin: Matthes & Seitz.

Hard, G. (2002). Über Räume reden. Zum Gebrauch des Wortes „Raum" in sozialwissenschaftlichem Zusammenhang. In G. Hard (Hrsg.), *Landschaft und Raum. Aufsätze zur Theorie der Geographie* (Osnabrücker Studien zur Geographie, Bd. 22, S. 235–252). Osnabrück: Universitätsverlag Rasch.

Hartke, W. (1956). Die „Sozialbrache" als Phänomen der geographischen Differenzierung der Landschaft. *Erdkunde 10* (4), 257–269.

Hartmann, D. (2020). *Neues System der philosophischen Wissenschaften im Grundriss. Band I: Erkenntnistheorie.* Paderborn: Mentis.

Hartmann, N. (1926). *Ethik.* Berlin: de Gruyter.

Hartog, F. (2017). *Regimes of historicity. Presentism and experiences of time* (European Perspectives a series in social thought and cultural criticism). New York: Columbia University Press.

Harvey, D. (2005). *A Brief History of Neoliberalism.* Oxford: Oxford University Press.

Harvey, D. (2013). *Rebellische Städte. Vom Recht auf Stadt zur urbanen Revolution* (Edition Suhrkamp, Bd. 2657). Berlin: Suhrkamp.

Hasse, J. (1993). *Heimat und Landschaft. Über Gartenzwerge, Center Parcs und andere Ästhetisierungen.* Wien: Passagen-Verlag.

Haus, M. (2003). *Kommunitarismus. Einführung und Analyse*. Wiesbaden: VS Verlag für Sozialwissenschaften.

Hauskeller, M. (Hrsg.). (1995). *Was das Schöne sei. Klassische Texte von Platon bis Adorno*. München: dtv.

Häußermann, H. (2001). Die europäische Stadt. *Leviathan 29* (2), 237–255. https://doi.org/10.1007/s11578-001-0015-9.

Häußermann, H. & Siebel, W. (1996). *Soziologie des Wohnens. Eine Einführung in Wandel und Ausdifferenzierung des Wohnens*. Weinheim: Juventa-Verlag.

Häußermann, H. & Siebel, W. (2004). *Stadtsoziologie. Eine Einführung*. Frankfurt (Main): Campus-Verlag.

Hayek, F. A. v. (1996). *Die Anmassung von Wissen. Neue Freiburger Studien* (Wirtschaftswissenschaftliche und wirtschaftsrechtliche Untersuchungen, Bd. 32). Tübingen: Mohr Siebeck.

Hegel, G. W. F. (1970 [1830]). *Enzyklopädie der philosophischen Wissenschaften im Grundrisse 1830. Erster Teil: Die Wissenschaft der Logik. Mit mündlichen Zusätzen* (8 Bände). Frankfurt am Main: Suhrkamp.

Hegel, G. W. F. (1980 [1807]). *Phänomenologie des Geistes* (Gesammelte Werke, Bd. 9). Hamburg: Meiner.

Hegel, G. W. F. (1986). Vorlesungen über die Philosophie der Geschichte. In E. Moldenhauer & K. M. Michel (Hrsg.), *Werke in 20 Bänden. Auf der Grundlage der Werke von 1832–1845 neu editierte Ausgabe in der Schriftenreihe „Suhrkamp-Taschenbuch Wissenschaft"* (Bd. 12).

Hegel, G. W. F. (2003 [1823]). *Vorlesungen über die Philosophie der Kunst. Berlin 1823*. Hamburg: Meiner.

Heidegger, M. (1975). *Platons Lehre von der Wahrheit. Mit einem Brief über den ‚Humanismus'*. Bern: Francke.

Heidegger, M. (1993 [1927]). *Sein und Zeit*. Tübingen: Max Niemeyer Verlag.

Heidgen, M., Koch, M. & Köhler, C. (2015). *Permanentes Provisorium: Hans Blumenbergs Umwege*. Paderborn: Wilhelm Fink.

Henckmann, W. (1992). Ästhetik. In W. Henckmann & K. Lotter (Hrsg.), *Lexikon der Ästhetik* (S. 20–24). München: Beck.

Hidalgo, O. (2019). „Über jedem Wertekonflikt schwebt die Läuterungsagenda". Anmerkungen aus demokratietheoretischer Perspektive. In S. Kostner (Hrsg.), *Identitätslinke Läuterungsagenda. Eine Debatte zu ihren Folgen für Migrationsgesellschaften* (S. 151–180). Stuttgart: Ibidem-Verlag.

Höffe, O. (1981). *Sittlich-politische Diskurse. Philosophische Grundlagen. Politische Ethik. Biomedizinische Ethik* (Suhrkamp-Taschenbuch Wissenschaft, Bd. 380). Frankfurt (Main): Suhrkamp.

Hofmann-Riedinger, M. (2011). gut/das Gute/das Böse. In M. Düwell, C. Hübenthal & M. H. Werner (Hrsg.), *Handbuch Ethik* (3., aktualisierte Auflage, S. 387–391). Stuttgart: J.B. Metzler.

Hogrebe, W. (2022). *Ligaturen* (Klostermann RoteReihe, Bd. 144). Frankfurt: Vittorio Klostermann.

Hokema, D. (2015). Landscape is Everywhere. The Construction of Landscape by US-American Laypersons. *Geographische Zeitschrift 103* (3), 151–170.

Hölscher, L. (1990). Utopie. In O. Brunner, W. Conze & R. Koselleck (Hrsg.), *Geschichtliche Grundbegriffe* (Bd. 6, S. 733–788). Stuttgart: Klett-Cotta.

Homer. (1994 [um 750 v. Chr.]). *Odyssee*. Augsburg: Weltbild.

Honnacker, A. (2021). Von Klimasünden, Flugscham, and Moralischen Streckübungen: Ökologisches (Schuld-)Bewusstsein im Anthropozän. *The Germanic Review: Literature, Culture, Theory 96* (2), 143–158. https://doi.org/10.1080/00168890.2021.1897505.

Honneth, A. (2002). Organisierte Selbstverwirklichung. Paradoxien der Individualisierung. In A. Honneth (Hrsg.), *Befreiung aus der Mündigkeit. Paradoxien des gegenwärtigen Kapitalismus* (S. 141–158). Frankfurt/Main: Campus-Verlag.

Honneth, A. (2007). *Pathologien der Vernunft. Geschichte und Gegenwart der Kritischen Theorie* (4. Auflage). Frankfurt am Main: Suhrkamp.

Honneth, A. (2020). Vorwort. In H. Bajohr (Hrsg.), *Judith N. Shklar. Der Liberalismus der Furcht* (3. Auflage, S. 7–25). Berlin: Matthes & Seitz.

Horkheimer, M. (1977 [1937]). *Traditionelle und kritsiche Theorie. Fünf Aufsätze*. Frankfurt (Main): Fischer Wissenschaft.

Horkheimer, M. (1992). *Zur Kritik der instrumentellen Vernunft. Aus den Vorträgen und Aufzeichnungen seit Kriegsende*. Frankfurt am Main: Fischer Taschenbuch Verlag.

Horkheimer, M. & Adorno, T. W. (1969). *Dialektik der Aufklärung. Philosophische Fragmente*. Frankfurt (Main): Fischer Taschenbuch Verlag.

Horn, C. (2014). *Antike Lebenskunst. Glück und Moral von Sokrates bis zu den Neuplatonikern* (Beck'sche Reihe, Bd. 1271, 3. Auflage). München: C.H. Beck.

Hossenfelder, S. (2018). *Das hässliche Universum. Warum unsere Suche nach Schönheit die Physik in die Sackgasse führt*. Frankfurt am Main: Fischer Verlag.

Hubig, C. (1985). *Handlung – Identität – Verstehen. Von der Handlungstheorie zur Geisteswissenschaft*. Weinheim: Beltz.

Hubig, C. (2007). *Die Kunst des Möglichen II. Ethik der Technik als provisorische Moral* (Edition panta rei, Bd. 2). Bielefeld: transcript.

Hubig, C. (2015). Von der Anwendung der Ethik zur Ethik der Anwendung: Die Problematik der Bereichsethiken am Beispiel der Technikethik. In G. Gamm & A. Hetzel (Hrsg.), *Ethik – wozu und wie weiter?* (S. 83–100). Bielefeld, Germany: transcript Verlag.

Hume, D. (1974). Über die Regel des Geschmacks [1757]. In J. Kulenkampff (Hrsg.), *Materialien zu Kants „Kritik der Urteilskraft"* (S. 43–63). Frankfurt am Main: Suhrkamp.

Hume, D. (1978 [1739]). *Ein Traktat über die menschliche Natur. Buch II. Über die Affekte Buch III. Über Moral* (Unveränderter Nachdruck der 1. Auflage von 1906 (Buch 2 und 3)). Hamburg: Meiner.

Hupke, K.-D. (2015). *Naturschutz. Ein kritischer Ansatz*. Berlin: Springer Spektrum.

Hupke, K.-D. (2019). Landschaftskonflikte um Naturschutzfragen: Der Naturschutz als schwächster der konkurrierenden Akteure? In K. Berr & C. Jenal (Hrsg.), *Landschaftskonflikte* (S. 241–246). Wiesbaden: Springer VS.

Hüppauf, B. (2007). Heimat – die Wiederkehr eines verpönten Wortes. Ein Populärmythos im Zeitalter der Globalisierung. In G. Gebhard, O. Geisler & S. Schröter (Hrsg.), *Heimat. Konturen und Konjunkturen eines umstrittenen Konzepts* (S. 109–140). Bielefeld: transcript.

Husserl, E. (1980 [1928]). *Vorlesungen zur Phänomenologie des inneren Zeitbewußtseins* (2. Auflage). Tübingen: Niemeyer.

Ignatow, A. (1985). *Psychologie des Kommunismus. Studien zur Mentalität der herrschenden Schicht im kommunistischen Machtbereich*. München: J. Berchman.

Imhoff, R., Zimmer, F., Klein, O., António, J. H. C., Babinska, M., Bangerter, A., Bilewicz, M., Blanuša, N., Bovan, K., Bužarovska, R., Cichocka, A., Delouvée, S., Douglas, K. M., Dyrendal, A., Etienne, T., Gjoneska, B., Graf, S., Gualda, E., Hirschberger, G., Kende, A., Kutiyski, Y., Krekó, P., Krouwel, A., Mari, S., Đorđević, J. M., Panasiti, M. S., Pantazi, M., Petkovski, L., Porciello, G., Rabelo, A., Radu, R. N., Sava, F. A., Schepisi, M., Sutton, R. M., Swami, V., Thórisdóttir, H., Turjačanin, V., Wagner-Egger, P., Žeželj, I. & van Prooijen, J.-W. (2022). Conspiracy mentality and political orientation across 26 countries. *Nature human behaviour*. https://doi.org/10.1038/s41562-021-01258-7.

Ingram, D. & Tallant, J. (2022). Stanford Encyclopedia of Philosophy. Presentism. https://plato.
    stanford.edu/entries/presentism/.. Zugegriffen: 9. Juni 2022.

Ipsen, D. (1992). Stadt und Land – Metamorphosen einer Beziehung. In H. Häußermann, D. Ipsen,
    R. Krämer-Badoni, D. Läpple, M. Rodenstein & W. Siebel (Hrsg.), *Stadt und Raum. Sozio-
    logische Analysen* (2. Auflage, S. 117–156). Pfaffenweiler: Centaurus.

Ipsen, D. (2006). *Ort und Landschaft*. Wiesbaden: VS Verlag für Sozialwissenschaften.

Jacobs, A. (2017). *How to think. A survival guide for a world at odds*. New York: Currency
    Publisher.

Jäger, M. (1990). *Die Theorie des Schönen in der italienischen Renaissance. Mit Quelltexten*.
    Köln: DuMont.

Janich, P. (2015). *Handwerk und Mundwerk. Über das Herstellen von Wissen*. München: C.H.
    Beck.

Janke, W. (1974). Das Schöne. In H. Krings, H. M. Baumgartner & C. Wild (Hrsg.), *Handbuch
    philosophischer Grundbegriffe* (Studienausgabe Dialektik – Gesellschaft, Bd. 2, S. 1260–1277).
    München: Kösel Verlag.

Jaspers, K. (1919). *Psychologie der Weltanschauungen*. Berlin: Julius Springer.

Jenal, C. (2019). *„Das ist kein Wald, Ihr Pappnasen!" – Zur sozialen Konstruktion von Wald.
    Perspektiven von Landschaftstheorie und Landschaftspraxis*. Wiesbaden: Springer VS.

Jenal, C. (2020a). Visualizations of 'landscape' in Protest Movements. On Exclusive and Inclusive
    Patterns of Vision and Interpretation Using the Example of Resistance to the Expansion of the
    Electricity Grid in Germany. In D. Edler, C. Jenal & O. Kühne (Hrsg.), *Modern Approaches to
    the Visualization of Landscapes* (S. 427–445). Wiesbaden: Springer VS.

Jenal, C. (2020b). Wald in postmateriellen Zeiten. *Berichte. Geographie und Landeskunde 93* (4),
    329-346.

Jenal, C., Endreß, S., Kühne, O. & Zylka, C. (2021). Technological Transformation Processes and
    Resistance – On the Conflict Potential of 5G Using the Example of 5G Network Expansion in
    Germany. *Sustainability 13* (24), 1–21. https://doi.org/10.3390/su132413550.

Juchnowicz, S. (1990). Zródla patologicznej urbanizacji i kryzysu ekologicznego obszaru
    Krakowa. – Przyczyny, Terazniejszość, Perspektywy Ekorozwoju Miasta. In Polski Klub
    Ekologiczny (Hrsg.), *Klęska Ekologiczna Krakowa. Przyczyny, Terażniejszość, Perspektywy
    Ekorozwoju Miasta Kraków* (S. 248–255). Kraków.

Kambartel, F. (1989). *Philosophie der humanen Welt. Abhandlungen*. Frankfurt am Main:
    Suhrkamp.

Kambartel, F. (1991). Zur Philosophie der Kunst. Thesen über zu einfach gedachte begriffliche
    Verhältnisse. In F. Koppe (Hrsg.), *Perspektiven der Kunstphilosophie. Texte und Diskussionen*
    (Suhrkamp-Taschenbuch Wissenschaft, Bd. 951, S. 15–26). Frankfurt am Main: Suhrkamp.

Kamlah, W. (1973). *Philosophische Anthropologie. Sprachkritische Grundlegung und Ethik* (BI-
    Hochschultaschenbücher, Bd. 238). Mannheim: Bibliographisches Institut.

Kant, I. (1959a [1781]). *Kritik der reinen Vernunft*. Hamburg: Felix Meiner Verlag.

Kant, I. (1959b [1790]). *Kritik der Urteilskraft* (Philosophische Bibliothek, Unveränd. Neudr. der
    Ausg. von 1924). Hamburg: Meiner.

Kant, I. (1983a [1784]). Idee zu einer allgemeinen Geschichte in weltbürgerlicher Absicht. In W.
    Weischedel (Hrsg.), *Kant. Werke. Band 9* (S. 31–50). Darmstadt: WBG.

Kant, I. (1983b [1793a]). *Kant. Werke. Band 9*. Darmstadt: WBG.

Kant, I. (1983c [1793b]). Über den Gemeinspruch: Das mag in der Theorie richtig sein, taugt aber
    nicht für die Praxis. In W. Weischedel (Hrsg.), *Kant. Werke. Band 9* (S. 125–172). Darmstadt:
    WBG.

Kant, I. (1993 [1790]). *Kritik der Urteilskraft* (Die drei Kritiken: Jubiläumsausgabe anläßlich des
    125-jährigen Bestehens der Philosophischen Bibliothek, Bd. 3). Hamburg: Meiner.

Kersting, W. (2007). Einleitung: Die Gegenwart der Lebenskunst. In W. Kersting & C. Langbehn (Hrsg.), *Kritik der Lebenskunst* (Suhrkamp-Taschenbuch Wissenschaft, Bd. 1815, S. 10–88). Frankfurt am Main: Suhrkamp.

Kersting, W. (2009). *Verteidigung des Liberalismus*. Hamburg: Murmann.

Kim, A. M. (2015). Critical cartography 2.0: From "participatory mapping" to authored visualizations of power and people. *Landscape and Urban Planning 142*, 215–225. https://doi.org/10.1016/j.landurbplan.2015.07.012.

Kirchhoff, T. (2017). Sehnsucht nach Wald als Wildnis. *APuZ – Aus Politik und Zeitgeschichte 67* (49–50), 19–24.

Kirchhoff, T. (2019). Politische Weltanschauungen und Landschaft. In O. Kühne, F. Weber, K. Berr & C. Jenal (Hrsg.), *Handbuch Landschaft* (S. 383–396). Wiesbaden: Springer VS.

Kirchhoff, T. & Trepl, L. (2009). Landschaft, Wildnis, Ökosystem: zur kulturbedingten Vieldeutigkeit ästhetischer, moralischer und theoretischer Naturauffassungen. Einleitender Überblick. In T. Kirchhoff & L. Trepl (Hrsg.), *Vieldeutige Natur. Landschaft, Wildnis und Ökosystem als kulturgeschichtliche Phänomene* (Sozialtheorie, S. 13–68). Bielefeld: transcript.

Kirchhoff, T. & Vicenzotti, V. (2017). Von der Sehnsucht nach Wildnis. In T. Kirchhoff, N. C. Karafyllis, D. Evers, B. Falkenburg, M. Gerhard, G. Hartung et al. (Hrsg.), *Naturphilosophie. Ein Lehr- und Studienbuch* (S. 313–322). Tübingen: Mohr Siebeck; UTB.

Kissler, A. (2020). *Die infantile Gesellschaft. Wege aus der selbstverschuldeten Unreife* (Originalausgabe). Hamburg: HarperCollins.

Klafki, W. (2007). *Neue Studien zur Bildungstheorie und Didaktik. Zeitgemäße Allgemeinbildung und kritisch-konstruktive Didaktik* (6., neu ausgestattete Auflage). Weinheim: Beltz.

Klinkenberg, H. M. (1971). Artes liberales/artes mechanicae. In J. Ritter (Hrsg.), *Historisches Wörterbuch der Philosophie. Historisches Wörterbuch der Philosophie. Band 1: A-C* (S. 532–535). Darmstadt: WBG – Wissenschaftliche Buchgesellschaft.

Kluckhohn, C. (1951). Values and value-orientation in the theory of action. An exploration in definition and classification. In T. Parsons & E. A. Shils (Hrsg.), *Toward a general theory of action* (S. 388–433). Cambridge: Harvard University Press.

Knabe, H. (2022). Umbenennung von Straßen: Die Vorstellung, besser zu sein als unsere Vorfahren, ist gefährlich. https://www.welt.de/debatte/kommentare/plus236247766/Umbenennung-von-Strassen-Die-Vorstellung-besser-zu-sein-als-unsere-Vorfahren-ist-gefaehrlich.html. Zugegriffen: 18. Januar 2022.

Knoepffler, N. (2010). *Angewandte Ethik. Ein systematischer Leitfaden* (UTB Philosophie, Bd. 3293). Köln: Böhlau Verlag.

Kocka, J. (2004). Dahrendorf in Perspektive. *Soziologische Revue 27* (2), 151-158.

Kohlberg, L. & Lindquist, N. T. (1974). *Zur kognitiven Entwicklung des Kindes. Drei Aufsätze*. Frankfurt (Main): Suhrkamp.

Kölsche, C. (2015). Herausforderungen der Energiewende: Zur Konstruktion von ‚Energieregionen'. In O. Kühne & F. Weber (Hrsg.), *Bausteine der Regionalentwicklung* (S. 137–148). Wiesbaden: Springer VS.

Könne, C. (bpb, Hrsg.). (2018). Homosexuelle und die Bundesrepublik Deutschland. Gleichberechtigte Mitmenschen? https://www.bpb.de/themen/deutschlandarchiv/275113/gleichberechtigte-mitmenschen/.. Zugegriffen: 18. Mai 2022.

Korf, B. (2019). Schwierigkeiten mit der kritischen Geographie. *Geographica Helvetica 74* (2), 193–204. https://doi.org/10.5194/gh-74-193-2019.

Korf, B. (2021). 'German Theory': On Cosmopolitan geographies, counterfactual intellectual histories and the (non)travel of a 'German Foucault'. *Environment and Planning D: Society and Space,* 026377582198969. https://doi.org/10.1177/0263775821989697.

Kornai, J. (1980). *Economics of Shortage*. Amsterdam: North-Holland Publications.

Kornai, J. (1992). *The Socialist System. The Political Economy of Communism*. Oxford: Oxford University Press.

Koselleck, R. (Hrsg.). (1979). *Historische Semantik und Begriffsgeschichte*. Stuttgart: Klett-Cotta.

Koselleck, R. (2020). *Vergangene Zukunft. Zur Semantik geschichtlicher Zeiten*. Frankfurt am Main: Suhrkamp.

Kostner, S. (2019a). Einleitung: Identitätslinke Läuterungsagenda. Genese des Analysekonzepts und Ziele des Bandes. In S. Kostner (Hrsg.), *Identitätslinke Läuterungsagenda. Eine Debatte zu ihren Folgen für Migrationsgesellschaften* (S. 7–17). Stuttgart: Ibidem-Verlag.

Kostner, S. (2019b). Identitätslinke Läuterungsagenda. Welche Folgen hat sie für Migrationsgesellschaften? In S. Kostner (Hrsg.), *Identitätslinke Läuterungsagenda. Eine Debatte zu ihren Folgen für Migrationsgesellschaften* (17–74). Stuttgart: Ibidem-Verlag.

Krämer, H. (1992). *Integrative Ethik*. Frankfurt am Main: Suhrkamp.

Krämer, H. (1998). Integrative Ethik. In J. Schummer (Hrsg.), *Glück und Ethik* (S. 93–107). Würzburg: Königshausen & Neumann.

Krappmann, L. (1969). *Soziologische Dimensionen der Identität. Strukturelle Bedingungen für die Teilnahme an Interaktionsprozessen*. Stuttgart: Klett-Cotta.

Kreuzer, F. (Hrsg.). (1983). *Markt, Plan, Freiheit. Franz Kreuzer im Gespräch mit Friedrich von Hayek und Ralf Dahrendorf*. Wien: Deuticke.

Kristeller, P. O. (1980). *Humanismus und Renaissance II. Philosophie, Bildung und Kunst*. München: Fink.

Krüger, R. (1972). *Das Zeitaler der Empfindsamkeit. Kunst und Kulter des späten 18. Jahrhunderts in Deutschland*. Leipzig: Koehler & Amelang.

Kuhn, H. (1962). *Das sein und das Gute*. München: Kösel.

Kühne, O. (2000). Umweltbelastungen und Transformation in Polen. *Geographische Rundschau 52* (3), 24–28.

Kühne, O. (2001a). The interaction of industry and town in Central Eastern Europe – an intertemporary comparison based on systems theory and exemplified by Poland. *Die Erde – Journal of the Geographical Society of Berlin 132* (3), 161–185.

Kühne, O. (2001b). Transformation und kybernetische Systemtheorie. Kybernetisch-systemtheoretische Erklärungsansätze für den Transformationsprozeß in Ostmittel- und Osteuropa. *Osteuropa 51* (2), 148–170.

Kühne, O. (2001c). Umwelt in Ostmitteleuropa – ein internationaler Vergleich. Der Einfluss der Systemtransformation auf den Zustand der Umwelt. *Europa Regional 9* (1), 2–15.

Kühne, O. (2003a). Oberschlesien – Systemtransformation und Umwelt in einem Altindustriegebiet. *Geographische Rundschau 55* (7/8), 54–60.

Kühne, O. (2003b). *Umwelt und Transformation in Polen. Eine kybernetisch-systemtheoretische Analyse* (Mainzer Geographische Studien, Bd. 51). Mainz: Geographisches Institut der Johannes Gutenberg-Universität Mainz.

Kühne, O. (2006a). *Landschaft in der Postmoderne. Das Beispiel des Saarlandes*. Wiesbaden: DUV.

Kühne, O. (2006b). Soziale Distinktion und Landschaft. Eine landschaftssoziologische Betrachtung. *Stadt+Grün* (12), 42–45.

Kühne, O. (2008a). *Distinktion – Macht – Landschaft. Zur sozialen Definition von Landschaft*. Wiesbaden: VS Verlag für Sozialwissenschaften.

Kühne, O. (2008b). Landschaft und Kitsch. Anmerkungen zu impliziten und expliziten Landschaftsvorstellungen. *Naturschutz und Landschaftsplanung 40* (12), 403–408.

Kühne, O. (2008c). Die Sozialisation von Landschaft – sozialkonstruktivistische Überlegungen, empirische Befunde und Konsequenzen für den Umgang mit dem Thema Landschaft in Geographie und räumlicher Planung. *Geographische Zeitschrift 96* (4), 189–206.

Kühne, O. (2009). Landschaft und Heimat – Überlegungen zu einem geographischen Amalgam. *Berichte zur deutschen Landeskunde 83* (3), 223–240.

Kühne, O. (2010). Postsozialistische Agglomerationen zwischen Moderne und Postmoderne. Entwicklungen und Aspekte der räumlichen Planung in Polen. *RaumPlanung* (148), 23–28.

Kühne, O. (2011a). Akzeptanz von regenerativen Energien – Überlegungen zur sozialen Definition von Landschaft und Ästhetik. *Stadt+Grün 60* (8), 9–13.

Kühne, O. (2011b). Heimat und sozial nachhaltige Landschaftsentwicklung. *Raumforschung und Raumordnung – Spatial Research and Planning 69* (5), 291–301. https://doi.org/10.1007/s13147-011-0108-0.

Kühne, O. (2011c). Die Konstruktion von Landschaft aus Perspektive des politischen Liberalismus. Zusammenhänge zwischen politischen Theorien und Umgang mit Landschaft. *Naturschutz und Landschaftsplanung 43* (6), 171–176.

Kühne, O. (2012a). *Stadt – Landschaft – Hybridität. Ästhetische Bezüge im postmodernen Los Angeles mit seinen modernen Persistenzen*. Wiesbaden: Springer VS.

Kühne, O. (2012b). Urban nature between modern and postmodern aesthetics: Reflections based on the social constructivist approach. *Quaestiones Geographicae 31* (2), 61–70. https://doi.org/10.2478/v10117-012-0019-3.

Kühne, O. (2013a). Landschaftsästhetik und regenerative Energien – Grundüberlegungen zu De- und Re-Sensualisierungen und inversen Landschaften. In L. Gailing & M. Leibenath (Hrsg.), *Neue Energielandschaften – Neue Perspektiven der Landschaftsforschung* (S. 101–120). Wiesbaden: Springer VS.

Kühne, O. (2013b). *Landschaftstheorie und Landschaftspraxis. Eine Einführung aus sozialkonstruktivistischer Perspektive*. Wiesbaden: Springer VS.

Kühne, O. (2015a). Komplexe Kräfteverhältnisse. Macht, Angst und Unsicherheit in postmodernen Landschaften – von ‚historischen Kulturlandschaften‘ zu gated communities. In S. Kost & A. Schönwald (Hrsg.), *Landschaftswandel – Wandel von Machtstrukturen* (S. 27–36). Wiesbaden: Springer VS.

Kühne, O. (2015b). The Streets of Los Angeles: Power and the Infrastructure Landscape. *Landscape Research 40* (2), 139–153. https://doi.org/10.1080/01426397.2013.788691.

Kühne, O. (2015c). Was ist Landschaft? Eine Antwort aus sozialkonstruktivistischer Perspektive. *morphé. rural – suburban – urban* (1), 27–32. http://www.hswt.de/fileadmin/Dateien/Hochschule/Fakultaeten/LA/Dokumente/MORPHE/MORPHE-Band-01-Juni-2015c.pdf. Zugegriffen: 21. März 2017.

Kühne, O. (2015d). Weltanschauungen in regionalentwickelndem Handeln – die Beispiele liberaler und konservativer Ideensysteme. In O. Kühne & F. Weber (Hrsg.), *Bausteine der Regionalentwicklung* (S. 55–69). Wiesbaden: Springer VS.

Kühne, O. (2016). Los Angeles – machtspezifische Implikationen einer Verkehrsinfrastruktur. In S. Hofmeister & O. Kühne (Hrsg.), *StadtLandschaften. Die neue Hybridität von Stadt und Land* (S. 253–282). Wiesbaden: Springer VS.

Kühne, O. (2017). *Zur Aktualität von Ralf Dahrendorf. Einführung in sein Werk* (Aktuelle und klassische Sozial- und Kulturwissenschaftlerinnen). Wiesbaden: Springer VS.

Kühne, O. (2018a). ‚Neue Landschaftskonflikte‘ – Überlegungen zu den physischen Manifestationen der Energiewende auf der Grundlage der Konflikttheorie Ralf Dahrendorfs. In O. Kühne & F. Weber (Hrsg.), *Bausteine der Energiewende* (S. 163–186). Wiesbaden: Springer VS.

Kühne, O. (2018b). Heimat – ein alter Begriff heute kontrovers diskutiert. *Die Mediation* (Quartal I), 51–53.

Kühne, O. (2018c). *Landscape and Power in Geographical Space as a Social-Aesthetic Construct*. Dordrecht: Springer International Publishing.

Kühne, O. (2018d). *Landschaft und Wandel. Zur Veränderlichkeit von Wahrnehmungen.* Wiesbaden: Springer VS.

Kühne, O. (2018e). Die Landschaften 1, 2 und 3 und ihr Wandel. Perspektiven für die Landschaftsforschung in der Geographie – 50 Jahre nach Kiel. *Berichte. Geographie und Landeskunde 92* (3–4), 217–231.

Kühne, O. (2018f). *Landschaftstheorie und Landschaftspraxis. Eine Einführung aus sozialkonstruktivistischer Perspektive* (2., aktualisierte und überarbeitete Auflage). Wiesbaden: Springer VS.

Kühne, O. (2018g). Die Moralisierung von Landschaft – Überlegungen zu einer problematischen Kommunikation aus Sicht der Luhmannschen Systemtheorie. In S. Hennecke, H. Kegler, K. Klaczynski & D. Münderlein (Hrsg.), *Diedrich Bruns wird gelehrt haben. Eine Festschrift* (S. 115–121). Kassel: Kassel University Press.

Kühne, O. (2018h). Postmodernisierung und Großschutzgebiete – Überlegungen zu Natur, Raum und Planung aus sozialkonstruktivistischer Perspektive. In F. Weber, F. Weber & C. Jenal (Hrsg.), *Wohin des Weges? Regionalentwicklung in Großschutzgebieten* (Arbeitsberichte der ARL, Bd. 21, S. 44–55). Hannover: Selbstverlag.

Kühne, O. (2019a). Der dreifache Landschaftswandel. *Forum Raumentwicklung* (1), 18–19.

Kühne, O. (2019b). *Landscape Theories. A Brief Introduction.* Wiesbaden: Springer VS.

Kühne, O. (2019c). Vom ‚Bösen‘ und ‚Guten‘ in der Landschaft – das Problem moralischer Kommunikation im Umgang mit Landschaft und ihren Konflikten. In K. Berr & C. Jenal (Hrsg.), *Landschaftskonflikte* (S. 131–142). Wiesbaden: Springer VS.

Kühne, O. (2020a). Landscape Conflicts. A Theoretical Approach Based on the Three Worlds Theory of Karl Popper and the Conflict Theory of Ralf Dahrendorf, Illustrated by the Example of the Energy System Transformation in Germany. *Sustainability: Science, Practice and Policy 12* (17), 1–20. https://doi.org/10.3390/su12176772.

Kühne, O. (2020b). The Social Construction of Space and Landscape in Internet Videos. In D. Edler, C. Jenal & O. Kühne (Hrsg.), *Modern Approaches to the Visualization of Landscapes* (S. 121–137). Wiesbaden: Springer VS.

Kühne, O. (2021a). Contours of a 'Post-Critical' Cartography – A Contribution to the Dissemination of Sociological Cartographic Research. *KN – Journal of Cartography and Geographic Information,* 1–9. https://doi.org/10.1007/s42489-021-00080-5.

Kühne, O. (2021b). Landscape Conflicts around the Energy Transition in Germany in the Light of Confict Theory and Popper's Three Worlds Theory. In B. Castiglioni, M. Puttilli & M. Tanca (Hrsg.), *Oltre la convenzione. Pensare, studiare, costruire il paesaggio vent'anni dopo* (S. 1222–1232). Firenze: Società di Studi Geografici.

Kühne, O. (2021c). Potentials of the Three Spaces Theory for Understandings of Cartography, Virtual Realities, and Augmented Spaces. *KN – Journal of Cartography and Geographic Information) 71* (4), 297–305. https://doi.org/10.1007/s42489-021-00089-w.

Kühne, O. & Berr, K. (2021). *Wissenschaft, Raum, Gesellschaft. Eine Einführung zur sozialen Erzeugung von Wissen.* Wiesbaden: Springer VS.

Kühne, O., Berr, K. & Jenal, C. (2020). Die Gewinnung mineralischer Rohstoffe als konfliktärer Landschaftsprozess. In R. Duttmann, O. Kühne & F. Weber (Hrsg.), *Landschaft als Prozess* (585–601). Wiesbaden: Springer VS.

Kühne, O., Berr, K., Schuster, K. & Jenal, C. (2021). *Freiheit und Landschaft. Auf der Suche nach Lebenschancen mit Ralf Dahrendorf.* Wiesbaden: Springer.

Kühne, O., Edler, D. & Jenal, C. (2021b). The Abstraction of an Idealization: Cartographic Representations of Model Railroads. Die Abstraktion der Idealisierung – über kartographische Repräsentationen von Modellbahnlandschaften. *KN – Journal of Cartography and Geographic Information 71* (2), 207–217. https://doi.org/10.1007/s42489-020-00064-x.

Kühne, O., Edler, D. & Jenal, C. (2022a). Landschaften und Spiele – von Virtualisierungen, Hybridisierungen und der Steigerung von Kontingenz. *Berichte. Geographie und Landeskunde 96*, in Veröfentlichung.

Kühne, O. & Jenal, C. (2020a). *Baton Rouge – The Multivillage Metropolis. A Neopragmatic Landscape Biographical Approach on Spatial Pastiches, Hybridization, and Differentiation.* Wiesbaden: Springer VS.

Kühne, O. & Jenal, C. (2020b). The Threefold ʻLandscape Dynamics – Basic Considerations, Conflicts and Potentials of Virtual Landscape Research. In D. Edler, C. Jenal & O. Kühne (Hrsg.), *Modern Approaches to the Visualization of Landscapes* (S. 389–402). Wiesbaden: Springer VS.

Kühne, O. & Jenal, C. (2021a). Baton Rouge – A Neopragmatic Regional Geographic Approach. *Urban Science 5* (1), 1–17. https://doi.org/10.3390/urbansci5010017.

Kühne, O. & Jenal, C. (2021b). Was man von hier aus sehen kann. Der dreifache Landschaftswandel und die Erzeugung regenerativer Energien. In Kompetenzzentrum Naturschutz und Energiewende KNE (Hrsg.), *Jahrbuch für naturverträgliche Energiewende 2021b* (S. 102–110). Berlin: Heenemann GmbH & Co. KG.

Kühne, O., Jenal, C. & Edler, D. (2020b). Functions of Landscape in Games – A Theoretical Approach with Case Examples. *Arts 9* (4). https://doi.org/10.3390/arts9040123.

Kühne, O., Jenal, C. & Edler, D. (2022b). Landscapes in Games. Insights and Overviews on Contingencies between Worlds 1, 2 and 3. In D. Edler, O. Kühne & C. Jenal (Hrsg.), *The Social Construction of Landscape in Games* (S. xx). Wiesbaden: Springer.

Kühne, O., Jenal, C. & Koegst, L. (2020c). Postmoderne Siedlungsentwicklungen in Baton Rouge, Louisiana: Stadtlandhybridität und Raumpastiches zwischen Begrenzungen und Entgrenzungen. In F. Weber, C. Wille, B. Caesar & J. Hollstegge (Hrsg.), *Geographien der Grenzen. Räume – Ordnungen – Verflechtungen* (391–411). Wiesbaden: Springer VS.

Kühne, O., Jenal, C. & Weber, F. (2016a). Die soziale Definition von Heimat. In Bund Heimat und Umwelt in Deutschland (BHU) (Hrsg.), *Heimat – Vergangenheit verstehen, Zukunft gestalten. Dokumentation der zwei Veranstaltungen „Workshop zur Vermittlung des römischen Kulturerbes" (17. November 2016, Bonn) und „Heimat neu finden" (23. bis 24. November 2016, Bensberg)* (S. 21–27). Bonn: Selbstverlag.

Kühne, O., Koegst, L., Zimmer, M.-L. & Schäffauer, G. (2021c). "… Inconceivable, Unrealistic and Inhumane". Internet Communication on the Flood Disaster in West Germany of July 2021 between Conspiracy Theories and Moralization – A Neopragmatic Explorative Study. *Sustainability 13* (20), 1–23. https://doi.org/10.3390/su132011427.

Kühne, O. & Leonardi, L. (2020). *Ralf Dahrendorf. Between Social Theory and Political Practice.* London: Palgrave Macmillan.

Kühne, O. & Schönwald, A. (2013). Zur Frage der sozialen Akzeptanz von Landschaftsveränderungen – Hinweise zum Ausbau von Energienetzen in Deutschland. *UMID – Umwelt und Mensch-Informationsdienst* (2), 82–88. https://www.umweltbundesamt.de/sites/default/files/medien/419/publikationen/umid_2_2013.pdf. Zugegriffen: 22. August 2017.

Kühne, O. & Spellerberg, A. (2010). *Heimat in Zeiten erhöhter Flexibilitätsanforderungen. Empirische Studien im Saarland.* Wiesbaden: VS Verlag für Sozialwissenschaften.

Kühne, O. & Weber, F. (2019). Landschaft und Heimat – argumentative Verknüpfungen durch Bürgerinitiativen im Kontext des Stromnetz- und des Windkraftausbaus. In M. Hülz, O. Kühne & F. Weber (Hrsg.), *Heimat. Ein vielfältiges Konstrukt* (S. 163–178). Wiesbaden: Springer VS.

Kühne, O., Weber, F. & Berr, K. (2019). The productive potential and limits of landscape conflicts in light of Ralf Dahrendorf's conflict theory. *Società Mutamento Politica 10* (19), 77–90. https://oajournals.fupress.net/index.php/smp/article/view/10597. Zugegriffen: 22. Juni 2020.

Kühne, O., Weber, F. & Jenal, C. (2016). Der Stromnetzausbau in Deutschland: Formen und Argumente des Widerstands. *Geographie aktuell und Schule 38* (222), 4–14.

Kühne, O., Weber, F. & Jenal, C. (2018). *Neue Landschaftsgeographie. Ein Überblick* (Essentials). Wiesbaden: Springer VS.

Kühne, O., Weber, F. & Weber, F. (2013). Wiesen, Berge, blauer Himmel. Aktuelle Landschaftskonstruktionen am Beispiel des Tourismusmarketings des Salzburger Landes aus diskurstheoretischer Perspektive. *Geographische Zeitschrift 101* (1), 36–54. https://doi.org/10.1007/978-3-658-15848-4_19.

Kurz, G. (2015). *Das Wahre, Schöne, Gute. Aufstieg, Fall und Fortbestehen einer Trias*. Paderborn: Fink.

Küster, H. (2013 [1995]). *Geschichte der Landschaft in Mitteleuropa. Von der Eiszeit bis zur Gegenwart*. München: Beck.

Langen, A. (1975 [1953]). Verbale Dynamik in der dichterischen Landschaftsschilderung des 18. Jahrhunderts (1948/49). In A. Ritter (Hrsg.), *Landschaft und Raum in der Erzählkunst* (Wege der Forschung, Bd. 418, S. 112–191). Darmstadt: WBG.

Lantermann, E.-D. (2016). *Die radikalisierte Gesellschaft. Von der Logik des Fanatismus*. München: Karl Blessing Verlag.

Laurin, S. (2018). Willkommen im Zeitalter der Postidentitätspolitik. In J. Richardt (Hrsg.), *Die sortierte Gesellschaft. Zur Kritik der Identitätspolitik* (S. 113–122). Frankfurt am Main: Novo Argumente Verlag GmbH.

Leibenath, M. (2014). Landschaftsbewertung im Spannungsfeld von Expertenwissen, Politik und Macht. *UVP-report 28* (2), 44–49. https://www2.ioer.de/recherche/pdf/2014_leibenath_uvp-report.pdf. Zugegriffen: 26. Januar 2017.

Leibenath, M. & Otto, A. (2013). Windräder in Wolfhagen – eine Fallstudie zur diskursiven Konstituierung von Landschaften. In M. Leibenath, S. Heiland, H. Kilper & S. Tzschaschel (Hrsg.), *Wie werden Landschaften gemacht? Sozialwissenschaftliche Perspektiven auf die Konstituierung von Kulturlandschaften* (S. 205–236). Bielefeld: transcript.

Leibenath, M. & Otto, A. (2014). Competing Wind Energy Discourses, Contested Landscapes. *Landscape Online* (38), 1–18. https://doi.org/10.3097/LO.201438.

Leibniz, G. W. (2004 [1684]). Betrachtungen übr die Erkenntnis, die Wahrheit und die Ideen. In H. Herring (Hrsg.), *Fünf Schriften zur Logik und Metaphysik* (S. 9–17). Stuttgart: Reclam.

Leibniz, G. W. (2019 [1714]). *Monadologie. Französisch/Deutsch* (durchgesehene und bibliographisch ergänzte Ausgabe). Stuttgart: Reclam.

Lekan, T. & Zeller, T. (2005). The Landscape of German Environmental History. In T. Lekan & T. Zeller (Hrsg.), *Germany's Nature. Cultural Landscapes and Environmental History* (S. 1–16). New Brunswick: Rutgers University Press.

Leonardi, L. (2014). *Introduzione a Dahrendorf* (Maestri del Novecento, Bd. 20). Roma: Editori Laterza.

Lichtenberger, E. (1995). Vorsozialistische Siedlungsmuster, Effekte der sozialistischen Planwirtschaft und Segmentierung der Märkte. In H. Fassmann & E. Lichtenberger (Hrsg.), *Märkte in Bewegung: Metropolen und Regionen in Ostmitteleuropa* (S. 27–35). Wien: Böhlau Verlag.

Liessmann, K. P. (2009a). *Ästhetische Empfindungen. Eine Einführung* (UTB, Bd. 3133). Stuttgart: UTB.

Liessmann, K. P. (2009b). *Schönheit* (Grundbegriffe der europäischen Geistesgeschichte). Wien: Facultas Verlags- und Buchhandels AG.

Lindner, C. (2009). Freiheit und Fairness. In P. Rösler & C. Lindner (Hrsg.), *Freiheit: gefühlt – gedacht – gelebt. Liberale Beiträge zu einer Wertediskussion* (S. 17–28). Wiesbaden: VS Verlag für Sozialwissenschaften.

Linke, S. (2017). Neue Landschaften und ästhetische Akzeptanzprobleme. In O. Kühne, H. Megerle & F. Weber (Hrsg.), *Landschaftsästhetik und Landschaftswandel* (RaumFragen: Stadt – Region – Landschaft, S. 87–104). Wiesbaden: Springer VS.

Linke, S. (2018). Ästhetik der neuen Energielandschaften – oder: „Was Schönheit ist, das weiß ich nicht". In O. Kühne & F. Weber (Hrsg.), *Bausteine der Energiewende* (S. 409–429). Wiesbaden: Springer VS.

Lotter, M.-S. (2019). Schuld und Identität. Wie sich eine Praxis der Aussöhnung in eine Praxis der Spaltung verwandelt. In S. Kostner (Hrsg.), *Identitätslinke Läuterungsagenda. Eine Debatte zu ihren Folgen für Migrationsgesellschaften* (S. 181–208). Stuttgart: Ibidem-Verlag.

Lübbe, H. (2019). *Politischer Moralismus. Der Triumph der Gesinnung über die Urteilskraft.* Berlin: LIT Verlag.

Luft, S. (2019). Den Verstand bewahren. Warum der Moralismus die Gesellschaft in den Bürgerkrieg treibt. In S. Kostner (Hrsg.), *Identitätslinke Läuterungsagenda. Eine Debatte zu ihren Folgen für Migrationsgesellschaften* (S. 209–220). Stuttgart: Ibidem-Verlag.

Luhmann, N. (1977). Macht und System. Ansätze zur Analyse von Macht in der Politikwissenschaft. *Universitas* (32), 473–482.

Luhmann, N. (1987). *Soziale Systeme. Grundriß einer allgemeinen Theorie* (Suhrkamp-Taschenbuch Wissenschaft, Bd. 666). Frankfurt am Main: Suhrkamp.

Luhmann, N. (1989 [1980]). *Gesellschaftsstruktur und Semantik. Studien zur Wissenssoziologie der modernen Gesellschaft* (Bd. 1). Frankfurt (Main): Suhrkamp.

Luhmann, N. (1993). Die Moral des Risikos und das Risiko der Moral. In G. Bechmann (Hrsg.), *Risiko und Gesellschaft. Grundlagen und Ergebnisse interdisziplinärer Risikoforschung* (S. 327–338). Opladen: Westdeutscher Verlag.

Luhmann, N. (1996). *Die Realität der Massenmedien.* Opladen: Westdeutscher Verlag.

Luhmann, N. (2017). *Systemtheorie der Gesellschaft.* Berlin: Suhrkamp.

Lutz-Bachmann, M. (2013). *Ethik* (Grundkurs Philosophie, Bd. 7). Stuttgart: Reclam.

Lyotard, J.-F. (1979). *La condition postmoderne. Rapport sur le savoir.* Paris: Les Éditions de Minuit.

Lyotard, J.-F. (1986). *Das postmoderne Wissen. Ein Bericht* (vollständig überarbeitete Fassung). Graz: Böhlau Verlag.

Lyotard, J.-F. (2009). *Postmoderne für Kinder. Briefe aus den Jahren 1982–1985* (Passagen Forum, 3. Aufl.). Wien: Passagen-Verlag.

Mackert, J. (2010). Opportunitätsstrukturen und Lebenschancen. *Berliner Journal für Soziologie* 20 (3), 401–420. https://doi.org/10.1007/s11609-010-0135-7.

Majetschak, S. (2006). Genialität. Zur philosophischen Deutung der Kreativität des Künstlers. In G. Abel (Hrsg.), *Kreativität: XX. Deutscher Kongress für Philosophie. 26.–30. September 2005 an der Technischen Universität Berlin. Kolloquienbeiträge* (S. 1169–1184). Hamburg: Meiner.

Majetschak, S. (2016). *Ästhetik zur Einführung* (4., vollständig überarbeitete Auflage). Hamburg: Junius Verlag.

Manea, E. (2019). Wie das Schuldbewusstsein „der Weißen" dem Islamismus Vorschub leistet. In S. Kostner (Hrsg.), *Identitätslinke Läuterungsagenda. Eine Debatte zu ihren Folgen für Migrationsgesellschaften* (S. 221–254). Stuttgart: Ibidem-Verlag.

Marcuse, H. (1964). *One-Dimensional Man.* Boston: Beacon Press.

Marcuse, H. (1968). Repressive Toleranz. In R. P. Wolff, B. Moore, H. Marcuse & A. Schmidt (Hrsg.), *Kritik der reinen Toleranz* (S. 91–127). Frankfurt am Main: Suhrkamp.

Marcuse, L. (1984). *Obszön. Geschichte einer Entrüstung* (2. Aufl.). Zürich: Diogenes. (Originalarbeit erschienen 1962).

Marquard, O. (2007a). Freiheit und Pluralität. In *Skepsis in der Moderne. Philosophische Studien* (S. 109–123). Stuttgart: Reclam.

Marquard, O. (2007b). *Skepsis in der Moderne. Philosophische Studien*. Stuttgart: Reclam.

Meifort, F. (2019). The Border Crosser: Ralf Dahrendorf as a Public Intellectual between Theory and Practice. *Società Mutamento Politica 10* (19), 67–77.

Menninghaus, W. (2003). *Das Versprechen der Schönheit*. Frankfurt am Main: Suhrkamp.

Merkel, W. (2009). *Systemtransformation. Eine Einführung in die Theorie und Empirie der Transformationsforschung* (2. Aufl.). Wiesbaden: Springer VS.

Merker, B., Mohr, G. & Siep, L. (Hrsg.). (1998). *Angemessenheit. Zur Rehabilitierung einer philosophischen Metapher*. Würzburg: Königshausen & Neumann.

Metz, K. H. (2009). Geschichtsschreibung und politische Philosophie. Überlegungen zu ihrem Verhältnis. In M. Baumeister, M. Föllmer & P. Müller (Hrsg.), *Die Kunst der Geschichte. Historiographie, Ästhetik, Erzählung* (S. 53–62). Göttingen: Vandenhoeck & Ruprecht.

Mieth, C. & Rosenthal, J. (2020). Spielarten des Moralismus. In C. Neuhäuser & C. Seidel (Hrsg.), *Kritik des Moralismus* (S. 35–60). Berlin: Suhrkamp.

Mitchell, W. J. T. (Hrsg.). (1994). *Landscape and Power*. Chicago: University of Chicago Press.

Möllers, C. (2020). *Freiheitsgrade. Elemente einer liberalen politischen Mechanik*. Berlin: Suhrkamp.

Mose, I. (2019). Landschaft und Regionalentwicklung. In O. Kühne, F. Weber, K. Berr & C. Jenal (Hrsg.), *Handbuch Landschaft* (S. 279–288). Wiesbaden: Springer VS.

Mouffe, C. (2007). *Über das Politische. Wider die kosmopolitische Illusion*. Frankfurt (Main): Suhrkamp.

Mouffe, C. (2014). *Agonistik. Die Welt politisch denken* (Bd. 2677). Berlin: Suhrkamp.

Müller, A. (2017). *Planungsethik. Eine Einführung für Raumplaner, Landschaftsplaner, Stadtplaner und Architekten*. Tübingen: UTB.

Müller, E. & Schmieder, F. (2016). *Begriffsgeschichte und historische Semantik. Ein kritisches Kompendium*. Berlin: Suhrkamp.

Müller, K. (2013). *Allgemeine Systemtheorie. Geschichte, Methodologie und sozialwissenschaftliche Heuristik eines Wissenschaftsprogramms*. Wiesbaden: VS Verlag für Sozialwissenschaften.

Müller-Salo, J. (2020a). Gerechtigkeit und Verantwortung als Paradigmen der Zukunftsethik. In R. Schmücker & L. Siep (Hrsg.), *Die zeitliche Dimension der Gerechtigkeit* (S. 169–196). Paderborn: Brill; Mentis.

Müller-Salo, J. (2020b). *Klima, Sprache und Moral. Eine philosophische Kritik*. Ditzingen: Philipp Reclam jun.

Musil, R. (1992 [1930]). *Der Mann ohne Eigenschaften* (Bd. 1, 2 Bände). Reinbek bei Hamburg: Rowohlt Taschenbuch Verlag.

Naess, A. (1973). The shallow and the deep, long-range ecology movement. A summary. *Inquiry – An Interdisciplinary Journal of Philosophy 16* (1–4), 95–100. https://doi.org/10.1080/00201747308601682.

Nagle, A. (2017). *Kill all normies. The online culture wars from Tumblr and 4chan to the alt-right and Trump*. Winchester, UK: Zero Books.

Nassehi, A. (2017). *Die letzte Stunde der Wahrheit. Kritik der komplexitätsvergessenen Vernunft*. Hamburg: Sven Murmann Verlagsgesellschaft.

Nassehi, A. (2019). *Muster. Theorie der digitalen Gesellschaft* (3. Auflage). München: C.H. Beck.

Nennen, H.-U. & Garbe, D. (Hrsg.). (1996). *Das Expertendilemma. Zur Rolle wissenschaftlicher Gutachter in der öffentlichen Meinungsbildung*. Berlin: Springer.

Nertinger, S. (2015). *Carbon and Material Flow Cost Accounting. Ein integrierter Ansatz im Kontext nachhaltigen Erfolgs und Wirtschaftens* (Hallesche Schriften zur Betriebswirtschaft, Bd. 31). Wiesbaden: Springer Gabler.

Neuhäuser, C. & Seidel, C. (2020). Kritik des Moralismus. Eine Landkarte zur Einleitung. In C. Neuhäuser & C. Seidel (Hrsg.), *Kritik des Moralismus* (S. 9–34). Berlin: Suhrkamp.

Neuhäuser, C. & Seidel, C. (Hrsg.). (2021). *Kritik des Moralismus.* Frankfurt am Main: Suhrkamp.

Nida-Rümelin, J. (2020). *Die gefährdete Rationalität der Demokratie. Ein politischer Traktat.* Hamburg: Edition Körber.

Niedenzu, H.-J. (2001). Konflikttheorie: Ralf Dahrendorf. In J. Morel, E. Bauer, T. Maleghy, H.-J. Niedenzu, M. Preglau & H. Staubmann (Hrsg.), *Soziologische Theorie. Abriß ihrer Hauptvertreter* (7. Auflage, S. 171–189). München: R. Oldenbourg Verlag.

Niemietz, K. (2021). *Sozialismus. Die gescheiterte Idee, die niemals stirbt.* München: FinanzBuch Verlag.

Nietzsche, F. (1988). *Sämtliche Werke. Kritische Studienausgabe in 15 Einzelbänden* (Band 1, 3. Auflage). München: dtv/de Gruyter.

Nietzsche, F. (1993a). Jenseits von Gut und Böse. Zur Genealogie der Moral. In G. Colli & M. Montinari (Hrsg.), *Sämtliche Werke. Kritische Studienausgabe in 15 Bänden.* Band 5 (3. Auflage, S. 9–243). München: dtv; de Gruyter.

Nietzsche, F. (1993b). *Sämtliche Werke. Kritische Studienausgabe in 15 Bänden* (3. Auflage). München: dtv; de Gruyter (Band 5).

Nischwitz, G. (2007). Relevanz der Klimapolitik in Stadt- und Regionalentwicklungsprozessen in Deutschland. http://www.iaw.uni-bremen.de/downloads/NischwitzWerkstattbericht.pdf. Zugegriffen: 22. April 2015.

Nissen, U. (1998). *Kindheit, Geschlecht und Raum. Sozialisationstheoretische Zusammenhänge geschlechtsspezifischer Raumaneignung.* Weinheim: Beltz Juventa-Verlag.

Nowotny, H. (2005). Experten, Expertisen und imaginierte Laien. In A. Bogner & H. Torgersen (Hrsg.), *Wozu Experten? Ambivalenzen der Beziehung von Wissenschaft und Politik* (S. 33–44). Wiesbaden: VS Verlag für Sozialwissenschaften.

Olwig, K. R. (2008). The Jutland Ciper: Unlocking the Meaning and Power of a Contested Landscape. In M. Jones & K. Olwig (Hrsg.), *Nordic landscapes. Region and belonging on the northern edge of Europe* (S. 12–52). Minneapolis: University of Minnesota Press; Published in cooperation with the Center for American Places.

Orwell, G. (2008 [1945]). *Animal farm. A fairy story.* London: Viking.

Orwell, G. (2021 [1949]). *1984. Mit einem Nachwort von D. Kehlmann.* Berlin: Ullstein.

Ott, K. (1996). Strukturprobleme angewandter Ethik. In K. Ott (Hrsg.), *Vom Begründen zum Handeln. Aufsätze zur angewandten Ethik* (S. 51–85). Tübingen: Attempto-Verlag.

Ott, K. (2009). Guidelines for a Strong Sustainability – A Proposal for Embedding the Three-Pillar Concept Leitlinien einer starken Nachhaltigkeit – Ein Vorschlag zur Einbettung des Drei-Säulen-Modells. *GAIA – Ecological Perspectives for Science and Society 18* (1), 25–28. https://doi.org/10.14512/gaia.18.1.9.

Ott, K. (2016). Starke Nachhaltigkeit. In K. Ott, J. Dierks & L. Voget-Kleschin (Hrsg.), *Handbuch Umweltethik* (S. 190–195). Stuttgart: J.B. Metzler.

Ottmann, H. (2010). *Geschichte des politischen Denkens. Band 4: Das 20. Jahrhundert.* Stuttgart: J.B. Metzler (Teilband 1: Der Totalitarismus und seine Überwindung).

Otto, A. & Leibenath, M. (2013). Windenergielandschaften als Konfliktfeld. Landschaftskonzepte, Argumentationsmuster und Diskurskoalitionen. In L. Gailing & M. Leibenath (Hrsg.), *Neue Energielandschaften – Neue Perspektiven der Landschaftsforschung* (S. 65–75). Wiesbaden: Springer VS.

Paasi, A. (1999). The Changing Pedagogies of Space: Representation of the Other in Finnish School Geography Textbooks. In A. Buttimer, S. Brunn & U. Wardenga (Hrsg.), *Text and Image. Social Construction of Regional Knowledges* (Beiträge zur Regionalen Geographie, Bd. 49, S. 226–237). Leipzig: Institut für Länderkunde.

Palm, F. (2021). Verwirklichungschancen und Mobilität in Baton Rouge. Eine Annäherung auf Grundlage Amartya Sens Capability-Ansatz. In O. Kühne, T. Sedelmeier & C. Jenal (Hrsg.),

Louisiana – mediengeographische Beiträge zu einer neopragmatischen Regionalen Geographie (S. 107–132). Wiesbaden: Springer.

Panofsky, E. (1980 [1927]). Die Perspektive als ,symbolische Form'. In H. Oberer & E. Verheyen (Hrsg.), *Aufsätze zu Grundfragen der Kunstwissenschaft* (S. 99–167). Berlin: Spiess.

Papadimitriou, F. (2010). Conceptual Modelling of Landscape Complexity. *Landscape Research 35* (5), 563–570.

Papadimitriou, F. (2020). Modelling and Visualization of Landscape Complexity with Braid Topology. In D. Edler, C. Jenal & O. Kühne (Hrsg.), *Modern Approaches to the Visualization of Landscapes* (S. 79–101). Wiesbaden: Springer VS.

Papadimitriou, F. (2021). *Spatial Complexity. Theory, mathematical methods and applications.* Cham: Springer Nature.

Papadimitriou, F. (2022). *Spatial Entropy and Landscape Analysis.* Wiesbaden: Springer Fachmedien Wiesbaden.

Pareto, V. (1916). *Trattato di sociologia generale* (Bd. 2). Milano: G. Barbèra.

Paris, R. (2005). *Normale Macht. Soziologische Essays.* Konstanz: UVK Verlagsgesellschaft.

Pariser, E. (2011). *The Filter Bubble. What the Internet is Hiding from You.* London: Penguin Books.

Parsons, T. (1969). Evolutionäre Universalien der Gesellschaft. In W. Zapf (Hrsg.), *Theorien des sozialen Wandels* (S. 55–74). Köln: Kiepenheuer & Witsch.

Parsons, T. (1980). *Zur Theorie der sozialen Interaktionsmedien* (Studienbücher zur Sozialwissenschaft, Bd. 39). Opladen: Westdeutscher Verlag.

Peranic, D. (2020). *Liberalismus und Grundeinkommen. Eine Verhältnisbestimmung.* Wiesbaden: Springer VS.

Peres, C. (2013). Philosophische Ästhetik. Eine Standortbestimmung. In H. Friesen & M. Wolf (Hrsg.), *Kunst, Ästhetik, Philosophie. Im Spannungsfeld der Disziplinen* (S. 13–69). Münster: Mentis.

Perpeet, W. (1977). *Ästhetik im Mittelalter.* Freiburg: Alber.

Perpeet, W. (1987). *Das Kunstschöne. Sein Ursprung in der italienischen Renaissance.* Freiburg (Breisgau): Alber.

Perpeet, W. (1988). *Antike Ästhetik* (2., durchgehene Auflage mit einem Vorwort zur Neuausgabe). Freiburg: Alber.

Petrow, C. A. (2013). *Kritik zeitgenössischer Landschaftsarchitektur. Städtischer Freiraum im öffentlichen Diskurs.* Münster: Waxmann Verlag GmbH.

Petrow, C. A. (2017). Wertkonflikte in Landschaftsarchitektur und Freiraumplanung. Felder, Akteure, Positionen. In K. Berr (Hrsg.), *Architektur- und Planungsethik. Zugänge, Perspektiven, Standpunkte* (47–69). Wiesbaden: Springer VS.

Peuckert, R. (2006). Abweichendes Verhalten und soziale Kontrolle. In H. Korte & B. Schaefers (Hrsg.), *Einführung in Hauptbegriffe der Soziologie* (6. Auflage, S. 105–125). Wiesbaden: VS Verlag für Sozialwissenschaften.

Pfaller, R. (2018). *Erwachsenensprache. Über ihr Verschwinden aus Politik und Kultur* (5. Aufl.). Frankfurt a. M.: S. Fischer.

Pfaller, R. (2022). *Zwei Enthüllungen über Scham.* Frankfurt a. M.: S. Fischer.

Pfister, J. (2019). *Werkzeuge des Philosophierens.* Stuttgart: Reclam.

Piaget, J. (1932). *Le jugement moral chez l'enfant.* Paris: Alcan.

Picard, Y. (1946). Le temps chez Husserl et chez Heidegger. *Deucalion* (1), 93–124.

Pietsch, S. (2022). Zeitreisen als Narrativ? Anthropogener Klimawandel und das Schiffshebewerk Niederfinow im Spannungsfeld zwischen Utopie und Dystopie. *Berichte. Geographie und Landeskunde 96,* in Veröffentlichung.

Platon. (2013 [ca. 410/411 v.u.Z.–348/347 v.u.Z.]). Politeia. In U. Wolf (Hrsg.), *Sämtliche Werke. Band 2. Lysis, Symposion, Phaidon, Kleitophon, Politeia, Phaidros.* Übersetzt von Friedrich Schleiermacher (S. 195–538). Hamburg: Rowohlt.

Plessner, H. (1924). *Grenzen der Gemeinschaft. Eine Kritik des sozialen Radikalismus.* Bonn: Cohen.

Plieninger, T., Bens, O. & Hüttl, R. (2006). Landwirtschaft und Entwicklung ländlicher Räume. *APuZ – Aus Politik und Zeitgeschichte 37,* 23–30.

Plumpe, G. (1993). *Ästhetische Kommunikation der Moderne. Band 1: Von Kant bis Hegel.* Opladen: Westdeutscher Verlag.

Pochat, G. (1986). *Geschichte der Ästhetik und Kunsttheorie. Von der Antike bis zum 19. Jahrhundert.* Köln: DuMont.

Pöggeler, O. (1999). *Hegels Kritik der Romantik* (Philosophie an der Jahrtausendwende, Bd. 2). München: Wilhelm Fink.

Pöltner, G. (2008). *Philosophische Ästhetik* (Kohlhammer-Urban-Taschenbücher, Bd. 400). Stuttgart: Kohlhammer.

Popitz, H. (1992). *Phänomene der Macht* (2., stark erweiterte Auflage). Tübingen: Mohr Siebeck.

Popper, K. R. (1959). *The Logic of Scientific Discovery.* New York: Harper & Row.

Popper, K. R. (1963). *Conjectures and refutations. The growth of scientific knowledge.* London: Routledge & Kegan.

Popper, K. R. (1965). *Das Elend des Historizismus* (Die Einheit der Gesellschaftswissenschaften, Band 3). Tübingen: Mohr Siebeck.

Popper, K. R. (1984). *Auf der Suche nach einer besseren Welt. Vorträge und Aufsätze aus dreißig Jahren.* München: Piper.

Popper, K. R. (1989). *Logik der Forschung.* Tübingen: Mohr Siebeck.

Popper, K. R. (1992a). *Die offene Gesellschaft und ihre Feinde. Der Zauber Platons* (Bd. 1, 7. Aufl., 2 Bände). Tübingen: J. C. B. Mohr. (Originalarbeit erschienen 1945).

Popper, K. R. (1992b). *Die offene Gesellschaft und ihre Feinde. Falsche Propheten – Hegel Marx und die Folgen* (Bd. 2, 7. Aufl., 2 Bände). Tübingen: J. C. B. Mohr. (Originalarbeit erschienen 1945).

Popper, K. R. (1996). *Alles Leben ist Problemlösen. Über Erkenntnis, Geschichte und Politik.* München: Piper.

Popper, K. R. (2002). *The Logic Of Scientific Discovery.* Abingdon: Routledge.

Popper, K. R. (2011 [1947]). *The Open Society and Its Enemies.* Abingdon: Routledge.

Popper, K. R. (2018 [1984]). *Alle Menschen sind Philosophen.* München: Piper (Herausgegeben von Heidi Bohnet und Klaus Stadler).

Popper, K. R. (2019 [1987]). *Auf der Suche nach einer besseren Welt. Vorträge und Aufsätze aus dreißig Jahren.* München: Piper.

Popper, K. R. & Eccles, J. C. (1977). *Das Ich und sein Gehirn.* München: Piper.

Popper, K. R., Lorenz, K., Kreuzer, F. & Sexl, R. (1994). *Die Zukunft ist offen. Das Altenberger Gespräch. Mit den Texten des Wiener Popper-Symposiums* (6. Auflage). München: Piper.

Popper, K. R. (1973). *Objektive Erkenntnis. Ein evolutionärer Entwurf.* Hamburg: Hoffmann und Campe.

Poschlod, P. (2017). *Geschichte der Kulturlandschaft. Entstehungsursachen und Steuerungsfaktoren der Entwicklung der Kulturlandschaft, Lebensraum- und Artenvielfalt in Mitteleuropa* (2., aktualisierte Auflage). Stuttgart: Eugen Ulmer KG.

Prange, K. (2007). Wahrer Schein und falsches Sein. *Der blaue Reiter 24* (2), 17–19.

Prange, K. (2010). *Die Ethik der Pädagogik. Zur Normativität erzieherischen Handelns.* Paderborn: Ferdinand Schöningh.

Pries, C. (Hrsg.). (1989). *Das Erhabene. Zwischen Grenzerfahrung und Größenwahn*. Weinheim: VCH Acta Humaniora.

Pufé, I. (2017). *Nachhaltigkeit* (UTB, Bd. 8705, 3., überarbeitete und erweiterte Auflage). Konstanz: UVK Verlagsgesellschaft.

Quante, M. (2008). *Einführung in die allgemeine Ethik* (3. Auflage). Darmstadt: WBG.

Radkau, J. & Uekötter, F. (Hrsg.). (2003). *Naturschutz und Nationalsozialismus* (Geschichte des Natur- und Umweltschutzes, Bd. 1). Frankfurt am Main: Campus-Verlag.

Rawls, J. (1971). *A Theory of Justice*. Cambridge: Harvard University Press.

Rawls, J. (2001). *Justice as fairness. A Restatement*. Cambridge, MA: Harvard University Press.

Reckwitz, A. (2011). Die Kontingenzperspektive der ‚Kultur'. Kulturbegriffe, Kulturtheorien und das kulturwissenschaftliche Forschungsprogramm. In F. Jäger & B. Liebsch (Hrsg.), *Handbuch der Kulturwissenschaften I* (S. 1–20). Wiesbaden: Springer VS.

Reckwitz, A. (2017). *Die Gesellschaft der Singularitäten. Zum Strukturwandel der Moderne*. Berlin: Suhrkamp.

Reicher, M. E. (2015). *Einführung in die philosophische Ästhetik* (Einführungen Philosophie, 3., überarbeitete Auflage). Darmstadt: WBG.

Rentsch, T. (1998). Wie läßt sich Angemessenheit ästhetisch denken? Zum Zusammenhang von Schönheit, Metaphysik und Lebenswelt. In B. Merker, G. Mohr & L. Siep (Hrsg.), *Angemessenheit. Zur Rehabilitierung einer philosophischen Metapher* (S. 161–173). Würzburg: Königshausen & Neumann.

Reusswig, F. (2019). Heimat und politische Parteien. In M. Hülz, O. Kühne & F. Weber (Hrsg.), *Heimat. Ein vielfältiges Konstrukt* (S. 371–389). Wiesbaden: Springer VS.

Reusswig, F., Braun, F., Heger, I., Ludewig, T., Eichenauer, E. & Lass, W. (2016). Against the wind: Local opposition to the German Energiewende. *Utilities Policy 41,* 214–227. https://doi.org/10.1016/j.jup.2016.02.006.

Reuter, I. (2020). *Weltuntergänge. Vom Sinn der Endzeit-Erzählungen* (Reclams Universal-Bibliothek Was bedeutet das alles?, Nr. 19678). Stuttgart: Reclam.

Richter, K. (1999). *Die Herkunft des Schönen. Grundzüge der evolutionären Ästhetik*. Mainz: von Zabern.

Riecke, J. (Hrsg.). (2011). *Historische Semantik*. Berlin: de Gruyter.

Riesman, D. (1950). *The Lonely Crowd*. New Haven: Yale University Press.

Rodewald, R. (2001). *Sehnsucht Landschaft. Landschaftsgestaltung unter ästhetischem Gesichtspunkt* (2. Auflage). Zürich: Chronos.

Ropohl, G. (2012). *Allgemeine Systemtheorie. Einführung in transdisziplinäres Denken*. Berlin: Edition Sigma.

Rorty, R. (1997). *Contingency, irony, and solidarity* (Reprint). Cambridge: Cambridge University Press.

Rosa, H. (2019). „Spirituelle Abhängigkeitserklärung". Die Idee des Mediopassiv als Ausgangspunkt einer radikalen Transformation. In K. Dörre, H. Rosa, K. Becker, S. Bose & B. Seyd (Hrsg.), *Große Transformation? Zur Zukunft moderner Gesellschaften. Sonderband des Berliner Journals für Soziologie* (S. 35–55). Wiesbaden: Springer VS.

Röttgers, K. & Fabian, R. (2019). Authentisch. In J. Ritter & K. Gründer (Hrsg.), *Historisches Wörterbuch der Philosophie. Band 1: A-C*. Völlig neubearbeitete Ausgabe des »Wörterbuchs der philosophischen Begriffe« von Rudolf Eisler (Spalte 691 – 692). Darmstadt: WBG.

Saage, R. (2004). Wie zukunftsfähig ist der klassische Utopiebegriff? *UTOPIE kreativ* (165/166), 617–636.

Sauder, G. (1974). *Empfindsamkeit. Band I: Voraussetzungen und Elemente*. Stuttgart: Metzler.

Schafranek, M., Huber, F. & Werndl, C. (2006). Die evolutionäre Grundlage Poppers Drei-Welten-Lehre. Eine unberücksichtigte Perspektive in der human-ökologischen Theoriendis-

kussion der Geographie *94* (3), 129–142. https://www.jstor.org/stable/27819084?casa_token=
bsa1rjnquh0aaaaa:cxgw0_vhrumejewsom8umrj2ggy-dqnvwreiydbkv5wuysf1unw3nmdl5iglr
hqu7-1vj-buazkebayfee7vygxiqsgx5n7oiyuxwezlo1ss6latbp0.

Schavernoch, H. (1981). *Die Harmonie der Sphären. Die Geschichte der Idee des Welteneinklangs und der Seeleneinstimmung* (Orbis academicus Sonderband, Bd. 6). Freiburg Breisgau: Alber.

Scheer, B. (2015 [1997]). *Einführung in die philosophische Ästhetik*. Darmstadt: WBG.

Scheller, J. (2021). *Identität im Zwielicht. Perspektiven für eine offene Gesellschaft*. München: Claudius.

Schenk, W. (2011). *Historische Geographie* (Geowissen kompakt). Darmstadt: WBG.

Schiller, F. (2004a). *Sämtliche Werke. Band 5: Erzählungen. Theoretische Schriften*. München: dtv.

Schiller, F. (2004b). Über die ästhetische Erziehung des Menschen in einer Reihe von Briefen. In W. Riedel (Hrsg.), *Sämtliche Werke. Band 5: Erzählungen. Theoretische Schriften* (S. 570–669). München: dtv.

Schiller, F. (2004c). Was heißt und zu welchem Ende studiert man Universalgeschichte. In W. Riedel (Hrsg.), *Sämtliche Werke. Band 4: Historische Schriften* (S. 749–767). München: dtv.

Schlink, B. (2000). *Heimat als Utopie* (Edition Suhrkamp Sonderdruck). Frankfurt (Main): Suhrkamp.

Schmid, W. (1998). *Philosophie der Lebenskunst. Eine Grundlegung* (Suhrkamp-Taschenbuch Wissenschaft, Bd. 1385). Frankfurt am Main: Suhrkamp.

Schmidt, C., Hage, G., Hoppenstedt, A., Bruns, D., Kühne, O., Schuster, L., Münderlein, D., Bernstein, F., Weber, F., Roßmeier, A., Lachor, M. & Gagern, M. von. (2018). *Landschaftsbild & Energiewende. Band 1: Grundlagen*. Bonn-Bad Godesberg: Bundesamt für Naturschutz.

Schmitt, C. (1933). *Der Begriff des Politischen*. Hamburg: Hanseatische Verlagsanstalt.

Schmitt, C. (2011 [1967]). *Die Tyrannei der Werte* (3., korrigierte Auflage). Berlin: Duncker & Humblot.

Schmoll, F. (2011). *Hugo Conwentz, Die Gefährdung der Naturdenkmäler und Vorschläge zu ihrer Erhaltung. Denkschrift, dem Herrn Minister der geistlichen, Unterrichts- und Medizinal-Angelegenheiten überreicht, Berlin 1904*, München. https://www.1000dokumente.de/pdf/dok_0082_con_de.pdf. Zugegriffen: 24. August 2020.

Schnädelbach, H. (2004). Werte und Wertungen. In *Analytische und postanalytische Philosophie. Vorträge und Abhandlungen 4* (S. 242–265). Frankfurt (Main): Suhrkamp.

Schneider, N. (2005). *Geschichte der Ästhetik von der Aufklärung bis zur Postmoderne. Eine paradigmatische Einführung* (Universal-Bibliothek, Bd. 9457, 4. Auflage). Stuttgart: Reclam.

Schneider, P. (2020). *Follow the science? Plädoyer gegen wissenschaftsphilosophische Verdummung und für wissenschaftliche Artenvielfalt*. Berlin: Edition TIAMAT.

Schölderle, T. (2017). *Geschichte der Utopie. Eine Einführung*: UTB.

Schopenhauer, A. (1985). *Über die Grundlagen der Moral*. Hamburg: Felix Meiner Verlag. (Originalarbeit erschienen 1841).

Schurz, G. (2014). *Einführung in die Wissenschaftstheorie* (4., überarbeitete Auflage). Darmstadt: WBG.

Sedelmeier, T., Kühne, O. & Jenal, C. (2022). *Foodscapes* (Essentials). Wiesbaden: Springer VS.

Seibel, W. (2016). *Verwaltung verstehen. Eine theoriegeschichtliche Einführung*. Berlin: Suhrkamp.

Sen, A. K. (1966). Hume's Law and Hare's Rule. *Philosophy 41* (155), 75–79.

Shklar, J. N. (1957). *After Utopia. The Decline of Politcal Faith* (Princeton Legacy Library). Princeton, NJ: Princeton University Press.

Shklar, J. N. (1990). *The faces of injustice* (Storrs lectures on jurisprudence/Yale Law School, Bd. 1988). New Haven: Yale Univ. Press.

Shklar, J. N. (2020). Der Liberalismus der Furcht. In H. Bajohr (Hrsg.), *Judith N. Shklar. Der Liberalismus der Furcht* (3. Auflage, S. 26–66). Berlin: Matthes & Seitz.

Simmel, G. (1992 [1869]). Soziologische Ästhetik. In H.-J. Dahme & D. Frisby (Hrsg.), *Gesamtausgabe. Band 5: Aufsätze und Abhandlungen 1894–1900* (S. 197–214). Frankfurt am Main: Suhrkamp.

Simon, H. A. (1978). Die Architektur der Komplexität. In K. Türk (Hrsg.), *Handlungssysteme* (S. 94–120). Wiesbaden: VS Verlag für Sozialwissenschaften.

Sloterdijk, P. (1987). *Kopernikanische Mobilmachung und ptolemäische Abrüstung. Ästhetischer Versuch* (Edition Suhrkamp). Frankfurt (Main): Suhrkamp.

Sloterdijk, P. (1999). Die Kritische Theorie ist tot. Peter Sloterdijk schreibt an Assheuer und Habermas, ZEIT online. 37/1999. https://www.zeit.de/1999/37/199937.sloterdijk_.xml. Zugegriffen: 9. März 2022.

Sofsky, W. (2007a). Das Prinzip Freiheit. In U. Ackermann (Hrsg.), *Welche Freiheit. Plädoyers für eine offene Gesellschaft* (S. 40–61). Berlin: Matthes & Seitz.

Sofsky, W. (2007b). *Verteidigung des Privaten. Eine Streitschrift*. München: Beck.

Sofsky, W. & Paris, R. (1994). *Figurationen sozialer Macht. Autorität, Stellvertretung, Koalition* (Suhrkamp Taschenbuch Wissenschaft, Bd. 1135). Frankfurt (Main): Suhrkamp.

Spanier, H. (2006). Pathos der Nachhaltigkeit. Von der Schwierigkeit, „Nachhaltigkeit" zu kommunizieren. *Stadt+Grün* (12), 26–33.

Spanier, H. (2008). Mensch und Natur – Reflexionen über unseren Platz in der Natur. In K.-H. Erdmann, J. Löffler & S. Roscher (Hrsg.), *Naturschutz im Kontext einer nachhaltigen Entwicklung. Ansätze, Konzepte, Strategien* (Naturschutz und Biologische Vielfalt, Bd. 67, S. 269–292). Bonn – Bad Godesberg: Bundesamt für Naturschutz.

Stakelbeck, F. & Weber, F. (2013). Almen als alpine Sehnsuchtslandschaften: Aktuelle Landschaftskonstruktionen im Tourismusmarketing am Beispiel des Salzburger Landes. In D. Bruns & O. Kühne (Hrsg.), *Landschaften: Theorie, Praxis und internationale Bezüge. Impulse zum Landschaftsbegriff mit seinen ästhetischen, ökonomischen, sozialen und philosophischen Bezügen mit dem Ziel, die Verbindung von Theorie und Planungspraxis zu stärken* (S. 235–252). Schwerin: Oceano Verlag.

Staubmann, H. & Wenzel, H. (Hrsg.). (2000). *Talcott Parsons. Zur Aktualität eines Theorieprogramms* (Österreichische Zeitschrift für Soziologie: Sonderband, Bd. 6). Wiesbaden: VS Verlag für Sozialwissenschaften.

Stegemann, B. (2018). *Die Moralfalle. Für eine Befreiung linker Politik*. Berlin: Matthes & Seitz.

Stegemann, B. (2021). *Die Öffentlichkeit und ihre Feinde*. Stuttgart: Klett-Cotta.

Steitz-Weinzierl, B. (2001). Sehnsucht Wildnis – Von den naturphilosophischen Hintergründen eines umweltpädagogischen Projekts. In Nationalparkverwaltung Bayerischer Wald (Hrsg.), *Wildnis vor der Haustür* (S. 64–69). Tutzing: Selbstverlag.

Stemmer, B., Philipper, S., Moczek, N. & Röttger, J. (2019). Die Sicht von Landschaftsexperten und Laien auf ausgewählte Kulturlandschaften in Deutschland – Entwicklung eines Antizipativ-Iterativen Geo-Indikatoren-Landschaftspräferenzmodells (AIGILaP). In K. Berr & C. Jenal (Hrsg.), *Landschaftskonflikte* (S. 507–534). Wiesbaden: Springer VS.

Sternstunde Philosophie (Autor). (2020). *Autor von „Der Vorleser" über gescheiterte Liebe | Interview | Sternstunde Philosophie | SRF Kultur* [YouTube]. Zürich: SRF Kultur. https://youtu.be/FNSI3RFeu3o.

Stotten, R. (2013). Kulturlandschaft gemeinsam verstehen – Praktische Beispiele der Landschaftssozialisation aus dem Schweizer Alpenraum. *Geographica Helvetica 68* (2), 117–127. https://doi.org/10.5194/gh-68-117-2013.

Stotten, R. (2015). *Das Konstrukt der bäuerlichen Kulturlandschaft. Perspektiven von Landwirten im Schweizerischen Alpenraum* (alpine space – man & environment, Bd. 15). Innsbruck: Innsbruck University Press.

Stotten, R. (2019a). Kulturlandschaft als Ausdruck von Heimat der bäuerlichen Gesellschaft. In M. Hülz, O. Kühne & F. Weber (Hrsg.), *Heimat. Ein vielfältiges Konstrukt* (S. 149–162). Wiesbaden: Springer VS.

Stotten, R. (2019b). Landschaft und Landwirtschaft. In O. Kühne, F. Weber, K. Berr & C. Jenal (Hrsg.), *Handbuch Landschaft* (S. 823–830). Wiesbaden: Springer VS.

Strasser, H. & Nollmann, G. (2010). Ralf Dahrendorf. Grenzgänger zwischen Wissenschaft und Politik. *Soziologie heute 3* (11), 32–35.

Straub, E. (2010). *Zur Tyrannei der Werte.* Stuttgart: Klett-Cotta.

Strehle, R. & Schlink, B. (2022). Interview mit Bernhard Schlink: «Es gibt wichtigere Themen als Mohrenköpfe und Fleischkonsum». https://www.tagesanzeiger.ch/es-gibt-wichtigere-themen-als-mohrenkoepfe-und-fleischkonsum-230078492996. Zugegriffen: 25. März 2022.

Strenger, C. (2019). *Diese verdammten liberalen Eliten. Wer sie sind und warum wir sie brauchen* (Edition Suhrkamp). Berlin: Suhrkamp.

Strohschneider, P. (2020). *Zumutungen. Wissenschaft in Zeiten von Populismus, Moralisierung und Szientokratie.* Hamburg: kursbuch.edition.

Stuhlmann-Laeisz, R. (1983). *Das Sein-Sollen-Problem. Eine modallogische Studie* (Problemata, Bd. 96). Stuttgart – Bad Cannstatt: Frommann-Holzboog.

Suchanek, A. (2004). Die Rolle empirischer Bedingungen für die Wirtschaftsethik. In P. Ulrich & M. Breuer (Hrsg.), *Wirtschaftsethik im philosophischen Diskurs. Begründung und „Anwendung" praktischen Orientierungswissens.* Würzburg: Königshausen & Neumann.

Tatarkiewicz, W. (2003). *Geschichte der sechs Begriffe – Kunst, Schönheit, Form, Kreativität, Mimesis, ästhetisches Erlebnis.* Frankfurt am Main: Suhrkamp.

Tessin, W. (2008). *Ästhetik des Angenehmen. Städtische Freiräume zwischen professioneller Ästhetik und Laiengeschmack.* Wiesbaden: VS Verlag für Sozialwissenschaften.

Thies, C. (2021). *Geschichte.* Berlin: de Gruyter.

Thurnherr, U. (1998). Angewandte Ethik. In A. Pieper (Hrsg.), *Philosophische Disziplinen. Ein Handbuch* (Reclam-Bibliothek, Bd. 1643, S. 92–114). Leipzig: Reclam.

Trentmann, F. (2016). *Empire of Things. How We Became a World of Consumers, from the Fifteenth Century to the Twenty-First.* New York: HarperCollins.

Trepl, L. (2012). *Die Idee der Landschaft. Eine Kulturgeschichte von der Aufklärung bis zur Ökologiebewegung.* Bielefeld: transcript.

Tuma, R. & Wilke, R. (2016). Zur Rezeption des Sozialkonstruktivismus in der deutschsprachigen Soziologie. In S. Moebius & A. Ploder (Hrsg.), *Geschichte der Soziologie im deutschsprachigen Raum* (Springer NachschlageWissen, Band 1, Living Reference Work, continuously updated edition, S. 1–29). Wiesbaden: Springer VS.

Turner, R. H. (1956). Role-Taking, Role Standpoint, and Reference-Group Behavior. *American Journal of Sociology 61* (4), 316–328.

Uekötter, F. (2007). *Umweltgeschichte im 19. und 20. Jahrhundert* (Enzyklopädie deutscher Geschichte, Bd. 81). München: Oldenbourg Wissenschaftsverlag.

Urmersbach, V. (2009). *Im Wald, da sind die Räuber. Eine Kulturgeschichte des Waldes* (Kleine Kulturgeschichten). Berlin: Vergangenheitsverlag.

van der Waerden, B. L. (1979). *Die Pythagoreer. Religiöse Bruderschaft und Schule der Wissenschaft.* Zürich & München: Artemis Verlag.

Veblen, T. (2009 [1899]). *The Theory of the Leisure Class* (Oxford world's classics). New York: Oxford University Press.

Vicenzotti, V. (2011). *Der »Zwischenstadt«-Diskurs. Eine Analyse zwischen Wildnis, Kulturlandschaft und Stadt*. Bielefeld: transcript.

Voigt, A. (2009). *Die Konstruktion der Natur. Ökologische Theorien und politische Philosophien der Vergesellschaftung* (Sozialgeographische Bibliothek, Bd. 12). Stuttgart: Steiner.

Voland, E. & Grammer, K. (2003). *Evolutionary aesthetics*. Berlin: Springer.

Wagner, E. (2019). Intimisierte Öffentlichkeiten. Zur Erzeugung von Publika auf Facebook. In M. Stempfhuber & E. Wagner (Hrsg.), *Praktiken der Überwachten. Öffentlichkeit und Privatheit im Web 2.0* (S. 243–266). Wiesbaden: Springer Fachmedien.

Wagner, G. (2017). *Selbstoptimierung. Praxis und Kritik von Neuroenhancement* (Frankfurter Beiträge zur Soziologie und Sozialphilosophie, Bd. 23). Frankfurt am Main: Campus-Verlag.

Walter, F., Marg, S., Geiges, L. & Butzlaff, F. (Hrsg.). (2013). *Die neue Macht der Bürger. Was motiviert die Protestbewegungen?* (BP-Gesellschaftsstudie). Reinbek bei Hamburg: Rowohlt.

Walzer, M. (2020). Über negative Politik. In H. Bajohr (Hrsg.), *Judith N. Shklar. Der Liberalismus der Furcht* (3. Auflage, S. 87–105). Berlin: Matthes & Seitz.

Weber, F. (2017). Widerstände im Zuge des Stromnetzausbaus – eine diskurstheoretische Analyse der Argumentationsmuster von Bürgerinitiativen in Anschluss an Laclau und Mouffe. *Berichte. Geographie und Landeskunde 91* (2), 139-154.

Weber, F. (2018). *Konflikte um die Energiewende. Vom Diskurs zur Praxis*. Wiesbaden: Springer VS.

Weber, F. & Kühne, O. (2019). Essentialistische Landschafts- und positivistische Raumforschung. In O. Kühne, F. Weber, K. Berr & C. Jenal (Hrsg.), *Handbuch Landschaft* (S. 57–68). Wiesbaden: Springer VS.

Weber, F., Kühne, O., Jenal, C., Aschenbrand, E. & Artuković, A. (2018). *Sand im Getriebe. Aushandlungsprozesse um die Gewinnung mineralischer Rohstoffe aus konflikttheoretischer Perspektive nach Ralf Dahrendorf*. Wiesbaden: Springer VS.

Weber, F., Kühne, O., Jenal, C., Sanio, T., Langer, K. & Igel, M. (2016). Analyse des öffentlichen Diskurses zu gesundheitlichen Auswirkungen von Hochspannungsleitungen – Handlungsempfehlungen für die strahlenschutzbezogene Kommunikation beim Stromnetzausbau. Ressortforschungsbericht. https://doris.bfs.de/jspui/bitstream/urn:nbn:de:0221-2016050414038/3/BfS_2016_3614S80008.pdf. Zugegriffen: 31. August 2020.

Weber, F., Roßmeier, A., Jenal, C. & Kühne, O. (2017). Landschaftswandel als Konflikt. Ein Vergleich von Argumentationsmustern beim Windkraft- und beim Stromnetzausbau aus diskurstheoretischer Perspektive. In O. Kühne, H. Megerle & F. Weber (Hrsg.), *Landschaftsästhetik und Landschaftswandel* (RaumFragen: Stadt – Region – Landschaft, S. 215–244). Wiesbaden: Springer VS.

Weber, M. (1972 [1922]). *Wirtschaft und Gesellschaft. Grundriss der verstehenden Soziologie* (5., revidierte Auflage). Tübingen: J.C.B. Mohr (Paul Siebeck).

Weber, M. (1976 [1922]). *Wirtschaft und Gesellschaft. Grundriß der verstehenden Soziologie*. Tübingen: Mohr Siebeck.

Weber, M. (1988). *Gesammelte Aufsätze zur Wissenschaftslehre*. Tübingen: Mohr Siebeck.

Weber, M. (2010 [1904/05]). *Die protestantische Ethik und der Geist des Kapitalismus* (Beck'sche Reihe, Bd. 1614, Vollständige Ausgabe, 3. Auflage). München: C.H. Beck.

Weber-Guskar, E. (2020). Der Online Kommentar. Moralismus in digitalen Massenmedien. In C. Neuhäuser & C. Seidel (Hrsg.), *Kritik des Moralismus* (S. 422–447). Berlin: Suhrkamp.

Weichhart, P. (1993). How Does the Person Fit into the Human Ecological Triangle? From dualism to duality: the transactional worldview. In D. Steiner & M. Nauser (Hrsg.), *Human Ecology. Fragments of Anti-Fragmentary Views of the World* (S. 103–124). London: Routledge.

Weichhart, P. (1999). Die Räume zwischen den Welten und die Welt der Räume. In P. Meusburger (Hrsg.), *Handlungszentrierte Sozialgeographie. Benno Werlens Entwurf in kritischer Diskussion* (Erdkundliches Wissen, Bd. 130, S. 67–94). Stuttgart: Steiner.

Weichhart, P. (2006). Humangeographische Forschungsansätze. In W. Sitte & H. Wohlschlägl (Hrsg.), *Beiträge zur Didaktik des „Geographie und Wirtschaftskunde"-Unterrichts* (Materialien zur Didaktik der Geographie und Wirtschaftskunde, Bd. 16, 4., unveränderte Auflage, S. 182–198). Wien: Institut für Geographie und Regionalforschung.

Weichhart, P. (2014). Etikettenschwindel? Ein missverständlicher Titel für ein spannendes Buch. *Berichte. Geographie und Landeskunde 88* (1), 79–81.

Weichhart, P. (2018a). *Entwicklungslinien der Sozialgeographie. Von Hans Bobek bis Benno Werlen* (Sozialgeographie kompakt, Band 1, 2., vollständig überarbeitete und erweiterte Auflage). Stuttgart: Franz Steiner Verlag.

Weichhart, P. (2018b [2020 erschienen]). Die Landschaft der Landschaften. *Berichte. Geographie und Landeskunde 92* (3–4), 203–216.

Welfens, M. J. (1993). *Umweltprobleme und Umweltpolitik in Mittel- und Osteuropa. Ökonomie, Ökologie und Systemwandel* (Umwelt und Ökonomie, Bd. 7). Heidelberg: Physica-Verlag.

Welsch, W. (1987). *Unsere postmoderne Moderne.* Weinheim: VCH Acta Humaniora.

Welsch, W. (1996a). *Grenzgänge der Ästhetik.* Stuttgart: Reclam.

Welsch, W. (1996b). *Vernunft. Die zeitgenössische Vernunftkritik und das Konzept der transversalen Vernunft.* Frankfurt (Main): Suhrkamp.

Welsch, W. (2002). *Unsere postmoderne Moderne* (6. Auflage). Berlin: Akademie-Verlag.

Werlen, B. (1986). Thesen zur handlungstheoretischen Neuorientierung sozialgeographischer Forschung. *Geographica Helvetica 41* (2), 67–76. https://doi.org/10.5194/gh-41-67-1986.

Werlen, B. (1997). *Gesellschaft, Handlung und Raum. Grundlagen handlungstheoretischer Sozialgeographie* (Erdkundliches Wissen, Bd. 89). Stuttgart: Steiner.

Werlen, B. (2009). Zur Räumlichkeit des Gesellschaftlichen: Alltägliche Regionalisierungen. In M. Hey & K. Engert (Hrsg.), *Komplexe Regionen – Regionenkomplexe. Multiperspektivische Ansätze zur Beschreibung regionaler und urbaner Dynamiken* (1. Aufl., S. 99–118). Wiesbaden: VS Verlag für Sozialwissenschaften/GWV Fachverlage GmbH Wiesbaden.

Werner, M. H. (2006). Dezisionismus. In J.-P. Wils & C. Hübenthal (Hrsg.), *Lexikon der Ethik* (S. 52–59). Paderborn: F. Schöningh.

Wescoat, J. L. & Johnston, D. M. (Hrsg.). (2008). *Political Economies of Landscape Change. Places of Integrative Power* (The GeoJournal Library, Bd. 89). Dordrecht: Springer.

Wildfeuer, A. G. (2011). Wert. In P. Kolmer & A. G. Wildfeuer (Hrsg.), *Neues Handbuch philosophischer Grundbegriffe* (Bd. 3, S. 2484–2504). Freiburg im Breisgau: Alber.

Williams, B. (2020). Der Liberalismus der Furcht. In H. Bajohr (Hrsg.), *Judith N. Shklar. Der Liberalismus der Furcht* (3. Auflage, S. 106–130). Berlin: Matthes & Seitz.

Wittgenstein, L. (1995 [1953]). *Tractatus logico-philosophicus. Tagebücher 1914–1916. Philosophische Untersuchungen* (10. Auflage). Frankfurt (Main): Suhrkamp (Werkausgabe Band 1).

Wojtkiewicz, W. (2015). *Sinn – Bild – Landschaft. Landschaftsverständnisse in der Landschaftsplanung: eine Untersuchung von Idealvorstellungen und Bedeutungszuweisungen.* Berlin: Technische Universität Berlin.

Wolschke-Bulmahn, J. & Gröning, G. (2003). Zum Verhältnis von Landschaftsplanung und Nationalsozialismus. Dargestellt an Entwicklungen während des Zweiten Weltkrieges in den „eingegliederten Ostgebieten". In Stiftung Naturschutzgeschichte (Hrsg.), *Naturschutz hat Geschichte. Eröffnung des Museums zur Geschichte des Naturschutzes, Fachtagung „Naturschutz hat Geschichte" – Veröffentlichungen der Stiftung Naturschutzgeschichte* (S. 163–172). Essen: Klartext-Verlag.

Wühr, W. (1950). *Das abendländische Bildungswesen im Mittelalter.* München: Ehrenwirth.

Zechner, J. (2006). „*Ewiger Wald und ewiges Volk*": die Ideologisierung des deutschen Waldes im *Nationalsozialismus* (Beiträge zur Kulturgeschichte der Natur, Bd. 15). München: Technische Universität München.

Zierhofer, W. (1999). Geographie der Hybriden. *Erdkunde 53* (1), 1–13.

Zierhofer, W. (2002). *Gesellschaft. Transformation eines Problems* (Wahrnehmungsgeographische Studien, Bd. 20). Oldenburg: Bibliotheks- und Informationssystem der Univ.

Zimmer, R. & Morgenstern, M. (2015). *Karl R. Popper. Eine Einführung in Leben und Werk* (2., durchgesehene und ergänzte Auflage). Tübingen: Mohr Siebeck.

Zimmermann, J. (1982). Zur Geschichte des ästhetischen Naturbegriffs. In J. Zimmermann (Hrsg.), *Das Naturbild des Menschen* (S. 118–154). München: Fink.

Zimmermann, J. (Hrsg.). (1996). *Ästhetik und Naturerfahrung*. Stuttgart Bad Cannstatt: Frommann-Holzboog.

Zukin, S. (1992). Postmodern urban landscapes: mapping culture and power. In S. Lash & J. Friedman (Hrsg.), *Modernity and Identity* (S. 221–247). Oxford: Blackwell Publishers.

Zukin, S. (1993). *Landscapes of Power: From Detroit to Disney World*. Berkeley: University of California Press

The manufacturer's authorised representative in the EU is Springer
Nature Customer Service Centre GmbH, Europaplatz 3, 69115 Heidelberg,
Germany. If you have any concerns regarding our products, please
contact ProductSafety@springernature.com

Printed and bound by CPI Group (UK) Ltd, Croydon, CR0 4YY
24/04/2026
02096352-0010